문해력 브레인

공부재미 들이는 초등 독서법

문해력 브레인
공부재미 들이는 초등 독서법

초판 1쇄 발행 2024년 7월 15일
초판 2쇄 발행 2024년 10월 22일

지은이 박한나 | **펴낸이** 박찬익 | **책임편집** 권효진 | **편집** 이수빈
펴낸곳 (주)박이정출판사 | **주소** 경기도 하남시 조정대로45 미사센텀비즈 8층 F827호
전화 031)792-1195 | **팩스** 02)928-4683 | **이메일** pijbook@naver.com
홈페이지 www.pijbook.com | **등록** 2014년 8월 22일 제305-2014-000029호
ISBN 979-11-5848-953-3(03370) | **가격** 18,000원

문해력 브레인

공부재미 들이는 초등 독서법

박한나 지음

박이정

만화책만 보던 5학년, 독서재미에 빠져 미국대통령상까지!

몇 해만인가. 다혜 엄마로부터 문자가 왔습니다.

"선생님, 우리 다혜가 중학교 졸업식에서 미국 오바마 대통령상을 받았어요."

이 메일로 첨부된 다혜의 졸업 사진 속에는 두세 개의 메달이 목에서 반짝거리고 있었습니다.

오늘의 다혜가 있게 된 것이 책을 읽게 해준 덕분이라며 기억해준 것이었어요.

당시 저는 베이징한국국제학교에서 자녀교육 강의를 하고 있었습니다. 다혜 엄마는 초등 5학년짜리 딸내미가 만화책 외엔 책이라곤 안 본다며 한숨을 쉬었습니다.

"게임처럼 함 시켜보세요. 큰 소리로 읽으면서 문장부호에 따라 박수를…"

따님과 해보라고 슬쩍 일러주었을 뿐 큰 기대는 없었는데 다음날 바로 전화가 왔습니다.

"글쎄, 다혜가 <마시멜로 이야기> 책까지 다 읽어버렸어요, 세상에!"

4쪽짜리 이솝 우화만이라도 읽으면 다행이라고 여겼는데, 언니가 읽고 밀쳐둔 책까지 읽어버리다니 '놀랄 노'자라고 했습니다. 며칠 후 다혜 엄마는 당장 독서팀을 꾸려서 나타났습니다. 뜻밖에 저는 해외에서도 독서지도를 하게 되었고 몇 년 후 다혜네는 미국으로 가게 되었죠.

최근 교육계는 '문해력 저하'가 화두입니다. 아마도 갈수록 문해력은 더 떨어질 것입니다. 아이들의 문제가 아니라 시대환경 요인으로 인한 필연처럼 보입니다. 비단 우리나라만이 아닙니다. 전 세계 교육계가 디지털 세대의 문해력을 걱정합니다. 아이폰을 창시한 스티브 잡스는 "집에서는 자녀들에게 아이패드와 휴대폰을 금지합니다"라고 했으며, IT업의 본산인 실리콘밸리에 있는 학교에서는 코딩 교육보다 칠판과 연필 사용을 권장하기도 합니다. 미국 오바마 대통령도 가정에서 10대 자녀들에게 TV, 컴퓨터, 휴대폰 사용을 엄격하게 통제하는 것으로 유명합니다.

일단 우리나라만의 문제점을 보자면, 지나치게 남보다 앞서가려는 추세로 아이들에게까지 디지털 기기를 먼저 손에 쥐여주거나, 모국어를 우습게 여기는 경쟁적 영어 선행 학습, 급격한 라이프 스타일의 변화 등이 어휘력 저하를 더욱 심각하게 하고 있습니다.

봄철 연분홍 벚꽃을 보며 자연스럽게 '핑크'로 말하고, 배달 음식이나 햇반으로 배를 채우는 사이에 "하늘천 따지 가마솥에 누룽지~"라는 동시 속의 '누룽지' 같은 낱말을 알 턱이 없게 되었지요. 민속촌이나 박물관을 기웃거리며 '가마솥'을 체험해보자는 시간보다는, 모국어도 안된 영유아를 영어 챔피언 만들 듯 몰아가는 사이에 문해력 저하는 시작되어, 초등 3학년만 되어도 우리말의 기본적인 낱말 뜻에 발목이 잡혀 전체 학습이 삐거덕거리는 첫 소음을 듣게 됩니다. 그러다 예비 중학생쯤 되면 아래와 같은 세계사 예문을 읽다가 내심 당황하게 됩니다. 읽긴 했는데 뭔 뜻이지?

> 새로운 항로의 발견은 유럽 사회의 큰 변화를 가져왔다. 신항로 개척에 앞장선 에스파냐와 포르투칼은 부강한 나라가 되었다. 에스파냐는 남아메리카와의 무역이 확대되면서 거대한 식민지를 건설하였고 상공업 계층도 크게 성장했다. 그러나 에스파냐는 영국과 벌인 해전에서 세 번의 실패로 급격히 쇠퇴한 반면, 영국은 최강의 해양국가로 성장하게 되었다.

'항로, 계층, 식민지, 쇠퇴' 등의 낱말 뜻을 알면 문장을 해석하는 독해력은 해결됩니다. 그러나 문해력은 독해력을 넘어 행간에 내포된 당시의 역사와 사회상을 함께 이해하는 능력입니다. 그러기 위해서는 '왜?'를 묻는 궁금한 태도가 문해력의 필수 조건이지요.

"신항로 개척에 앞장선 나라는 왜 부강해지나?"

"남아메리카는 미국인가? 남미인가?"

"상공업 계층이 왜 성장하지?"

이러한 물음이 비판적 읽기와 추론적 읽기로 해석되어서 자신이 터득한 것을 남에게 설명할 수 있을 때, 비로소 우수한 문해력 수준에 올랐다고 하겠습니다. 나아가 자기의 생각까지 표현할 수 있는 문해력 브레인이 장착되면 저절로 서술, 논술문을 쓸 수 있는 능력도 갖게 되니 말이죠.

그럼, 이 정도의 문해력을 키우려면 어떻게 해야 할까요?

문제집을 많이 풀면 가능할까요? 문제집보다 몇천 배 강력한 것이 인문 독서입니다. <베니스 상인>을 읽다가 얻게 되는 '아하! 그래서 안토니오는 세 척의 무역선이 들어오면 돈이 많을 것이라 확신하고 샤일록에게 큰 소릴 쳤구나. 셰익스피어는 영국이 무역과 식민지를 확장해나갈 당시를 시대배경으로 썼구나'와 같은 깨달음은 세계사를 달달 외워서 혹은 문제집을 많이 풀어 기억하는 것과는 차원이 다른 것입니다. 전체적인 맥락과 원인과 결과를 이해하는 문해력을 높이는 과정에서는 이전 지식인 스키마(Schema)의 역할이 반드시 필요한데, 초등시기까지는 독서를 통해서만 폭넓은 배경지식이 가능해집니다. 독서가 재미로만 끝나면 독해력 수준에서 즐겨도 되지만, 독서가 학습으로 연결되려면 문해력 수준을 높혀야 하는 것입니다.

6학년 아이와 한국 단편 소설 <사랑방 손님과 어머니>를 읽을 때였습니다.

"아니, 한집에 살고 있는데 사랑방 손님과 어째서 못 만나지?"

아이들은 등장인물들이 답답하답니다. 소설의 줄거리만 이해하는 독해력에서 머물면 그렇게 느끼기 쉽지요. 하지만 문해력이 높으면 6살 옥희가 사랑방 손님과 안채에 있는 어머니를 연결하는 한옥 구조를 이해하여, 1930년대의 남녀내외법의 인습을 지적하고자 한 주제까지 파악하게 됩니다. 그러면 다른 한국단편 소설을 읽을 때도 시대 상황을 적용하여 명작을 제대로 읽는 효과를 거두게 될 것입니다.

공부재미를 들이고 우리 아이를 문해력 브레인으로 만들어주는 구체적인 독서 방법은 무엇일까요? 이 물음이 이 책의 목표이자 그간의 교육적인 경험을 나누는 장입니다. 일단 책부터 기준을 정해야 합니다. 저는 인문 고전이야말로 문해력에 가장 효과적이며 공부지능을 높여주는 진짜 선행이라고 강조하고 싶습니다. 세계명작을 읽으면 세계사에 바탕이 되고, 한국 전래 동화, 고전 소설, 단편 소설을 읽으면 저절로 한국사와 우리 문화의 배경지식이 됩니다. 이러한 독서력이 없어서 문해력이 떨어지게 되면 교과서 수준의 글은 읽을 수 있지만, 공부를 잘하는 수준에 이르기는 어렵습니다.

어느 날 과학고 1학년 아들을 둔 엄마가 들릴락말락 수줍게 이야기를 건넵니다.

"상현이가 국어 1등급을 받았더라고요. 아무리 생각해도 선생님과 책을 읽은 덕 같은데요. 국어 학원도 안갈라고 한 애가……"

그 아들은 수학 선생님이 직접 과고를 추천할 정도로 수학 머리가 탁월했다고 합니다. 하지만 외우는 건 딱 질색이라며 역사와 사회는 아예 거들떠보려고도 하지 않았지요. 그런 아이들과 <일리아드>, <사기열전>과 같은 인문 고전을 읽고 재미있게 수다를 떤 지 불과 몇 달이 지났어요. 아이가 "역사를 무조건 외우지 않아도 되네요"하며 역사가 재미있어졌다고 넌지시 고백을 해왔어요. 역사를 비문학 지식으로 접근하기 전에 <홍길동전>이나 <비곗덩어리>와 같은 문학으로 접근하면 스토리에 감정이입이 되어 훨씬 기억력이 높아지고, 배경지식과 더불어 깨달음이 일어나 사고작용이 활발해집니다.

오 헨리의 <마지막 잎새>를 읽으면 베르만 영감이 죽은 이유를 추론하는 사고력이 생기며, 조지 오웰의 <동물농장>을 읽으면 상징성을 이해하는 사고력이, <80일간의 세계일주>를 읽으면 시차의 과학을, 잠수함 개발보다 먼저 책으로 나온 <해저 2만리>를 읽으면 과학적 상상력 등 사고력을 키우게 됩니다.

많은 책을 읽어 권수를 자랑한다고 해서 문해력이 좋다고 볼 수는 없습니다.

조금 어렵다 할 만한 명작 한 권의 책이라도 곰곰이 생각하며 읽었느냐가 중요합니다. 재미있게 푹 빠져본 책 한 권에서 놀랍게도 문해력과 사고력이 훅 자라나게 됩니다. 그렇게 되면 교과서와 문제집을 딱 몇 권만 잡고도 오답까지 점검해보는 적극적인 공부 자세가 만들어질 것입니다. 독서 행위는 공부하는 자세를 키워준다는 점에서 그 어떤 것도 대체할만한 것이 없을 정도로 효과가 크다고 봅니다. 적어도 초등학교 때까지라도 독서를 최상위로 두고 독서 습관이 잡힐 때 문해력 브레인까지 형성되어 비로소 중등 이상에서 빡세게 공부할 수 있을 것입니다.

30여 년 전, 중학교 교사직을 그만두고 아이를 독서로 키우고자 시작된 일이 지금의 경력에 이르렀습니다. '공부=독서'라는 믿음으로 시작된 일이나 독서교육의 접근방식을 고민하다가 '온고지신'을 방침으로 택해, 유행을 따르는 교육보다는 인문 고전 독서 위주의 교육을 지금껏 고수해왔습니다. 그간 특별한 홍보 한번 없이 소위 학군지와 사립 초등학교 엄마들의 입소문만으로 수업을 주욱 이어온 세월이 그 증명이 아닌가 싶습니다. 책으로 만난 아이들의 긍정적인 변화를 보면서 문해력을 키우는 정석이 될만한 7가지 기본 틀을 목차에서처럼 밝히고자 합니다. 이 책의 취지를 이해하고 방법만 잘 따라 하면, 우리 아이에게도 공부 재미를 들이고 문해력 브레인으로 만들 수 있을 것입니다.

책의 목차만 보고도 흔쾌히 출간을 맡아주시고, 오랜 시간 동안 독서교육 현장에서 지녀온 교육 소신과 상념들을 하나하나 옥구슬로 꿰어 세상에 나오게 해주신 박이정 대표님과 온갖 정성을 쏟아주신 많은 분들께 고마움을 전합니다. 무엇보다 지금까지 저를 믿고 자녀들을 맡겨준 수많은 학부모님들께 두 손 모아 심심한 감사를 올립니다.

2024년 청룡띠 갑진년에

박한나

차 례

대화하기, 우리 엄마랑은 말이 잘 통해!

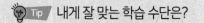

문해력 영재로 키우는
두 가지 선물

주말 아침, 뜻밖의 윤서 엄마 전화다.

"선생님, 윤서가 C 국제중학교에 붙었어요."

"아, 축하해요! 면접 잘 봤다고 애들한테 들었어요."

"글쎄, 준비할 시간도 없었는데…… 그냥 술술 나왔다고 하더군요."

"평소 엄마랑 대화를 많이 한 게 발휘됐나보죠?"

"어머나, 그런 걸까요?"

윤서 엄마는 잘한 결정인지 아직 얼떨떨하다고 했다. 중학교를 알아보던 중 딸아이가 자신은 유명한 Y사립 초등학교를 다니다 6학년 때 강남 학군지로 와서 생활해봤으므로, 이제는 시골에 기숙사 있는 학교를 다녀보고 싶다고 했단다. 하나뿐인 딸이 기숙사를 가겠다니! 속으로는 '벌써 얘가 부모를 떠나려나' 싶어 서운했지만 설마 합격하겠냐며 그냥 넣은 원서였는데, 그렇게 되었다는 이야기다. 그리고 의대 진학을 위한 학원 로드맵을 잔뜩 구상해 놨는데, 주말에나 보는 아이에게 엄마의 로드맵이 먹히겠냐는 푸념 아닌 푸념을 했다. 어떤 엄마는 국제중학교 진학을 위해 아이가 밤 11시까지 학원에 있도록 하며 많은 준비를 한다는데, 그에 비하면 윤서는 쉽게 합격한 셈이다.

그 비결은 무엇일까?

| 첫 번째 선물 - 대화, "엄마랑 말이 통해"

윤서 어머니와 통화를 하다 보면 대화의 결이 좀 다른 느낌이었다. 그것은 '아, 그렇군요. 그런데~' 화법이었다. 먼저 경청하고 자신의 의견을 다음에 얘기하는 말 습관이었다. 딸내미와 대화할 때도 그런 화법이었을 것이다. 혹, 윤서가 학교에서 있었던 불편한 얘기라도 하면 '아, 그래?, 그렇구나'로 반응하며 아이 기분을 이해하는 척했다가, 엄마의 의견을 짧게 덧붙였을 것이다. 그럴 때 아이들은 엄마가 내 편으로 느껴져 마음놓고 부정적 감정을 씻어낼 수 있다.

'엄마와 말이 통한다'거나 부모 자녀간에 대화가 잘 될수록 아이들은 정서적으로 안정감을 느껴서 높은 학업성적을 이룰 있을 뿐만 아니라 자존감 높은 아이로 자라게 된다. 이것이야말로 오직 가정에서 부모만이 줄 수 있는 첫 번째 선물이다. 내가 만난 상위권 아이들 대부분이 부모와의 관계가 좋았고 그래서인지 학원보다는 주로 집에서 자기주도학습을 하는 비중이 높았다.

EBS 교육대기획 프로그램 <학교란 무엇인가>의 '0.1% 비밀' 편에서는 공부 잘하는 학생들의 비결을 살펴본다. 수능 모의고사 전국석차 상위 0.1%에 들어가는 학생과 평범한 학생 그룹을 비교하면서, 어떤 차이가 성적의 격차로 이어지는지를 검토하는데, 그중 부모와의 대화에서 오는 차이가 매우 흥미로웠다. 상위권 학생의 부모들은 수용과 인정의 말을 하였다. 대화할 때 분위기가 편안하고 긍정적 정서가 일반 학생에 비해 3배 정도 높았다. 반면, 일반 학생의 부모는 비난하는 말을 적지 않게 했다.

"머리는 비어있는데 오락만 하니? 동생들이 뭘 배우겠냐?"

"네가 하도 약속을 어긴 적이 많으니까 그렇지?"

일반 학생들은 인터뷰를 끝낸 뒤에도 표정이 어두웠다. 심지어 어떤 학생은 눈물을 보이며 속상해했다. 이처럼 사춘기 이후의 학업성적은 부모 자녀간의 소통, 관계와 매우 밀접하다. 어른들과의 대화는 책 몇 권보다 훌륭하다. 혼자 책을 읽은 것보다 다양한 어휘와 배경지식이 몇 배로 축적된다. 말을 하는 동안 읽은 내용이 간추려지고 기억력이 강화되며 의미가 재해석되는 학습 과정이 일어나는 것이다. 선행 학습이나 문제집을 달달 외워서 성적을 올리는 공부 방식과는 차원이 다르다고 할 수 있다. 아이들과의 소통이 문해력을 성장시키는 가장 큰 원동력이 되는 것이다. 따라서 추천 도서, 문제집을 챙기기에 앞서 '나는 아이들과 대화를 잘하는 부모인가?'부터 살펴볼 일이다.

▎두 번째 선물- 평생 재산, '독서 습관'

초등학생들을 딱 두 부류로 나눈다면?

'독서를 하는 아이 VS 독서를 하지 않는 아이'로 나눌 정도로 초등학교 시기는 "독서가 전부다"라고 강조하고 싶다. 소위 교육 전문가들이면 전문가대로, 자녀를 다 키운 사람들은 그들대로 한결같이 입을 모은다. 그럼에도 막상 내 아이의 문제가 되면 부모 욕심에 눈멀고 귀멀어서 "학원 숙제는 다 해놓고 책보니?"라며 그 중요성을 간과하기 쉽다. 부모라면 모름지기 멀리 보고 길게 숨을 쉬어야 할 필요가 있다.

5학년 때 처음 만난 윤서는 또래에 비해 어휘력이 탁월했다. 낱말만이 아니라 단어가 품고 있는 정서까지도 흡수하고 있었다. <주홍글씨>를 읽고는 "청교도 혁명이 여성의 인권에는 관심이 없었던 것 같다"며 사회 문제거리를 이야기꽃으로 피워내길 즐겼다.

"만약, 학생이 법관이라면 법관이 지녀야 할 중요한 자세는 무엇이라 여기나?"

"저는 경청이라고 생각합니다."

윤서는 서슴지 않고 답할 수 있었단다. 윤서가 평소에 설거지하는 엄마 옆에서도, 세탁기를 돌리는 엄마 옆에서도 읽은 책 이야기를 쫑알쫑알 나누는 것이 보통이라서, 시험 면접관이 묻는 질문이라는 생각보다는 엄마 같은 분들께 늘 이야기 하는 것처럼 편하게 말했다는 것이다. 아마 면접관들도 그 아이가 독서에서 뽑아 나오는 다양한 표현을 남다르게 구사한다는 것을 단번에 느꼈을 것이다.

그 어머니께 독서 습관을 언제 들였는지 물어보았다.

"아, 유치원 무렵부터 영어 유치원에 돈 안 들이고 도서관을 자주 데려갔네요."

3학년 때까지 도서관을 뻔질나게 드나들며, 때로는 '엄마가 일 보고 올 동안 책 읽고 있으라고' 도서관에 몇 시간을 둔 적도 있으니 도서관이 탁아 역할도 했다고 한다. 그렇게 도서관에서 책을 빌리고 반납하며 계속 책에 묻혀 살았는데 코로나로 뜸해져 아쉬웠단다.

오랜 독서지도 경험상, 4학년 전에 독서 습관을 잘 들인 아이들은 스스로 게임을 통제할 만큼 학습 쪽에 관심이 있음을 알 수 있었다. 윤서의 경우가 딱 그랬다.

"저는 게임보다 아가사 크리스티 추리 소설이 훨씬 재미있던데요."

부모와 책 이야기를 하는 것에 익숙해서인지 책 읽은 내용을 누구랑 이야기하는 것을 좋아했고, 매주 하는 명작 독후 구술 녹음 숙제를 특히 좋아했다. 윤서는 이렇게 독서로 다져진 문해력과 창의적 능력을 시험에서 유감없이 발휘했을 것이다.

4차산업 시대 유망직종은 사물인터넷, 챗GPT 등 AI가 중심이 되는 직업군이라고 한다. 최근의 입시 경향도 이과로 몰리면서 어떤 부모들은 문과가 설 자리가 없다며 어릴 때부터 아이들에게 과학 독서만 읽히려 하고 있다. 과연 미래를 준비할 때 이과적 지식에만 집중하는 것이 창의성이 높아지는 교육이 되는 것일까?

고대 초기의 수학자들은 모두 철학자였다. 철학의 시조 탈레스를 비롯하여 플라톤, 데카르트, 아이작 뉴턴, 버트런드 러셀, 비트겐슈타인 등의 철학자들도 논리학을 바탕으로 출발하였기에 수학과 뿌리가 같은 것이다. 서양에서는 이과 박사가 인문학 박사를 겸하고 있는 경우도 적지 않다. 노벨 물리학상을 수상한 적지 않은 유대인들은 어릴 때부터 토라, 탈무드라는 인문 고전을 과학 독서보다 더 열심히 읽었다는 점에 주목해야 할 것이다.

창의적인 문제해결은 인문학 독서를 통한 '왜?', '나라면 어떻게?'를 사유하는 과정에서 이과적 환경을 만나 비로소 창의성이 발휘되고, 그것이 곧 결과물로 나온다. 즉 인문학 독서가 풍부할 때 이과 영역에서 발견한 것을 융합하여 발명품을 만들 확률이 높아질 수 있다. 아직 초등학생이라면 인문 독서를 중시하는 독서 습관부터 잘 형성해주어야 4차산업 시대에 어떤 직업에도 도전하며 잘 적응하게 될 것이다. 상상력을 풍부하게 자극하는 명작 문학으로 독서 습관을 형성하게 하는 것이야말로 평생 마르지 않는 재산을 두둑이 물려주는 것이나 다름이 없다.

우리 어머니는 늘 "머리에 든 건 뺏어갈 수 없다"라고 하셨다. 그래서인지나는 평생 책 하나 들고 아이들과 학부모들을 만나는 창의적이고 행복한 일을 하고 있으며, 그로 인해 경제 활동을 하고 있다.

공부는 일단 읽고 이해해서 자기 것으로 만들어 내는 문해력(Literacy)이 높아야 재미가 붙어서 성공의 문턱에 들어설 수 있다. 그런 의미에서 부모가 줄 수 있는 두 번째 선물은 독서 습관, 바로 그것이다.

공부 정서 올리는
자녀와의 대화 팁 4가지

요즘 우리 아이가 나랑 말 섞기를 슬슬 피하는가?

사실 초등 고학년만 되어도 엄마와 대화를 피하는 아이들이 적지 않다. 학원 하나 더 다니고, 문제집 한 권 더 풀기보다는 가정에서부터 부정적 감정을 해소하고 편안해져야 공부도 머리에 들어간다. 소위 '공부 정서'라는 것에 지대한 영향을 미치는 사람은 엄마라고 볼 수 있다. 초등 고학년부터는 문해력을 키워 학업 성적을 도약시키고자 한다면, '공부 정서'를 높여주는 대화법부터 연구해보자.

| 팁1. "먼저 들어주기, 그리고 나-전달"

"대화! 좋은데 무슨 말을 해야 할지?"

"'숙제 다 했니?' 하고 나면 딱히 할 말이 있나요?"

엄마들에게 '대화부터 해보라'라고 하면 공부와 연계된 지시나 통제할 것부터 떠오른다고 한다. 마찬가지로 아이들도 대화는커녕 엄마 말을 잔소리로

만 여긴다. 사춘기 자녀를 둔 부모들은 이제라도 '대화'에 대한 점검부터 할 필요가 있다. 엄마가 많은 말을 해서 아이들을 설득하기보다는 엄마 자신만의 이야기를 '나-전달법'으로 먼저 오픈하는 것이 대화의 시작이다.

A : 말 좀 해봐, 너 요즘 무슨 생각하고 다니니?(×)
B : 대화 좀 해보자. 네 생각엔 이게 잘하는 거니?(×)
C : 지하철에서 눈화장을 하는 여자애를 봤는데 엄마는 별로더라(○)

A, B의 경우, 엄마는 대화하려 시도했지만 너(아이)를 지적하는 것이 되어서(너-전달) 아이가 대화를 피한다. C는 엄마의 생각과 감정만(나-전달) 말하기 때문에 아이가 지적당할 것이 없고, 아이랑 아무 관련 없는 말이어서 대화를 피하지 않는다. 따라서 "난 예뻐보이던데요?"와 같이 반응하며 대화를 이어나가게 될 것이다. 이렇게 편한 대화 속에서 공감이나 정서적 교감이 일어나면 그때 공부 이야기, 책 이야기로 진행해도 늦지 않다.

| 팁2. 밥상에 보이는 건 모두 대화거리다

우선, 밥상머리 대화부터 시도해보자. 엄마인 나를 오픈하기에는 밥상머리가 자연스럽다. 아무리 대화거리가 막막한 엄마라도 음식 재료는 어떤 것이라도 얘깃거리가 되기 마련이다. 계란 하나에도 엄마의 추억이 서려 있을 수 있다.

"너희 외삼촌은 아들이라고 도시락에 계란후라이를 올려줘도 이모한테는 없었단다."

옛날 5남매 중에 딸들은 계란도 넉넉히 못 먹던 시절이 있었다. 가끔 한자리에 모이면 소풍 갈 때 계란을 가져갔느니 못 가져갔느니 하면서 옥신각신 그때를 추억한다.

"계란도 못 먹었다고?"

아이가 신기한 듯 '설마'하며 듣는 가운데 가족의 이야기는 자연스럽게 우리나라의 현대사와 사회경제 발전에 대한 지식이 되는 것이다. 가끔은 집안 이야기나 가족 이야기가 매우 훌륭한 대화 소재가 된다. 할머니와 엄마의 어린 시절 이야기는 자녀에게 집안의 내력도 알게 해준다. 가족사가 6-2학기에 나오는 한국 현대사의 하나가 됨을 이해하게 해준다.

팁3. 신기한 그 시절 이야기!

한번은 아이들의 외조모께 일본 온천 여행을 권했다. 어른께서 대뜸 말씀하셨다.

"아이고 무시래이, 제국에는 와 가노. 왜놈들 무시라!(무서워라)"

외할머니가 겪은 일제강점기 고통을 한마디로 대변하는 말이었다. 놋숟가락까지 총알 만든다고 다 뺏어간 왜정 시절, 소나무 껍질을 벗겨 먹다보니 얼굴이 퉁퉁 부었다고 하는 이야기, 할머니도 자칫 위안부로 끌려갈 뻔하여 이웃 마을에 살던 외할아버지와 얼른 혼처를 정했다는 이야기 등 필자가 어릴 때 어머니께 들었던 이야기를 이제 우리 자녀에게 들려주는 것이다. 아이들은 무슨 영웅담이나 홍길동전처럼 흥미진진해한다. 평소 그런 대화가 몇 번 이어지면 위인전을 읽으면서도 질문이 많아진다.

"그럼, 우리 할머니는 안중근 시대 사람이야?"

"조금 더 젊었지. 유관순 시대 사람이지싶네."

"아~ 그럼, 우리 할머니랑 유관순은 만난 적이 있을까?"

아이는 할머니를 유관순 친구쯤으로 여기고 싶나 보다. 아이에게 일제강점기의 사건들이 '전설의 고향'도 아니고 영화도 아닌 현실이며 역사였음이 한층 더 와 닿은 것 같다. 자꾸 들어도 묘하게 재미있는지 같은 말을 해도 좋긋한다.

나는 <몽실언니> 같은 책을 수업할 때도 내가 어릴 때 들은 이야기, 예컨대 집안 어른들이 일제 징용을 피해 도망간 얘기며, 6.25 때 낙동강 전선으로 나가 총알받이가 될뻔한 이야기 등을 들려준다. 아이들은 침을 꼴깍이고 초집중하며 듣는다. 어떤 아이가 생각난 듯 할아버지한테 들었던 이야기를 질세라 늘어놓는다. 이렇게 되면 역사에 대한 흥미도는 갑절이 되어 부쩍 역사에 관심을 보인다.

집안의 역사가 곧 교과서 속 역사이다. 사람들의 기억 속에 역사는 살아있는 것이다. 역사책 혹은 문제집 풀이로만 공부가 되는 것이 아니라 밥상과 거실을 오가며 나눈 대화에서 역사 공부가 된 것이다. 이제 '벌거벗은 한국사' 같은 TV 프로그램을 찾아보려 할 것이다. 어른들과의 대화는 수다 같지만 배경지식을 쌓아 문해력이 높아지는 일석이조의 시간이다.

실제로 학생들과 독후 감상을 나누다 보면, 어른들과 소통이 많은 집의 아이들이 훨씬 어휘력이 다양하고 문해력도 높은 편이다. 어른스러운 관용어구도 잘 버무려 대화에 넣을 줄 안다. 반면에 소위 '독박 육아'했다는 집의 아이들은 책에서 본 낱말이 아니면 문맥에서 추측하는 것도 어려워하며 얼른 검색부터 하려 한다.

팁4. 영화, 드라마 같이 보며 낄낄거리기

아이들이 전래 동화나 고전 소설을 읽을 때면 이런 질문을 곧잘 한다.

"'전하, 아뢰옵니다'가 뭐예요?"

"벼슬아치, 관아, 관청 등은 무슨 말이죠?"

사극 드라마 <슈룹>이나 <대장금> 한두 편이면 해결될 어휘가 아닌가? 실제로 초등 국어 교과서에는 드라마 <대장금>이 영상 토론 부분에서 나온다. 전 세계에 우리 문화를 전해준 한류의 원조 격이니 시청할 명분이 뚜렷한 훌륭한 영상물이다. 역사에 눈을 뜰 고학년쯤 되면 좋은 드라마, 영화 등의 매체 활용은 어휘력이나 배경지식 등을 풍성하게 하여 학습동기 부여가 되기도 한다. 또 그 가족만의 공감대가 생겨서 자연스러운 대화 분위기가 형성되기도 한다.

드라마 <대장금>이 한창 방영되던 2000년대 초에 우리 집에서도 그 긴 드라마를 아이들과 같이 봤다. 드라마가 시작되면 맛난 꼬치구이나 질경질경 씹을 것을 두고는 이런저런 이야기를 하며 봤다. 당시 중종역으로 나온 배우는 드라마 종방연에서 자신의 대사가 주로 "음, 맛이 있구나!"로 짧아서 맛난 것만 실컷 맛보았다고 말했다.

실제로 중종 시대는 연산군을 몰아낸 신하들이 세운 왕권이라 왕이 신하들보다 정치적 권한이 약했다. 후궁들도 많아서 늘 궁중에 크고 작은 잔치 자리가 많았다고 한다. 그런 역사적 배경을 한마디 대사로 상징, 유추해볼 수 있다. 그 이후로 우리 집에서는 좀 맛난 게 있으면, "음, 맛이 있구나!"로 패러디하며 낄낄거렸다.

드라마를 볼 당시 아들은 고등학생이었는데 역사적, 인문사회적 이해력이 확장될 것이라는 믿음으로 같이 시청했다. 그 시간에 공부를 더 했더라면 얼마나 성적이 올라 인생이 어떻게 되었을 것이라고 여기지 않는다. 외려 추억을 공유할 수 있어서 좋았다. 당시 아이들은 엄마가 드라마를 못 보게 할까봐 숙제나 다른 할일들을 재빨리 해치우며 은근 엄마 눈치를 보았단다. 그 후에도 일제강점기 배경 영화 <밀정>이나 <동주> 등을 같이 보면서 한국 단편소설 <치숙>, <꺼삐딴 리>를 얘기했다. 또한 영화 <쉰들러 리스트>를 통해 독일과 일본의 과거청산 문제를 비교해 보면서 한나 아렌트의 <예루살렘의 아이히만>같은 작품을 운운하며 풍성한 대화를 나누었던 기억이 난다.

독서는 그 자체가 문해력에 직접 영향을 준다. 하지만 혼자서만 읽고 덮어둔 수십 권의 책보다는 어른들과 같이 나눈 영상 한 편의 효과가 때로는 문해력에 더 큰 영향을 미칠 수도 있다. 대화하면서 궁금했던 것들이 지적 호기심을 자극하여 자연스레 확장된 지식으로 뻗어나가게 되는 것이다. 따라서 어른들과의 풍성한 대화는 책상머리에서 푸는 문제집 못지않은 폭넓은 문해력의 뿌리가 되는 것이다.

03

공부 잘하는 아이들의
공통점은?

공·부·권·력!

눈에 보이지는 않지만 이미 아이들 사이에 형성되어 있는 기류가 있다. 이제 막 10살이 된 초등학교 3학년들의 대화다.

"너, 명작 독후감 녹음 왜 안 했어?"

"스키캠프 갔었어."

"나는 스키캠프도 가고 할머니네도 갔었어. 그래도 해야지."

"......"

독후 구술 녹음한 것을 서로 들어보는 시간에 야무진 여자아이가 남자아이에게 면박을 주듯 똑 부러지게 말한다. 남자아이 엄마들은 그런 여자아이들과 친하게 지내면서 학습정보를 받으려 한다.

"은주야, 우리 현수 잘 부탁해."

초등 3학년은 공부란 것에 눈이 뜨일 때다. 책에 재미를 들인 아이와 아닌 아이의 문해력 차이가 수업에서 드러난다. 아이들은 친구들에게 충고도 하고 칭찬도 하며 스스럼없이 그대로 표현한다. 그런 반응에 간혹 주눅이 드는 아이도 있다. 3학년만 되어도 아이들은 소위 공부에 대한 자아 정체성이란 것이 알게 모르게 생겨난 것을 느끼게 된다.

'저 애는 나보다 똑똑해.'

'저 애는 나보다 공부를 잘해.'

은주는 똑같이 스키캠프도 가고 할아버지네도 방문했지만 숙제는 할 수 있다고 여긴다. 책은 차 안에서나 집에서나 틈틈이 읽을 수 있다는 것이다. 은주는 또래보다 빠르게 위인전을 읽어서 역사에도 관심이 많다. 어저께는 <지킬 박사와 하이드>를 재미있게 읽었는데, 처음에는 글자가 크고 그림이 많은 책으로 읽었다가 이번에는 글자도 작고 그림도 흑백으로 적게 나오는 책으로 읽었다고 했다. 초등학교 3학년이 단숨에 읽기 쉽지 않은 책이었다.

"좀 어렵지 않았니? 얼마 만에 읽었니?"

"집에서 별로 할 게 없어서 좀 두꺼워도 괜찮아요. 그냥 틈틈이 읽어요."

이렇게 말하는 은주와 현수의 차이는 무엇일까? 은주는 독서 외에 그다지 할 일이 없다고 말한다. 반면 현수는 어물어물 얘기한다.

"저, 영어 숙제 하느라고... 주말에는 아침부터 피아노하고 오후에는 수학을……"

현수는 늘 바쁘다. 학원 숙제와 이것저것을 하느라 바빠 책 읽을 시간이 없다는 것이다. 저녁에 책을 읽으려고 하면 엄마가 일찍 자라고 해서 시간이 없단다. 독후 구술 숙제를 못 해오는 것은 엄마 탓이라는 것이다.

▎집에서 별로 할 게 없어 독서한다는 아이들!

공부를 잘하는 아이들의 엄마에게는 몇 가지 공통점이 있었다. 그런 엄마에게는 두세 가지를 꼭 물어보게 된다.

"어머니, 혹시 태교했나요?"

"아이에게 책을 많이 읽어줬나요?"

"아이가 언제부터 책을 혼자 읽을 수 있었나요?"

우등생 어머니 대부분이 목이 쉬도록 책을 많이 읽어주고, 독서 습관을 들이려고 했다는 공통점이 있었다. 은주 어머니도 책을 많이 읽어주었다고 한다. 아이가 울면 아파트 층간 소음이 우려되어 집에 있지 못하고 밖에 나와 아파트 공원을 돌며 보이는 풍경에 대해 엄마 혼자 중얼중얼했다고 한다. 그러다 다리가 아프면 가까운 도서관에서 책을 읽어주었다고. 도서관 활용을 일찍 경험한 은주 엄마는 전집류를 미리 좌르르 구입하지 않았다. 세계 명작 동화 시리즈를 사둔 것 외에는 집에 별로 책이 없단다. 필요하면 도서관에 가면 된다고 했다.

"영유(영어 유치원) 추첨에서 붙었지만 다른 사람에게 선물하고 병설 유치원 다녔어요."

은주 어머니는 과감히 불필요한 것을 제하는 편이라고 했다. 초등 저학년이지만 탁월한 어휘력과 남다른 사고력으로 벌써부터 친구들에게 공부로 인정받는 아이들, 비록 학교에서는 시험으로 등급을 매기지 않아 엄마만 못 느낄 뿐 친구들이 먼저 암묵적으로 알아봐 주는 아이들, 그들 부모의 대부분이 많은 사교육으로 아이를 바쁘게 하지 않는 공통점을 갖고 있었다. 그것은 초등 저학년과 고학년 엄마 모두 같았다.

'무엇을 더 시킬까' 보다는 꼭 필요한 것만 '최소한 시키자' 주의가 확실한 부모들이 많았다. 이런 부모의 아이들은 다른 친구들에 비해 사교육으로 바쁘지 않기에 숙제에 충실할 수 있다. 그럼 당연히 선생님들로부터 칭찬을 받게 되고, 그 칭찬으로 인해 선생님들의 기대에 부응하려 노력하는 성공모델의 선순환에 들어서게 되는 것이다. 결과적으로 적당히 심심하게 놔두는 것이 최고의 공부법이 된다는 것을 알고 미리 실천했다고 할 수 있다.

‘멍~ 때리는’ 시간이 창의적 인재를 만든다고?

역사에서는 심심해서 인류를 바꾼 사람들이 적지 않다고 한다. 아이작 뉴턴은 1665년 페스트가 유행하자 캠브리지 대학 휴교령으로 고향으로 돌아가게 되었다. 어느 날 심심해서 산책을 하던 중 나무에서 떨어지는 사과를 보고 만유인력을 생각해낸 것이다. 여성 작가로서는 처음으로 노벨문학상을 받은 펄벅 여사도 그렇다. 중국 선교사로 온 아버지를 따라 어릴 때부터 중국에서 자란 펄벅은 아버지가 동네 중국 아이들과 놀지 못하게 하자 집에서 책을 읽기 시작했다고 한다. 나가 놀지 못해 심심해서 책을 많이 읽게 된 것이 작가의 씨앗이 되었다는 것이다.

창의적 인재는 어떻게 길러야 할까? 2015년 KBS 지식에 출연한 김정운 교수는 "멍~ 때리는 시간이 창의적 인재를 만든다"고 일갈했다. 창의성은 익숙한 것을 새롭게 느끼게 되는 것 그리고 기존의 것을 재구성하는 능력이라고 한다. 심심하게 뒹굴거리는 시간이 있어야 창의적 사고, 새로운 깨달음이 있을 수 있다는 것이다.

책도 너무 많이 읽기보다는 조금 읽고 많이 생각하는 시간이 필요하다. 엄마가 볼 때 마치 아무것도 안 하는 것처럼 보이는 그런 시간들이 있어야 글쓰기도 된다. 책을 한번 읽고 바로 글쓰기를 하는 것은 어른도 힘들다. 숙성 과정의 절대 시간이 필요한 것이다.

사실 '최고의 공부법은 심심하게 하는 것'이라는 역설적 주장은 그만큼 아이들에게 쉼을 주지 못하는 학습의 부작용을 염려해서 나온 말일 것이다. 여러 종류의 수많은 사교육에 지친 아이들은 대개 수업 시간에 산만한 편이다. 집에서 쉼을 누려야 아이가 학습 현장에서 집중하여 성취할 수 있다. 초등학교 때 책을 보며 뒹굴거리게 만들어주는 부모, 그가 이 시대의 지혜자요 용기 있는 부모라 하고 싶다.

04

그 엄마의 말씨,
그 아이의 문해력

주말 브런치 약속이 있었다. 옆자리에 앉은 가족의 소리가 들려왔다.

"헐, 대박 비싸!"

"아냐, 조그맣지만 개맛있어."

엄마가 초등학교 4학년쯤 돼 보이는 아들과 비슷한 수준의 말을 쓰고 있었다. 게다가 각자 휴대폰을 보며 대화 없이 밥을 먹었다.

"다른 맛난 거 검색해보까?"

엄마는 휴대폰을 손에서 놓지 않은 채 짧은 몇 마디를 하고는 아들과 별 대화를 하지 않았다.

최근 교육계는 문해력의 저하에 대한 고민이 깊다. 문해력 저하 현상과 더불어 두드러지게 나타나는 모습은 부모가 앞서서 유행어를 쓰면서 언어를 파괴하는 현상이 만연하다는 것이다. 부모들조차 신조어, 줄임말, 인터넷 용어 등을 써서 '유행에 앞서가는' 이미지를 만들려는 사람이 적지 않다는 것이다.

아이와 눈높이를 맞추려는 의도는 이해되지만, 부모의 어휘가 단순해지는 만큼 아이의 어휘도 또래에 비해 단순해지고 빈곤해질 수밖에 없다. 부모의 언어 파괴는 문해력 저하뿐 아니라 아이들의 정서에도 영향을 주어 조급함,

욱하는 성미, 불안감을 조성하기 쉽다.

| 부모의 언어 파괴 ; 유행어와 폭풍 검색, 단순 말투

최근엔 젊은 부모들의 휴대폰 중독 현상이 가족 대화를 막아 문해력 저하의 원인이 되기도 한다는 보고가 있다. 아이들과 눈을 맞추며 소통하는 대신에 '검색해보자'로 숙제나 문제해결을 하게 되면 어른들의 다양한 어휘를 흡수할 기회가 줄어 문해력에도 부정적인 영향을 미치는 것이다.

육아 프로그램인 '요즘 육아 금쪽같은 내 새끼'에 출연한 어떤 엄마는 6살 아들에게 짜장면을 시켜주고 이런 대화를 나눈다.

"엄마, 이거 어떻게 비벼 먹어?"

"응, 검색해보자."

엄마는 곧 짜장면을 비벼 먹는 영상을 찾아 보여준다.

"어렵니? 한 번 더 보여줄까?"

엄마는 영상을 한 번 더 보여주는 것에만 신경을 쓸 뿐 직접 젓가락으로 면을 뒤적거려 섞어주는 시늉을 결코 하지 않았다. 이렇게 되면 엄마랑 대화하며 은연중에 익힐 수 있는 단어 '섞다, 뒤집다, 휘젓다'와 같은 낱말들을 놓치게 되는 셈이다. 고학년이 되어 어휘력을 학습지로 푼다고 해서 그런 단어의 느낌을 얼마나 정확히 기억할 수 있을까?

일기를 쓰게 하려다 벌어지는 실랑이가 피곤하다는 초등 3학년 하민 엄마의 경우도 그랬다. 그녀는 일기 쓰기만 얼른 해결되기를 바라는 눈치다. 그러나 글쓰기보다 읽기가 먼저임을 강조하며, 읽기 체크를 간단히 해보았다. 하민 엄마는 아들이 읽기 테스트를 하는 동안에도 손에서 휴대폰을 놓지 않았다. 보통은 서가의 책꽂이를 면밀히 살펴보며 무슨 책으로 가르치는지를 살피는 엄마들과는 비교되는 모습이었다.

하민이는 또래보다 유난히 책읽기를 어려워했다. 첫 번째 묵독에서는 5개 정도의 단어가 기억난다고 했다. 낭독을 세 번 했는데도 10개 이하의 단어를 기억했다. 4번째 읽었을 때는 15개가 전부였다. 보통 낭독을 두세 번 하면 단어를 30~60여 개 기억한다. 책에 모르는 낱말 줄긋기에서도 책을 하얗게 해와서 왜 그런지 물어보았다.

"모르는 말이 넘 많아서 그냥...."

하민 엄마와 대화를 하면서 그녀의 말씨가 매우 단조롭다는 것이 느껴졌다. '그러게요, 선생님', '어쩌죠?', '아무튼 힘들어요.' 등이었다. 단순한 말투를 보면서 아이의 문해력에 긍정적이지 못했을 것이란 짐작이 들었다. 아이 혼자 책 읽는 것을 강조하거나 국어 학습지 등을 시킬 것이 아니라며 몇 가지를 더 알아보았다.

"잠자기 전에 책을 읽어주었나요?"

"글자를 아니까 혼자 읽으라고 했는데요."

하민이는 그림책부터 크게 낭독하기를, 하민맘에게는 책 읽어주기를 숙제로 내주었다. 낭독 녹음 숙제를 한 지 3개월이 되고부터는 책 읽기가 눈에 띄게 달라졌다. 일기 쓰기에서도 200자 원고지 한 장을 넘겼다. 처음엔 200자를 다 채우려면 얼마나 걸릴까 했었는데 책 읽기가 받쳐주니 빠르게 따라왔다. 단어 카드를 만들고 그 낱말들로 짧은 글짓기를 하면서 하민이는 점점 자신감을 얻어가는 눈치였다. 6개월이 넘어가니 책도 누구보다 먼저 읽으려고 손을 들었다.

그동안 하민이 엄마는 직장맘이라 자신이 책을 읽어줄 생각을 하기보다는 학원 스케줄을 면밀히 짜두는 것에 의존했다고 한다. 피곤을 달고 사는 엄마는 늘 '숙제해', '이빨 닦고 얼른 자' 등과 같이 간단한 명령조의 말만 사용했다. 또 업무상 휴대폰을 끼고 있다 보니 휴대폰 중독에 가까워져 아이와의 대화가 더욱 없어졌다며, 달라진 하민이의 모습을 신기해하면서도 얼굴에는 자각의 빛이 역력했다. 하민이의 경우를 통해 가정에서 부모가 쓰는 언어환경이나 책 읽어주기 등이 얼마나 중요한지 재확인할 수 있었다.

하민이네처럼 엄마가 이제라도 독서의 중요성을 인식한다면 문해력을 올리는 데는 크게 늦지 않았다고 할 수 있다. 희한하게도 언어 능력은 수학과 달라서 체계적인 기초를 요구하기보다는 '얼마나 책의 재미에 빠져봤느냐' 하는 경험만으로도 문해력이 눈에 띄게 성장할 수 있기 때문이다. 적어도 초등생에게는 한 번의 책 재미가 매우 중요한 포인트다. 게다가 문해력은 한번 올라가면 쉽게 떨어지지도 않는 하방 경직성이 강한 언어영역이다. 따라서 독서부터 주력하면 국어, 영어, 인문사회 계열 영역 전반에서 문해력이 함께 성장 될 수 있다.

| 대화, 독서, 학습지 중 문해력에 유의미한 것은?

그럼 문해력의 바탕이 되는 어휘력은 어디서 배울 수 있나? 평소 가정에서 쓰는 일상 대화, 독서를 통한 어휘, 그리고 문제집 풀이 등을 생각해 볼 수 있다. 그 중 어느 것이 문해력을 높이는데 더 유의미할까?

1) 생활 속 어휘; 일상적인 대화 속에서

> 엄마 : 이번에 가면 한 사나흘 묵을 건데 짐 좀 챙겨야지!
>
> 아이 : 그럼 2박3일 체류한다는 건가요?
>
> 아빠 : 그런거지. 첫날에는 공항 근처 바닷가 호텔에서 1박을 하자.
>
> 엄마 : 하룻밤만 묵을 건데 좀 싼 숙박집을 알아봐요.
>
> 아이 : 텐트 캠핑하면 어때요?

가족이 무심하게 나누는 대화 속에 '묵다, 체류, 숙박, 일정' 등과 같은 한자말과 순우리말이 섞여 있다. 이런 가족은 평소에 독서를 중시했을 것 같고, 아이도 부모의 문어체적인 어투를 따라서 자연스럽게 문해력이 높을 가능성이 크다.

2) 전래 동화 속 낱말 : 옛날이야기 속에서

> 해가 뉘엿뉘엿 기울어가는 줄도 모르고 열심히 나무를 하던 나무꾼은 잠시 허리를 펴고 주위를 돌아보다가 벌써 산허리가 어둑해진 것을 알고는 깜짝 놀라 얼른 산을 내려가기 시작했습니다.
>
> '아이쿠 큰일 났구나.'
>
> 어두워 길이 보이지 않자 걱정이 태산 같아졌습니다. 마침 저쪽에 허름한 초가집 한 채가 보였습니다.
>
> '아, 산신령님이 도와주시는구나. 오늘 밤은 저기서 묵고 가야겠다.'
>
> 걸음을 재촉한 나무꾼은 다 쓰러져가는 초가집에서 도착하여 잠을 자려고 애썼지만 으스스한 분위기 때문에 도무지 잠을 이룰 수가 없었어요. 결국 얼른 날이 새기를 기다리며 노래를 슬슬 부르기로 했답니다.

옛날이야기를 듣다 보면 아이는 '묵고 가야겠다'를 '하룻밤 자고 간다'로 이해하게 된다. '묵다'를 사전에서 찾지 않아도 추측하고 상상할 수 있게 해 주는 전래 동화책은 재밌는 가운데 어휘력이 성장하는 아주 훌륭한 교재이다. 예컨대 '도깨비'라는 단어 하나만으로도 다양하게 연상할 수 있다. 그만큼 동화책은 인지구조에 스키마(schema)를 잘 형성하고 있는 편이다. 고급 어휘도 이야기책으로 쉽고 빠르게 늘릴 수 있다. 하지만 창작 동화에는 전래 동화에 비해 현실적인 생활 어휘가 많아 쉽기도 하고 상상력도 덜 자극한다.

3) 문제집 속 단어 : 문제집을 풀면서

제주도에 새로운 관광 형태가 생겨나고 있습니다. 도시의 젊은 부모들이 아이들을 자연 속에서 자라게 하고 싶다는 바램으로 제주 한달살이를 하는 것이 유행인데요. 특히 방학이 되면 A)성수기를 맞는다고 합니다. 한달살이는 말 그대로 제주도에서 한 달을 B)묵으면서 친환경적인 교육을 실천해 보고자 하는 시도입니다.

윗글에서 B) '묵으면서'의 뜻과 거리가 먼 것을 고르시오.
① 숙박하다 ② 생활하다 ③ 체류하다 ④ 오래 두고 보다

윗글에서 A)의 '성수기'와 뜻이 반대되는 말을 고르시오
① 연휴 시기 ② 비수기 ③ 모내기 ④ 바캉스 시기

이렇게 문제집을 풀면서 '묵다'라는 단어를 알게 된다. 설사 뜻을 몰랐다 해도 앞뒤 문맥을 유추해보면 이해하고 문제를 풀 수 있다. 그런데 문제집을 덮는 순간 그런 단어가 있었는지 잊어버릴 수 있다. 오답노트나 단어카

드를 만들어 복습을 하지 않는다면 말이다. 스토리북과 달리 학습지는 무미건조한 서술 설명체여서 단어나 문장에서 함께 연상되는 것이 비교적 적다. 따라서 문제집 풀이에서 익히는 어휘력 성장은 그만큼 느리다고 봐야 할 것이다.

05

문해력 브레인의
최대 걸림돌은?

기찻길 옆 오막살이 아기 아기 잘도 잔다.

칙 ~~~폭 칙~~칙폭폭 칙~칙폭폭 칙칙폭폭

수업 시작으로 아이들과 동요부터 신나게 불렀다. 가만, 아빠 차만 타고 다니는 아이들이 기차를 알까 싶다.

"너희들 기차 타봤니?"

"........."

어떤 아이가 뭔가 느낌이 오는지 말한다.

"KTX는 타봤는데요."

영어가 모국어처럼 되어버린 웃지 못할 현실. 어른들이 '고속기차'라고 한 번쯤 말해줬음 좋으련만. '기차'라는 우리말은 길게 연결된 차라든가, '칙~ 폭'의 증기를 뜻하는 한자 '汽車' 등을 연상하며 자연스레 그 특징을 짐작할 수 있다. 반면 'KTX'는 '코리아', '트레인', '익스프레스'라는 말들 하나하나에서 기차의 특징이 연상되거나 이해가 될까? 생각하는 힘, 공부지능은 모국어를 통해 발달시키는 것인데, 영어를 남보다 잘하면 학습성과에 빛을 낼 수 있을 것이라는 믿음은 자칫 우를 범할 수 있다.

영어 선행 효과는 날아가 버리고

초등학교 5학년인 준서는 평창동에 산다. 영어 유치원을 다녔고 Y사립 초등학교에 다닌다. 일찍이 P학원을 다니면서 영어 선행에 열심이었다. 학교가 파하자마자 강남까지 거의 매일 오가는데, H수학까지 더해서 주말에도 대치동을 오간다. 준서가 가끔 일식집에서 주문한 듯한 도시락을 들고 수업에 나타나는데, 엄마는 '죄송합니다, 준서가 간식을 못 먹었어요. 양해 부탁드릴게요.'라는 문자와 함께 차 안에서도 식사할 시간이 없었다고 덧붙인다.

그런데 학교 영어 성적이 뛰어나지 못하다는 것이 준서 어머니의 고민이었다. 다른 과목이라면 이해가 가지만 영어 문법는 중3 수준을 마쳤다고 했다. 아이의 책읽기 능력과 고학년이면 알아야 할 배경지식을 확인해 보았다.

"너, 매일 강남에 가면 한강을 건너다닌 거지?"

"한강이 서울에 있는 건가요?"

5학년인데 공부 전반을 끌고 가는 기초 지식과 국어 어휘력이 낮아 영어 성적까지 제자리에서 맴돌고 있었다. 영어 공부 시간을 줄이고 중학생이 되기 전에 독서 체계부터 갖출 것을 강조했다.

"영어 스토리북도 많이 읽었으면 독서가 된 것 아닌가요?"

준서 어머니는 국어 독해력 부족으로 영어마저 성적이 오르지 않고 있다는 지적을 얼른 납득하지 못했다. 아이는 아이대로 오랜 시간 단어 암기로 누적된 영어 피로증이 있는 듯 영어가 몸서리치게 싫다고 했다. 1주일에 10쪽 내외의 동화책을 읽고 녹음해오는 것을 제대로 하지 못할 때도 있었다.

"영어 숙제가 넘 많아서...."

영어 탓에 다른 책도 읽지 못한다는 짜증이 섞인 듯한 말을 입에 달고 있었다. 영어 울렁증을 겪으면서도 영어를 놓지 못하는 것은 강남을 오가며 차 안에서 태블릿 게임을 하거나 동영상을 시청하는 보상 때문이었다. 결국 준서는 중학생이 된 후 성적이 전반적으로 떨어져서 외국 고등학교로 유학을 보냈다는 후문이 들려왔다.

최근엔 아예 우리말보다 영어를 먼저 떠올리는 아이들이 급격하게 늘고 있다. 모국어를 영어로 이해하려는 뇌의 작동으로 인해 언어 혼돈 현상이 확연히 드러나고 있는 것이다.

6학년 지우가 수업에 오자마자 학교 국어 시간에 짝꿍 때문에 황당했던 사연을 주르륵 이른다.

"'구슬이 서 말이라도 꿰어야 보배다'에서, '말'이 뭐야? 'horse'니?"

라고 짝꿍이 말해서 처음엔 장난치는 줄 알았다고 한다. 그 다음은 더 희한했다며 흥분한 듯 말을 이어나갔다.

"비단 한 필을 들고~ 에서도 '한 필'이 'feel'이니? 이러잖아요. 걔는 영유를 나왔다는데 영어 성적도 저보다 못해요. 공부가 시원찮다고 여겼지만 그 정도일 줄은......"

지우는 아이답지 않게 혀를 차며 탄식했다. 지우는 '국어사전'으로 통할 정도로 어휘력이 탁월한 편이다. 짝꿍처럼 유아 때부터 영어에 익숙하면 국어 읽기의 문해력은 어떻게 될까?

문해력(literacy)은 단어 뜻을 해석하는 독해를 넘어서 행간의 의미까지 이해하는 종합적인 사고능력이다. 같은 어휘라도 문맥에서의 쓰임새, 시대와 공간의 배경지식, 그 모든 것이 문해력의 요소이다. 이러한 문해력은 초등학교까지는 독서에서 가장 많은 효과를 낼 수 있다. 따라서 적어도 초등까지는 우리글로 된 독서가 문해력 브레인을 만드는데 최우선의 기준이 되어야 한다.

일명 MZ 세대의 문해력 저하를 디지털 영향으로 보는 관점은 우리나라 뿐만 아니라 전 세계 교육계가 공통으로 갖고있다. 하지만 우리나라만의 문해력 저하 현상의 원인이 있다면 유아 때부터 모국어보다 더 빨리 영어로 몰아붙이는 교육 문제일 것이다. 사교육의 과도한 숙제로 인해 수업 시간에 집중하지 못하고 산만한 경향은 물론이거니와 글쓰기를 할 때도 영어나 인터넷 언어 등의 과다노출로 인해 우리말의 적절한 표현을 떠올리지 못한다.

| 사이버 외교사절단 '반크(VANK)' 활동으로 영어혐오 극복

독서로 공부머리를 다져야 할 초등생의 경우, 영어 숙제가 많아 독서 시간을 빼앗아버리는 것이 가장 심각한 점이다. 대개 저학년은 독서 시간이 하루에 1시간 정도라지만 고학년이 되면 하루에 30분도 없다고들 한다. 자연스레 책읽기에 무관심해지고 그 대신 학습만화로 메운다고 해도 점점 줄글 책을 피하거나 건성건성 읽어 문해력이 낮아지게 된다.

또한 부모가 중시하는 영어, 수학을 제외한 다른 공부는 대충해도 된다는 생각을 하게 만든다. 초등 1학년은 영어 단어를 50개씩 줄줄 외울 때 부모들이 자랑스러워하는 모습을 보면서 '영어를 잘하는 것이 실력자'라는 생각을 하기 쉽다. 저학년 중에는 영어를 잘할수록 똑똑한 사람이라고 자부심을 세우는 아이들도 적지 않다.

하지만 딱 3학년이면 방점을 찍고, 4학년이 되면 아이들은 달라진다. 읽기가 안되면 교과 전반의 문해력이 떨어져 영어 하나로는 그 위세를 유지할 수 없음을 말이다. 수학의 문장제에서도 실력이 드러나기 시작한다. 영어 괴로움으로 원형탈모증에 걸리기도 한다. 예비 중학생이면 단어를 하루에 200개씩은 외워야 한다고 한숨을 푹푹 내쉰다. 중학교 첫 시험에서 영어, 수학 성적 외에 국어, 역사 등이 60, 70점 대로 나오면 적잖이 충격을 받게 된다. 이쯤부터 아이들은 단어를 수백 개씩 외라는 주문에 반발하기 시작한다.

"엄마한테 '영어 왜 하냐'고 따지면 해외여행 갈 때 필요하대요."

이럴 때 나는 부모들에게 살짝 귀띔해 본다.

"어차피 할건데, 명분을 좀 그럴듯하게 주세요."

"명분요?"

"우리나라를 외국인에게 소개하기 위해 영어가 필요하지 않겠냐는 식으로 말이죠."

공부의 명분은 동기부여가 될 수 있다. 대학을 잘 가겠다는 현실적인 성취도 있지만 우아한 명분으로 아이들에게 꿈을 심어줄 수 있다. 나의 이런 조언으로 사이버 외교사절단인 '반크(VANK)' 활동을 한 아이도 있었다. 그 친구는 영어혐오를 극복하고 영어로 '독도지킴이'나 '세종대왕' 등을 인터넷 사이트에 올려 활동하다가 대학에 진학하며 국제학부를 선택했다.

언어학자들에 따르면, 영어는 우리말의 복잡성에 비해 비교적 단순한 언어라고 한다. 외국인이 한국말을 배울 때의 난이도는 우리가 영어를 배울 때보다 몇십 배로 높다고 한다. 그만큼 우리말은 언어적 융복합이 뛰어나서 두뇌의 인지발달에 매우 탁월한 언어이다.

필자가 북경에 있을 때, 한글학회의 주최로 열리는 '국외 한국어 교원연수'에 몇 번 참여한 적이 있다. 그곳에서 독일 본(Bonn) 대학에서 한국어를 가르치는 윤 교수나 두바이, 미국 등지에 주재원으로 나가 한국어교사로 있는 사람들을 만날 수 있었다. 그들과 대화를 하다보면 뜻밖의 고민을 듣게 된다. 우리 글이 너무 어려워 그들 자녀가 정작 한국 책을 읽고 토론할 정도의 실력이 못되어 삼성 등 대기업에 취업해서 한국으로 돌아오기가 어렵다는 것이다.

미국에서 주재원으로 살다 온 집의 아이를 만났다. 우리말 동화책보다 해리포터를 원서로 더 즐겨 읽는다. 처음에는 '영어가 익숙하고 잊지 않으려는 목적이겠지' 하고 이해했다. 하지만 6개월이 지나도 똑같았다. 알고 보니 우리 동화책의 어휘가 도무지 이해가 안 되어 영어책만 찾게 된다는 것이 그들의 속내였다. 영어 원서는 막힘없이 줄줄 읽어도 우리나라 전래 동화는 몇줄도 끙끙거리며 읽는다. 순우리말과 한자말, 맞춤법, 연음 작용 발음뿐 아니라 존칭 접미사, 복잡한 호칭, 다양한 형용사와 관용어를 이해하는 것이 머리에 쥐가 날 정도로 어렵기 때문이다.

초등학교에서 '귀국학생특별반'을 수년간 맡아온 교사들도 6~9살 사이에 외국에서 자란 아이들은 한국에서 문해력을 따라잡기 힘들어한다고 말한다. 특히 한자말이나 고어가 나오는 사회와 역사를 어려워한다고 했다.

언어 습득에는 결정적 시기가 있다. 10살 이전의 아이들은 모국어로 된 이야기에 노출이 적게 되면 고학년으로 갈수록 어휘력이 부족해진다. 그럼 자연스레 문해력이 낮아지고 학습흥미도가 떨어져 평생 공부의 바탕을 놓칠 수 있다. 적어도 10살 이전에는 우리말로 된 옛이야기를 읽고 들려주어야 문해력을 높이는 언어 인지발달은 물론 인성교육까지 되어 제대로 성장할 수 있다.

06

독서가 먼저냐, 학원 숙제가 먼저냐?

중학교 1학년 주미는 사회시간에 혼자 싱글벙글했단다.

"참, 신기하더라고요. 우리가 세계사 이야기에서 읽은 '폴리스'가 나왔어요."

그리스의 도시 국가 아테네에서 기원전 민주정치가 시작되었다는 사회 선생님의 설명이 귀에 쏙쏙 들어와 수업 시간 내내 재미있었다는 얘기다. 이쯤 되면 나는 아이들에게 묻게 된다.

"독서가 공부니?"

"저는 독서가 공부라고 생각해요."

대뜸 주미의 응답에 다른 친구들은 흠칫 쳐다본다.

"그래? 그렇게 말하는 이유가 뭔지 들어볼 수 있어?"

"지금 읽고 있는 <살아있는 갈대>에서 3.1 운동의 배경인 윌슨의 '민족자결주의'가 여러 페이지에 걸쳐 나오잖아요. 교과서보다 훨씬 자세하게 알게 되는 것 같아요."

"그럼, 독서가 진짜 선행 공부인 셈이네!"

주미는 청소년용 대하소설 <토지>와 <아리랑>을 읽고는 일제강점기와 동학운동, 분단이 되기 전의 복잡한 국내외 상황들을 잘 이해할 수 있었단다. 그리고는 덧붙인다.

"우리 집은 언니도 <토지>를 읽고, 아빠도 제가 보는 <살아있는 갈대>를 읽고 있어요."

그랬더니 옆에 있던 채원이, 지민이도 생각난 듯 거든다.

"맞아요. 제가 이 책을 학교에서 보고 있으면 선생님께서 놀라시더라고요."

"저도 <토지> 보고 있을 때 선생님이 칭찬해주셨어요. '중1 중에 몇이나 읽겠냐'하시며."

독서가 성적표로 딱 찍혀나오진 않지만 아이들은 독서의 긍정적 경험담을 쌓아가는 것에 비해, 부모들은 고학년으로 갈수록 독서보다는 학원 입시체제에 관심을 쏟는 편이다.

중1 예진이는 소설 <오만과 편견> 완역본 읽기에 도전하고 있다.

"숙제는 다 해놓고 그러니?"

"시험이 얼마 안 남았는데 무슨 베짱이니?"

예진이 엄마는 독서가 중요하긴 하지만 교과 성적에는 직접 반영이 안 되니 시험 기간 한 달 전부터는 일체 독서를 금한다고 했다. 중학생 때부터 내신 관리를 해야 하는데 소설 나부랭이를 들고 있는 딸아이가 영 맘에 안 드는 것이다.

그럼, 독서에 대한 부모들의 생각은 어떨까? 독서는 교양일뿐 교과성적을 올리는데 별 도움이 안 되는 걸까? 초등 5학년 이상 학부모라면 독서에 대한 가치관을 세울 필요가 있다. 아이들의 실력이 비슷해도 부모의 독서 가치관에 따라 교육 성취도가 무척 달라지기 때문이다.

▌ 독서에 대한 부모의 가치관 확립 필요

독서 동아리 친구의 딸은 어릴 때부터 엄마 못지않게 책을 끼고 살았다. 그 친구 집에서 엄마들이 모일 때면 친구는 딸내미에 대해 투덜거리곤 했다.

"아이고, 책도 어느 정도 봐야지! 화장실에서 한번 들어가면 안 나와요, 안 나와."

10여 년이 흘러 딸이 대학을 졸업할 때쯤 소식이 들려왔다. Y대를 나와 회사에 잠시 다닐 때 변리사 시험을 봤다가 덜컥 붙었다고 한다. 그러다가 법무사 시험을 봤는데 또 덜컥 붙은 것이다. 친구 남편이 신이 나서 이번엔 사법고시를 보라고 딸에게 권했는데 아니나 다를까, 전공도 아닌 사법고시에 붙어 지금 모처에서 검사로 활동 중이다.

다른 엄마들이 비법을 알려달라고 조르자 그녀가 한 말이 떠오른다.

"산다고 바빠서 공부 잔소리할 새도 없었어. 걔는 학원도 안 가려 하고 주구장창 뭔 책을 그렇게 읽어대는지...."

친구 딸처럼 책만 봤다고 성공을 장담할 수는 없다. 하지만 '문해력이 높으면 성적이 좋다', '우등생이라고 독서를 다 좋아하지는 않아도 독서를 하지 않고는 우등생이 될 수 없다'는 보편적인 주장에는 필자의 30여 년 경험치를 근거로 해도 절대 동의한다.

그럼, '독서를 하면 공부를 잘 할 수 있다'는 명제가 다른 수단보다 정말 효과적일까? 인지심리학, 교육학, 언어학적 근거들도 있겠지만 차치하고 현실적이고 경험적인 잣대로만 비교해보자.

실험 : 어떤 학습 수단이 성적을 가장 많이 올리나?

교과 성적을 위한 공부 수단으로는 교과서 공부하기, 학원 수강하기, 문제집 풀기, 독서 하기 등이 있다. 어떤 사람은 '공부=문제집 풀이'라고 생각하는 경향이 짙고, 어떤 사람은 '공부=학원 수강'이라 여겨 선행부터 학원 일정으로 빽빽이 채우기도 한다.

아래 표는 어떤 학습 수단이 성적 향상에 가장 효과적인 변수가 되는지를 객관적으로 살펴보는 표이다. O표가 많을수록 성적에 미치는 영향이 크다는 것인데, 6학년 주미는 독서가 성적 향상에 가장 효과적이라고 표시하였다.

* 학습 수단과 성적향상 효과 (V 해보기)

성적 향상의 변수	교과서	학원	문제지	독서
1. 재미 흥미	*	*	*	V
2. 지속 가능성	*	V	*	V
3. 어휘 다양성	*	*	*	V
4. 주도적 읽기	V	*	*	V
5. 배경 지식	*	*	V	V
6. 반복 복습	V	V	*	*
7. 강제성	*	V	V	*
V 표의 숫자	2	3	2	5

* 참고: 6학년 주미의 경우

만약 아이가 학원에 의존하는 경향이 있다면 강사의 설명을 듣고 '아, 그렇구나'로 이해한 공부 방식일 것이다. '듣고 이해한' 지식은 설명을 들을 때는 알아도 혼자 복습할 때는 잘 기억이 안 난다. 수업 시간에 설명을 주워 담기 바빠서 주도적 읽기를 할 수 없었기 때문이다.

또 인터넷 강의 등으로 학습지를 풀었다고 해도 그것을 다시 복습하는 자기 주도적 읽기가 뒷받침되지 않으면 풀어본 권수에 비해 실력은 그다지 만족스럽지 못할 수 있다.

그렇다면 독서는 어떨까? 가령 장편소설 <레미제라블>을 읽었다고 하자. 어휘나 자세한 내용까지 다 기억하는 것은 아니지만, 전체 스토리나 시대배경이나 인물의 모습들이 스키마를 형성하여 장기 기억으로 저장될 가능성이 높다. 사회시간에 나폴레옹이나 프랑스 7월 혁명 등이 나오면 저절로 빅토르 위고의 작품이 연상되며 생각 그물이 출렁일 것이다. 그래서 많은 교육 관계자들은 평생의 학업성적이 '골든 타임'이라고 부르는 초등부터 중2까지 독서를 얼마나 했느냐에 따라 결정된다고 했다.

표에서 볼 수 있듯이 독서는 재밌으니 지속하기 쉽다. 읽으면서 어휘를 추측하고 시대 상황을 비교해보며 기억력이 향상되고 추론 및 비판적 읽기로 나아간다. 비록 책 한 권이지만 읽는 동안 종합적인 사고력이 생겨 전교과 공부의 문해력이 향상되면서 우수한 성적으로 이어지는 것이다. 그럼에도 당장 시험 과목이나 시험 결과로 드러나지 않기에 독서가 숙제에 밀리고 시험 기간에 밀리는 것이다. 결국 부모의 독서 가치관에 따라 달라진다고 할 수 있다. 문득 국제중 갔다는 윤서 엄마의 말이 떠오른다.

"독서가 공부죠. 숙제부터 하라고 독서를 미루면 안 되죠."

대입수능 만점자, "공부 스트레스 받을 때 소설 읽었어요"

대입수능 만점자 이영래군은 고등학교 때만 150권의 책을 읽었다고 인터뷰에서 밝혔다.

"공부를 하다가 스트레스를 받으면 〈태백산맥〉, 〈아리랑〉, 〈한강〉 등 대하소설을 주로 읽었어요. 소설 속 인물 관계와 정서를 파악하면서 유추력이 길러져 문제를 푸는 능력이 향상된 것 같아요"

공부 스트레스를 풀자고 소설을 읽었지만 자신도 모르게 인문 배경지식 뿐아니라 수학의 꼬인 문제를 보는 통찰력이 생겨 성적에 도움이 되었다는 나름의 해석이었다. 그렇다! 특히 장편소설은 시대, 공간, 인물의 심리, 고사성어, 속담, 어휘, 문법, 역사 등 수많은 지식이 스키마를 형성하여 어떤 과목에서든지 성적 향상의 효과를 발휘하였을 것이다. 입시 전문가들도 덧붙인다. 수시모집에서 상위권 대학은 학생부 심층 면접을 할 때 학생의 소양을 알아보는 질문에서 독서를 기반으로 하는 다양한 지식이 갖춰진 대답을 해야 입시에 유리하다는 것이다.

필자는 중학교 1,2 학년을 위한 최소한의 독서 프로그램을 마련해보았다. 청소년 대하소설 〈토지〉와 〈아리랑〉 그리고 〈논어〉를 권했다. 처음에는 읽기 힘들어도 금방 장편소설과 고전의 매력에 빠져든다. 함께 시대 배경도 설명하면서 감상을 나누다 보면 소설 속 알알이 숨어있는 재미도 느끼는데, 이런 과정에서 학습의 지구력도 길러진다. 이렇게 대하소설을 한 번이라도 끝내 본 아이들은 신기한 듯 중얼거린다.

"문학을 읽었는데 이상하게 비문학의 긴 지문까지도 이해가 잘되네요."

"소설을 읽고 나니 어휘력 문제집을 풀 때보다 어휘가 훨씬 더 잘 이해돼요."

"<안나 카레니나>를 읽었는데 뜻밖에 영어 시간에도 아는 것이 나와 발표했어요."

독서는 가장 위대한 스승에게 개인지도를 받는 것이기 때문에 학습 능력이 성장할 수밖에 없다.

다만 주의할 것이 있다. 수능 언어영역 비문학 지문을 보면, '이게 국어시험인가?' 할 정도로 경제, 과학 등의 난이도에 놀란다. 점점 언어영역의 난이도가 높아질 것이라는 뉴스가 돌자 발 빠른 출판계나 일부 학원에서는 초등 저학년에까지 비문학 학습지를 추천하고 있다.

그건 아니다!

비문학 지식 독서는 비판적 사고영역인 뇌 발달 측면에 들어가기 때문에 적어도 5, 6학년이 되어야 가능해진다. 더 어린 유, 초등 저학년에게는 의미가 없다. 다시 말해서 비문학을 잘 이해하고 풀기 위해서는 반드시 문학이 바탕이 되어야 함을 명심해야 한다. 세계 명작과 같은 200쪽 이상의 호흡이 긴 글을 재미있게 읽는 습관이 들면 비문학 입시 형태의 지문은 집중훈련 하면 가볍게 돌파할 수 있다. 왜냐하면 문해력은 대부분 문학에서 자연스럽게 키워지기 때문이다. 세상 소리에 휘둘리지 말고 적어도 초등학교까지는 동화책과 여러 가지 형태의 문학으로 그 힘을 단단히 길러두어야 할 것이다.

성적 향상의 변수	교과서	학원	문제지	독서
1. 재미 흥미				
2. 지속 가능성				
3. 어휘 다양성				
4. 주도적 읽기				
5. 배경 지식				
6. 반복 복습				
7. 강제성				
V 표의 숫자				

* V 표가 많으면 성적에 미치는 영향이 크다고 본다

제 **2** 장

읽어주기, 책놀이를 곁들여

책 읽어주는 이모를 썼어요

3학년 나영이는 어휘력이 뛰어나서인지 수업 시간에 자신감이 넘친다.

"뭐, 15개나 모른다고? 난 1개 정도 헷갈리던데...."

10쪽짜리 전래 동화 한 편을 읽고 친구들이 낱말 뜻을 물으면 살짝 면박을 줘가면서도 재미있게 잘 가르쳐준다.

"선생님, 이번엔 칠판에 모르는 낱말을 써두고 제가 설명해볼까요?"

이렇게 나영이의 자신감이 뿜뿜하는 비결을 나영이 어머니께 살짝 물어보았다.

"혹시 책을 읽어주었나요?"

"제가 못해서 책 읽어주는 이모를 썼어요."

나영이 어머니 왈, 친구 언니네 애들이 아주 우수한데 책으로 육아했다는 을 알고는 자신도 따라하리라 다짐했다고 한다. 그런데 직장 일로 힘들다 보니 책 육아를 대신해 줄 이모를 유치원 때까지 들이게 된 것이라고.

학습 능력이 탁월한 아이들; 초등 전에 꾸준히 읽어주었다

학습 능력이 탁월한 아이들의 공통점!

그것은 초등 전에 아이에게 책을 꾸준히 읽어주었다는 것이다. 그 아이들은 하나같이 언어능력뿐 아니라 학습 능력의 기초가 잘 잡혀있었다. 심지어 글씨체도 또박또박 반듯하게 쓴다. 서너 살 때부터 아이를 무릎에 끼고 책을 읽어주거나 자기 전에 침대머리 맡에서 책을 읽어주게 되면 아이들이 정서적으로 안정감을 느낀다는 연구 결과가 많다. 책 읽어주기는 아이의 인지능력과 문해력, 그리고 인성의 토대를 닦아준다.

미국의 오바마 대통령 부부가 공영방송 PBS의 한 프로그램에 나와 아이들에게 즐겁게 책을 읽어주는 장면이 매우 인상적이었다. 미국은 이민자의 나라인 만큼 읽기의 중요성을 강조한다. 가정에서 부모가 읽어주는 것은 물론 학교에서도 '읽기전문가(Reading specialist)'를 두고 구체적인 언어 소통과 책 읽기 지도를 실시하고 있다.

책을 읽어주게 되면 무엇보다 아이들이 책과 친해진다는 큰 장점이 있다. 부모가 읽어주는 소리를 들으며 이야기 속 인물이나 행동의 이미지를 상상하면서 쉽게 이야기에 빠져들 수 있다. 책에 대한 흥미와 호기심 그리고 집중력뿐만 아니라 다양한 언어를 접하면서 표현력까지 키운다. 또한 책을 통한 대화는 아이들의 생각을 들을 수 있는 부모 자식간의 소통의 채널이 된다. 수업 중에 아이들이 미리 읽어온 책을 내가 다시 읽어주면 아이들은 놀라운 반응을 보인다.

"선생님이 읽어주니까 훨씬 머리에 쏙쏙 들어와요."

"혼자 읽을 때는 몰랐는데 읽어주니까 너무 재미있어요"

"선생님, 제가 고른 책도 읽어주세요."

"제 것도요."

다들 자신이 고른 책을 읽어달라고 한다. 혼자 읽을 때는 문장을 따라 내용을 이해하기 바쁘거나 딴생각으로 빠지기 쉽다. 하지만 누군가가 읽어주는 것을 들으면 마치 서비스를 받는 느낌처럼 편안해지기 때문에 뇌세포 활동도 활발해진다고 한다. 그래서 어려운 낱말도 전체 맥락에서 이해하게 되어 이야기가 훨씬 생생하게 다가오게 된다. 자연히 책을 잘 읽는 문해력이 높은 아이가 되어간다.

▎엄청 읽어주었는데 왜 책을 좋아하지 않죠?

한편, 책 읽어주기를 강조하면 간혹 이런 하소연을 듣게 된다.

"엄청 읽어줬어요. 도서관 가서 캐리어에 담아 끌고 올 정도로 빌려서 읽기도 했고, 다독상도 타고, 지금도 매일 40분씩 목이 아프게 읽어주는데 왜 스스로 읽을 정도로 좋아하지는 않지요?"

부모가 영유아 때부터 10여 년을 노력했으면 초등 4학년쯤에는 스스로 책을 즐겨 찾길 바라는 기대가 생길 만하다. 이런 고민에는 더 세심한 관찰이 필요하다. 실망하기보다는 몇 가지를 체크해 보자.

- 아이가 좋아하는 책을 스스로 선택하게 했는지?
- 부모가 의무적으로 읽어주는 데만 급급해서 대화나 즐거운 활동을 하지 않았는지?
- 숙제를 우선해서 책은 조금씩 읽다 그만두지 않았는지?

- 한 권이라도 아이가 푹 빠져서 읽은 책이 있는지?
- 전래 동화나 세계 명작보다는 창작 동화 위주로 읽어주지 않았는지?

여기서는 마지막 요인을 중심으로 생각해보자.

일반적으로 창작 동화를 읽는 아이들은 전래 동화나 명작동화를 읽는 아이들에 비해 책 습관까지 들이기가 힘든 편이다. 창작 동화의 소재나 주제는 주변에서 흔히 볼 수 있는 사건이나 사물이라 상상의 여지가 별로 없어 상대적으로 재미 요소가 적다. 명작이나 고전에는 드라마틱한 인생의 어려움, 즉 죽음, 원수, 복수, 분노 등 부정적인 감정까지 느끼면서 손에 땀을 쥐게 하고 눈물을 흘리기도 하지만, 창작 동화에는 아기자기하고 따뜻한 내용들이 많아 뇌리에 밋밋하게 기억되어 금방 잊어버리게 된다. 동시에 창작 동화 중에는 지식 도서에 가까운 내용들도 많아서 독자가 적극적으로 상상하지 않아도 되는 친절한 설명체 위주라 생각을 건조하게 하는 편이다.

반면 전래 동화는 내가 경험하지 못한 옛날 세상을 오직 상상력으로 이해해야 한다. 인간은 상상할 때 훨씬 재미있고 즐거워진다. 예컨대 도깨비가 나오는 전래 동화에서는 '도깨비'라는 단어 하나만으로도 '뭐지?'하며 관심을 보인다. 밤늦게 안 자는 애들에게 엄포용으로 써보기도 한다.

"아직도 안 자면 도깨비 방망이가 잡아간다!"

그러면 후다닥 잠자리로 들어간다. 그만큼 아이들은 도깨비를 무섭고 신기한 것으로 상상해서 호기심도 자꾸 생기고 계속 읽고 싶어지는 이야깃거리가 되는 것이다.

3학년 사라는 책 읽기를 그리 좋아하지 않았는데, 어느 날 <장발장>을 읽고는 재미를 톡톡히 느꼈나 보다. 가난한 사람들에 대한 연민과 부당한 법에 대한 저항심이 생기면서 자신도 모르게 이야기 속 인물이 되어 빠져들었기 때문이다. 그러다가 사라는 오빠가 읽던 500쪽짜리 <레미제라블>을 들고 와서는 자랑하듯 말한다.

"같은 이야긴데도 장발장보다 어렵지만 훨씬 재밌어요."

재미가 있어야 한다는 것이, 바로 이거다! 옛날이야기, 명작 동화 등의 스토리북은 무엇보다 재미가 있다. 호칭, 지명 등 모르는 낱말이 많고, 외국의 문화나 시대를 몰라도 이야기가 흥미진진하니까 '장발장이 잡히면 어쩌지?'라는 궁금함 때문에 책을 놓지 못하게 된다. 따라서 어른들이 책을 읽어줄 때도 재미있는 명작 동화나 전래 동화같은 스토리북을 먼저 택해 책에 푹 빠져보게 하는 것이 가장 중요한 포인트다. 스토리북으로 책 재미를 먼저 붙이고 난 뒤에 창작 동화, 지식 도서로 나아가면 자연스럽게 책 습관도 형성되어 문해력 브레인이 쑥쑥 성장하게 되는 것이다.

"서대문 형무소를 다녀와서 유관순도 읽고 윤봉길도 읽었어요."

사라는 학교에서 서대문 형무소를 다녀오자 독립운동가들에 관한 책들을 주욱 읽었단다. 그것도 2백 쪽 가까운 책을 몇 권씩이나. 이제 사라는 책 맛을 들인 게 분명하다. 책 읽는 재미를 알면 세상의 호기심을 일단 책에서 찾아보려는 탐구심이 생기게 된다. 4학년이 된 어느 날, 사라는 <작은 아씨들> 완역본 1, 2권을 들고 와서 책 뒤에 나오는 저자 '루이자 메이 올컷'에 대한 소개를 읽어주겠다고 했다. 초등생이 저자에 대한 소개까지 친구들에게 알려주고 싶다니. 사라, 화이팅!

문해력 브레인의 차이, "무슨 책을 읽힐까?"

책 선택! 문해력과 직결된다.

권장 도서는 많아지는데 독서 시간은 하루에 한 시간도 없다고 한다. 이런 현실을 보며 최근 부쩍 드는 생각은 선생의 역할이 글쓰기나 토론보다 아이 연령과 성향에 적합한 책을 잘 선택하는 것이라는 게 새삼 무겁게 다가온다. 왜냐하면 어떤 책을 읽느냐에 따라서 문해력의 성과가 확연히 차이 나고 인성에도 영향을 주기 때문이다. 그럼에도 '책과 마케팅 홍수 시대'에 여간해서 주관을 갖고 택하기가 쉽지 않다.

요즘 아이들은 태어나자마자 책에 둘러싸인 거실과 서점과 도서관을 일찍 경험하다 보니 책에 치인다고 해도 과언이 아니다. 학습 위주의 필독 도서 같은 시리즈물을 좌악 구입하면 잠깐은 보겠지만 독서를 곧 숙제처럼 부담스러워한다. 많은 책을 보며 그다지 귀하게 여기지도 않고, 일찍부터 책의 매력을 떨어뜨리니 오히려 책의 독소를 빼야 할 지경이다. 오히려 책이 없던 시대의 옛 선인들의 독서법 - 책 몇 권으로 우려먹고 우려먹어서 깊은 생각과 창의적인 문제해결까지 너끈하게 이뤄내는 -이 좋은 것임을 깨닫게 된다.

초등 전이나 1, 2학년 때 읽어주기용으로 선택하는 책은 술~술 읽을 수 있고 슬~슬 들리는 책이 가장 좋다. 바로 '이야기(story)' 책이다. '이야기만큼 좋은 공부는 없다'고 선인들은 말한다. 따라서 저학년 때는 무조건 스토리 위주의 책을 읽어야 책 재미를 들인다. 어른들도 스토리가 아닌 책은 팍팍해서 읽어주기가 힘들다. 어른들이 읽었을 때 술술 넘어가지 않으면 아이들도 이해하기 어렵다고 봐야 한다.

취학 전이나 저학년 때는 다양한 이야기책을 읽을 시기이다. 이야기책 전래동화나 신화, 민담 등으로 책에 빠져봐야 할 시기다. 스토리가 없는 학습 위주 지식도서에 치중하면 책에 흥미를 크게 못 느낄 수 있다. 어영부영 4학년이 되어도 책 재미를 못 들이고 있는데, 옆에 있는 친구들이 스마트폰이라도 하면 금방 스마트폰에 빠져 책과 멀어지기 쉽다.

나는 예전부터 '고전 중에 고전'인 전래 동화부터 시작해서 세계 명작, 이솝 우화와 신화 이야기 등을 몇 주에 걸쳐 천천히 책 읽기 지도를 해왔는데, 문해력이 갈수록 떨어지는 세태를 보며 더욱 나의 방법을 확신하게 된다. 초등 저학년 때 스토리북 위주로 책 맛을 들이면, 4학년 이상부터는 지식 도서나 문학상 수상작들도 곁들여 가면서 아이에게 딱 맞는 몇 권만 택해서 반복해서 읽게 하자. 그것이 다양한 책을 여럿 읽기보다는 문해력 브레인 성장에 뚜렷한 효과가 있다. 문해력이 되어야 토론하기, 글쓰기가 늘고, 나아가 공부 재미가 들어서 학업성적 향상에도 영향을 미칠 수 있기 때문이다. 학년별 문해력에 도움 되는 이야기 위주 책인 문학 독서 범주는 다음과 같다.

* 학년별 문학 독서 범주

초등 1~2학년	초등 3~4학년	초등 5~6학년
이솝 우화	전래 동화	우리 고전
전래 동화	세계 명작	역사 동화
신화 설화	위인전	한국 단편
창작 동화	창작 동화	지식 도서

읽어주기 전에
동요부터 들려주기

옛날 옛날에 아주 험상궂게 생긴 도둑이 마을에 턱 나타났어.

'흠, 오늘은 어느 집을 털어볼까?'

"너는 도둑이 어떤 집에 들어갈 것 같아?"

"부잣집요!"

"어느 집이 부잣집인 걸 어떻게 알지?"

"돈이 많은 집요."

"돈이 많은 걸 도둑이 어떻게 알지?"

"……"

"이 도둑은 말이야, 오랜 경험으로 하나 터득한 게 있어. 그것은 담벼락을 기웃거리다가 댓돌 위에 신발이 가지런히 놓인 집은 절대 안 훔친다는 거야. 왜 그럴까?"

저마다 골똘히 궁리 중일 때쯤 동요 한 수를 내민다.

밥상 위의 젓가락이 나란히 나란히 나란히
댓돌 위의 신발들이 나란히 나란히 나란히
짐수레의 바퀴들이 나란히 나란히 나란히
학교길에 동무들이 나란히 나란히 나란히

'나란히 나란히 나란히' 윤석중 작사

이야기를 들려주고 동요 한 편을 신나게 부르고 나서 다시 물어본다.

"너희들 신발을 어떻게 벗고 왔는지 함 볼까?"

그러면 궁금하다는 듯 쪼르르 현관으로 달려가 서로 질세라 자기 신발 정리를 후다닥 하는 것이 아닌가! 신발 정리하라고 말을 한적도 없는데 말이다. 그날 어떤 아이는 집에 가자마자 현관 신발 정리부터 했단다. 그 아이의 엄마는 카톡 사진을 보내오며 그동안 "신발 벗어놓은 게 이게 뭐니?"라고 잔소리 했는데 웬일이냐며 놀란다. 백번 잔소리보다 동화와 동요는 힘이 백배 세다.

글자 모르는 유아에겐 동요로 독서 효과를

책 읽어주기가 반드시 줄글로 된 동화책일 필요는 없다.

언어 능력은 48개월쯤의 영유아기에 가장 활발하게 발달한다고 한다. 하지만 아직 글자를 모르는 단계이므로 자장가 같은 동요를 흥얼거리며 들려주면 책을 읽어주는 것과 같은 효과가 있다. 듣기 활동을 많이 할수록 집중하는 힘이 높아져 글자도 빨리 깨칠 수 있다.

봄비가 온다. '구슬비, 이슬비, 보슬비, 가랑비, 장대비, 장마비, 소낙비, 여우비......' 우리말에는 유난히 '비'가 많다. 우리나라는 연평균 강수량이 1300mm 정도로 세계의 평균 강수량보다 훨씬 물이 풍부한 국가이다. 그래서 '돈을 물

쓰듯 한다'와 같은 속담도 있고 '비'랑 관련된 노래와 시도 많다. 내친김에 비가 오는 날이면 '구슬비'를 들려주고, 겨울이면 '눈송이' 등 사시사철 관련된 동요들을 모아서 들려주자. 우리나라는 사계절이 뚜렷하여 날씨 관련 동요만 즐겨 불러도 어휘와 문해력, 인성과 배경지식까지 풍성해질 수 있다.

송알송알 싸리잎에 은구슬
조롱조롱 거미줄에 옥구슬
대롱대롱 풀잎마다 총총
방긋 웃는 꽃잎마다 송송송   '구슬비'-권오순 작사

무궁화 무궁화 우리나라 꽃
삼천리 강산에 우리나라 꽃
피었네 피었네 우리나라 꽃
삼천리 강산에 우리나라 꽃   '우리나라 꽃'-박종오 작사

가을이라 가을바람 솔솔 불어 오니
푸른 잎은 붉은 치마 갈아 입고서
남쪽나라 찾아가는 제비 불러 모아
봄이 오면 다시오라 부탁하노라   '가을' -백남석 작사

펄펄 눈이 옵니다.
하늘에서 눈이 옵니다
하늘나라 선녀님들이
송이송이 눈송이를
자꾸자꾸 뿌려줍니다.
자꾸자꾸 뿌려줍니다.   '눈송이'-김원기 작사

국어 교과서 첫 단원에는 매년 동시가 등장한다.

간혹 학교 선생님들이 동시를 발표시키거나 동시를 지어보라고 한다. 이럴 때도 날씨와 관련한 동요, 동시만 몇 곡 알고 있어도 자신있게 발표할 수 있다. 일기를 쓸 때도 동요 속 낱말을 활용해 날씨 한 단어라도 예쁘장하게 쓸 수 있다. 따라서 동요 동시 들려주기는 의성어나 의태어 같은 다양한 표현으로 언어 감각을 풍성하게 맛보여주는 과정이다.

수능 언어능력 시험에도 시는 꼭 등장한다. 예전부터 그 사람의 교양과 학식을 알아보는 고급 잣대로 오랜 세월 애용되었기 때문일 것이다. 조선 22대 정조 임금은 대신들에게 시를 짓는 놀이를 하게 하고는 벌주를 내렸다는 일화도 있다. 영화 '자산어보'에서도 선비들이 시를 지으면서 실력을 가늠하는 장면이 있다. 시가 고급 작문기법이다 보니 평소에 암송하거나 즐겨 듣거나 하지 않았다면 시를 짓기가 만만치 않다. 더욱이 자연과 멀어져 사는 도시 아이들에게 비유와 상징을 넣어 시 쓰기란! 하물며 동요조차 들려주지 않으면 시적 감성이 어찌 싹을 틔우겠는가.

전래 동요는 4음절의 반복어가 많아 저절로 리듬감이 생겨 흥겨워진다. '강강술래' 같은 전래 동요를 부를 때도 그냥 앉아서 부를 것이 아니라 일어나서 손에 손을 잡고 빙빙 돌다 보면 어지러워 넘어지며 즐거워한다. 노랫말을 몸으로 느끼며 어휘가 체득되고, 동요를 즐겨 따라 부르다 보면 동시도 쉽게 지을 수 있다. 이런 바탕 교육 없이 글쓰기를 가르쳐서 노트에 바로 글짓기가 나오는 것은 잠시 흉내 낸 것에 불과할 수 있다.

장마철엔
'견우와 직녀'를 읽어주며

장마철이다.

"번쩍! 와르릉~ 쿵 쾅"

소나기와 천둥 번개가 쏟아질 때면 한낮인데도 어두컴컴하다. 아파트에 사는 사람들은 바깥 날씨와 상관없이 늦게까지 TV를 보고 있어도 되지만, 그 옛날 장마철엔 더 일찍 저녁을 먹고 잠자리에 들었다. 잠은커녕 눈이 더 말똥말똥해지면 어른들은 아이들을 재우려고 귀신 이야기며 도깨비가 나오는 무시무시한 이야기를 풀어냈다. 그런 이야기 중에는 여름철이면 '견우와 직녀'가 단골 메뉴였다.

"비가 자꾸 오는 것은 하늘에 있는 견우와 직녀가 너무 울어서 그렇대!"

"왜 울어?"

아이들이 날씨나 자연에 별 감흥이 없어 "왜 울어?"라고 물어보지 않더라도 어른들이 아이를 무릎에 앉히고 이야기를 들려주는 것이 중요하다. 그림책을 읽어주며 이야기를 시작해도 좋다.

옛날 하늘의 목동인 견우와 옥황상제의 딸인 직녀가 서로 사랑에 빠져 일은 하지 않고 게으름을 피우게 되었어.

직녀는 자신의 이름처럼 옷감을 짜는 일을 해야 하는데 게으름을 피웠다는 것이지. 그래서 사람들이 옷을 헐벗게 되었단 말이야. 또 견우는 소를 몰고 농사짓는 일을 해야 하는데 이것을 게을리해서 사람들이 곡식이 없어 배고파했다는 것이야.

이에 화가 난 옥황상제는 견우와 직녀를 은하수 동쪽과 서쪽으로 갈라놓아 못 만나게 했대. 그들이 서로 그리워하는 안타까운 사연을 알게 된 까치와 까마귀들은 음력 7월 7일 밤(칠석날)에 하늘로 날아가 서로 머리를 맞대어 다리를 놓아 주었대.

이 다리를 '오작교'라고 불렀어. 두 사람은 다시 만나 기쁨의 눈물을 흘렸고, 다음 날에는 이별을 슬퍼하는 눈물이 주룩주룩 흘러 장맛비가 되어 내렸다는 거야.

이야기는 간단하다. 하지만 얼마든지 엿가락처럼 길게 늘어뜨려 구연동화를 할 수 있다. 옛날이야기는 누구도 증명할 수 없는 구전이라 상상의 나래를 얼마든지 펼칠 수 있다.

"우리도 까치와 까마귀처럼 머리를 맞대볼까?"
"까마귀가 어떻게 생겼냐고? 찾아볼까?"
"그래서 '오작교'라는 이름이 되었대"

아이들의 연령에 따라 온갖 대화가 오갈 수 있다. 초등 고학년이면 이런 설화에서 농경사회에 대한 몇 가지 상징을 유추할 수 있다.

첫째, 우리 민족은 벼농사 중심이며, 비는 농사에 필수 요소라는 것을 알 수 있다.

둘째, 소는 논밭을 가는 데 꼭 필요하므로 소가 큰 재산이었다. 그래서 소를 가족처럼 여겨서 <소를 줍다>라는 유명한 단편 소설도 있다는 것을 생각해 볼 수 있다.

셋째, 직녀처럼 옛 여인들은 옷감 짜는 일이 필수였다. 우리나라는 사시사철이 있어 길쌈대회 등을 통해 옷감 짜는 일을 더욱 권장하였다. 그래서 한국 여성들은 부지런하구나를 생각해 볼 수 있다.

넷째, 신기하게도 까치는 칠월 칠석날이 지나면 까맣던 머리 앞부분이 하얗게 변한다. 그래서 조상들은 그 신기함을 이야기에 녹아냈구나라는 것을 생각해 볼 수 있다.

다섯째, 2023년에는 칠월칠석날이 양력 8월 22일이다. 설날도 매년 음력으로 명절을 정하는데 음력과 양력이 무엇인지 달력을 보면서 들려줘도 좋다. 요즘은 농경사회가 아니어서 음력을 예전처럼 중시하지 않지만 날씨의 변화나 전통문화 측면에서 알아두면 유용하다.

"비가 왜 자주 오나?"

아이가 그닥 생각없이 한 질문에 어른이 너무 과학적으로 세세하게 설명할 필요는 없다. 대기 온도와 고기압이 어쩌구 하면서 과학적으로 풀어갈수록 상상력과는 멀어질 수 있다. 아이가 과학적으로 알고 싶어 질문할 때 외에는 그저 재미있는 이야기를 통해 아이들에게 무한한 상상의 여지를 주는 것이 오히려 좋다. 이런 이야기를 들으며 자연의 고마움과 이치를 깨우치는 것이 과학적인 접근보다 더 소중한 가치라고 할 수 있다.

전래 동요의 한 낱말만 체험해도 문해력 효과

비단, 전래 동화 뿐이랴!

'부엉아'라는 전래 동요를 부르면서도 우리 문화에 대한 책 한편을 읽는 효과를 볼 수 있다.

부엉아
떡해 먹자 부엉
양식 없다 부엉
걱정 말게 부엉
꿔다 하지 부엉
언제 갚게 부엉
갈에 갚지 부엉

"얘들아, '양식 없다'가 무슨 말이지?"

"양이요? 무슨 말이지?"

"쉽(sheep)인가요? 음메하는……"

"뭐라고?"

나의 놀란 반응에 아이들이 틀렸나보다 짐작하더니 어떤 아이가 말한다.

"그럼 서양식인가요? 햄버거가 없다는 건가요?"

그랬더니 아이들이 재밌다고 킥킥거리며 '파스타가 없다는 거야?' 등 한마디씩 거든다.

'아이쿠, 얘들이 양식을 모르는구나' 싶어서 얼른 질문해보았다.

"떡은 알지? 떡은 뭘로 만드니? 쌀이니 밀가루니?"

"밀가루요."

거의 이구동성이어서 더 충격적이었다. 사립초등 3학년들이다. 비교적 학업적 열성이 높다는 부모들의 자녀들이다. 같은 동시 책으로 수년간 수업해 오면서 아이들에게 질문하는 것은 '갈에 갖지 부엉'에서 '갈'이 무엇이냐를 묻는 정도였다. 적어도 10여 년 전 아이들은 떡을 쌀로 만든다는 것을 모르지 않았기에 이것은 질문 축에도 끼지 않았다. 으레 안다고 생각하며 넘어간 것이었는데 아차! 싶다.

집에 있던 빵이랑 냉장고의 떡을 하나 꺼내서 얼른 실물 교육에 들어갔다.

"모시송편 떡인데 먹어볼 사람?"

"꿀떡이 아니네요! 난 꿀떡만 먹는데."

아이들은 좀 못생기고 시커면 색이 맘에 들지 않는지 몇 명만 먹어보겠단다. 사실 수업 중에 먹는 것은 다 맛있다며 넙죽 받아먹을 줄 알았는데 격세지감인가! 일단 떡은 쌀로 만든다는 것을 체험해보았다.

그런데 채린이가 찹쌀가루로 떡을 만든다고 우긴다.

"찹쌀은 좀 더 비싸서 인절미나 찹쌀떡 정도만 만들고 일반적인 떡은 쌀가루로 만들어."

"그럼, 한석봉은 가난했다는데 왜 찹쌀로 떡을 만들지요?"

'엥, 채린이가 읽은 한석봉의 어머니는 찹쌀떡을 만들어 팔았나?'

똘똘한 녀석의 질문은 꼬리에 꼬리를 물고 벼농사 문화와 조상들의 삶에 대한 이야기로 얼마든지 뻗어나갈 수 있다. 이때 '견우직녀' 이야기를 알고 있으면 농경 문화에 대한 배경지식 즉 스키마를 활성화하여 이해를 빠르게 하고 확장해나갈 수 있다.

아주 기초적인 어휘도 모를 정도로 문해력이 떨어지는 데는 라이프 스타일

변화가 큰 영향을 미치고 있다. 어른들이 명절이나 떡에 대해 이런저런 이야기를 좀 해주면 휙 지나가듯 하는 말도 아이들에게는 다 배경지식이 되는 것이다. 일상 속에서 경험한 것이 있으면 글 한 줄, 시 한 줄 읽을 때도 맥락을 파악하기 쉽다. 즉 문해력이 높아진다. 짧은 전래 동화나 동시 속에서도 관련된 어휘를 체험해보는 것은 특히 글자를 모르는 미취학 아동에겐 줄글 책을 읽는 것이나 다름없다. 그럼 초등 때 글밥이 많은 전래 동화를 읽을 때도 어휘력이나 독해력에서 막히지 않고 술술 잘 읽게 마련이다.

책과 친해지는 지름길은?

10월 중순. 무심코 본 붉은 감나무에서 가을이 푹 느껴진다.

가을엔 감나무를 보며 <호랑이와 곶감> 이야기를 들려주면 안성맞춤이다.

"으앙, 앙앙~~"

무시무시한 호랑이가 와서 잡아간다고 해도 울음을 그치지 않던 아이가 그만 울음을 뚝 그쳤단 말이지. 왜 그런지 그 답을 어른들도 한 번쯤 생각해봤는지? 그냥 읽어주는 데 급급하다 보면 생각을 못 할 수 있다. 옛날이야기 책은 중간중간 멈춰서 "큰일났네, 어떻게 될까?"하며 감탄사나 몸짓을 곁들이면서 뜸을 들이듯 천천히 읽으면 더 재미지다.

"호랑이보다 곶감이 정말 더 무서워요?"

"그런가본데⋯⋯"

"곶감을 알아볼까? 호랑이보다 더 큰 놈인가 아닌가?"

마침 집에 곶감이 있으면 실물 교육을 해보자. 감을 깎아서 고들고들하게 말렸다고 '곶감'이라 부른다. 전래 동화 속 어휘에는 고유문화가 녹아있어 아름다운 순우리말이 다양하게 나온다. 하지만 요즘 경험해볼 수 없는 단어들이 많다 보니 가능한 어휘 체험을 동반하면 이해도 빠를뿐더러 책 재미에 빠져들기도 쉽다.

책 친구의 지름길은 체험, 체험!

책을 읽어주며 직접 체험해보는 것이 책과 친해지는 가장 좋은 지름길이다. 책 놀이를 해보면 그 어떤 장난감보다 덜 싫증 내고 오래 친구삼아 논다. 책과 친해지려면 '아이랑 뭘 체험해볼까'에 대한 고민이 필요하다. 이 고민이 독서 효과와 문해력을 극대화시킬 수 있다.

나의 경우, '호랑이와 곶감' 수업을 하면 미리 곶감을 준비해 뒀다가 곶감호두쌈 만들기 체험을 해본다. 곶감호두쌈을 만들 때는 아이들에게 곶감 꼭지를 떼고 곶감 속에 호두를 하나씩 넣어보라고 한다. 그런 뒤 꼭꼭 만져두었다가 단면을 잘라보면 아름다운 무늬가 나온다.

"우와, 변신!"

"진짜 신기해. 넘 맛있어요."

아이들 눈이 왕방울만 해져서 감탄사가 연발이다. 평소 서양식이나 편리한 먹거리에 길들여져 있어서 담백하고 고상한 우리 먹거리 전통을 보지 못해서 더 감동이랄까. 호랑이와 곶감 한편의 이야기로 체험도 해보고 글을 써봐도 좋다.

고학년이면 우리 전통문화의 배경지식을 이어가 본다. 그 옛날에는 밥 외의 간식, 과자라고는 없다시피 했다. 그러니 달달한 곶감은 그야말로 천연 사탕처럼 좋은 주전부리였다. 이 스토리에서는 곶감이라는 주전부리 외에도 '제사'라는 우리의 유교 문화가 연관이 있음을 시사한다.

"제사상에 꼭 올리는 과일이 뭘까?"

"사과, 수박?"

"애플망고?"

"우리 땅과 기후에 맞는 4대 과일이지! 대추, 밤, 배, 감(조, 율, 이, 시)."

그런데 이런 과일은 가을에 생산되기에 다른 계절에는 제사를 대비하기 위해 아낄 수밖에 없었다. 감의 경우도 그렇다. 가을이면 단감, 겨울엔 홍시를 올리지만 여름에는 감이 익지 않아 쓸 수 없으니 가을철 감이 많을 때 '곶감'을 만들어 놨다가 여름 제사상에 올렸던 것이다.

그 옛날에는 집집마다 4대 봉사를 했기에 가을 한 철 만들어 둔 곶감을 제사에 올리기도 빠듯한데 어찌 간식으로 먹을 수 있으리오! 그러니 곶감이 더 무섭다는 진짜 이유는 제사 예법을 중시한 가치관이 반영된 이야기다. 즉 제사상에 곶감 하나 못 올려 정성이 부족하다는 비난을 받지 않으려고 아이가 아무리 달라고 보채도 줄 수 없었던 우리 조상들의 고단한 삶을 표현했다고 할 수 있다. '곶감 빼먹듯 한다'라는 속담도 아끼려고 하지만 야금야금 조금씩 빼먹게 된다는 뜻이다.

▎저학년일수록 책 놀이는 가장 좋은 장난감

옛날에 한 어머니가 어린 남매를 키우며 근근이 살고 있었다. 하루는 건넛마을에 일하러 갔다가 떡을 얻어서 머리에 이고 집으로 돌아오는 중이었다. 한 고개를 넘어가려 하니 호랑이가 턱 나타났다.

"어멈, 떡 하나 주면 안 잡아먹지!"

<해와 달이 된 오누이> 그림책을 읽어주며 체험할 거리를 찾아보면 적지 않다. 우선 떡을 준비해두었다가 머리에 이는 시늉을 해봐도 재미있다. 예전에는 큰 물건을 옮길 때 남자들은 주로 등에 지게 짐을 지고, 여자들은 머리에 물항아리나 봇짐을 머리에 올려 이고 다녔다. '머리에 이다'라는 단어를 체험해보면 중고등 국어나 역사 시간에 이런 낱말을 딱 만났을 때 반가울 것이

다. 중학교 국어 교과서에 나오는 시 '엄마 걱정'의 첫 행을 보자.

열무 삼십단을 <u>이고</u>
시장에 간 우리 엄마
안오시네, 해는 시든지 오래~~~~　　　　　　　'엄마걱정'-기형도

<u>이고</u> 진 저 늙은이 짐 풀어 나를 주오
나는 젊었거니 돌이라 무거울까
늙기도 설워라커든 짐을 조차 지실까　　　　　'시조'-정철

아기는 잠을 곤히 자고 있지만
갈매기 울음소리 맘이 설레어
다 못 찬 굴 바구니 <u>머리에 이고</u>
엄마는 모랫길을 달려옵니다.　　　　　　　　'섬집아기'-한인현

'머리에 이다'를 경험하기 위해 대나무 소쿠리를 준비하자. 없으면 플라스틱 그릇도 괜찮다. 고구마나 감자, 당근 등을 담아서 머리에 이고 조심스럽게 걸어본다. 긴장을 너무 했는지 그만 감자가 떨어져 떼굴떼굴 굴러다니는 것을 줍느라 한바탕 웃곤 한다. 아이들이 어릴수록 책 내용을 몸으로 경험해보고 나면 책은 가장 좋은 장난감이 된다.

책과 연관이 없어도 틈틈이 집안일을 체험시키자. 의외로 어휘가 풍성해진다. 한번은 어떤 녀석이 숙제를 여러 번 미룬 적이 있었다. 숙제 안 해온 것을 그냥 넘기면 다른 아이들도 '선생님이 야단치지 않으니 나도 안 할래'가 되기 쉬워 적당한 기회에 분위기를 쇄신할 필요성을 느꼈다. 그래서 벌로 흙이 잔뜩 묻은 쪽파를 신문지 위에 좍 펴주고 다듬게 했다.

"숙제가 싫으면 집안일을 하면서 자기 적성에 잘 맞는가 봐!"

"와, 재밌겠어요. 근데 어떻게 해요?"

다듬는 법을 알려주느라 내가 더 바빴다. 다른 아이들도 힐끔거리며 쪽파를 다듬고 싶단다. 갑자기 벌이 아니라 즐거운 체험 시간이 되어버렸다. 눈도 맵고 손에 잔뜩 흙이 묻어도 즐겁기만 하단다. 그걸로 글감이 생겨버렸다. 쪽파를 다듬으며 대파, 실파 등 다양한 어휘며 채소의 단위는 '한 단, 두 단'이라는 것도 알려주었다. 자신이 다듬은 쪽파는 노동의 대가(?)로 집에 가져가게 했다. 어머니들께 카톡이 왔다.

"선생님, 이런 체험 넘 재미있어요. 힘들지만 자주 좀 해주세요."

"마침 저녁에 쪽파가 좀 필요했는데, 정말 잘 먹었어요."

"공부하기 싫으면 집안일 하라고 적극 시켜봐야겠어요.ㅎㅎ"

초등 선생님들의 하소연 중에는 학교 급식 때 귤껍질도 벗길 줄 몰라 벗겨달라고 하는 아이들도 있다고 하는데, 이런 체험을 한두 번이라도 경험하면 혼자해보는 성취감을 얻게 될 뿐더러 책을 읽다가도 쪽파가 나오면 괜히 신난다.

해마다 봄이면 나는 '진달래 화전'을 준비한다. 그동안 수많은 아이들이 '진달래 화전' 체험을 잊을 수 없다고 이야기했다. 3학년 국어 교과서에도 진달래화전이 나온다. 진달래는 4월 딱 한 철이므로 일부러 등산을 가서 준비해둔다. 진달래는 철쭉과 비슷하지만 먹을 수 있어 '참꽃'이라 하고 철쭉은 먹을 수 없어 '개꽃'이라 부른다. 찹쌀가루를 익반죽하여 프라이팬에 기름을 두르고 꽃을 얹어 부치면 된다. 이때 한국의 대표 시인 김소월의 '진달래꽃'을 낭송해보는 풍류를 곁들여본다.

"와, 너무 이뻐요!"

"진짜 꽃을 먹을 수 있네요."

다음 시간 아이들은 '진달래꽃' 시를 줄줄 암송해 오게 마련이다. 즐거우니까!

05

지도 보기,
문해력에 눈이 번쩍!

전래 동화 <젊어지는 샘물> 한 편을 읽게 된다면, 아이와 어떻게 대화하는 것이 좋을까?

│ 유아들과 독후 활동 : 정서적 대화 중심

영유아라면 한 두 단어만 이야기해도 된다. 예컨대, '샘물'이라는 단어만 해도 아이에겐 신기하다. 집에서 보는 생수병이나 정수기 물이나 수돗물이 아닌 다른 무엇인가라는 상상을 잠재의식 속에서 할 것이다. 몇 문장만 읽고도 대화를 나눌 수 있다.

"파랑새가 뭐지? 정말 파랗게 생긴 새인가 봐?"

이렇게 이야기를 주고받다 보면 날아다니는 온갖 새들 이야기로 짹짹이다가 스토리를 끝까지 읽지 못해도 상관없다. 책으로 즐거운 시간을 보냈으면 장난감처럼 재미난 놀이가 되어 다음에도 또 찾게 된다. 책 재미를 붙이는 그 '느낌'이 중요한 것이다.

학령 전 아이들에게는 책이 즐거운 장난감의 역할이면 충분하다. 그냥 늘 친하게 갖고 노는 것으로 여기면 좋다. 그래서 식당이나 병원에 갈 때도 장난 감처럼 책을 들고 다니는 습관이 들면 가장 좋다. 따라서 이 연령대는 책 내용을 파악하는 지식 관련 질문보다는 정서적인 질문이 더 적합하다.

"젊어지는 샘물이 있으면 누구에게 주고 싶어?"

"엄마"

"왜, 엄마야? 할머니가 더 필요할 것 같은데."

꼬리에 꼬리를 무는 대화가 이어지면 아이는 무엇이나 상상해본다. 엉뚱한 말을 해도 존중해준다. 그것으로 아이의 내면에 있는 생각과 정서도 파악할 수 있어 책은 그 어떤 교육용 장난감보다 훌륭하다. 책을 매개로 대화가 오가면 인정욕구가 충족되어 인지발달 또한 활발해진다.

초등 저학년과 독후 활동 : 지식, 이해력 중심

이 시기는 글이 많지 않고 글자도 큼직한 거의 그림책 수준의 책을 함께 읽어본다. 이젠 정서 부분보다는 지식이나 문맥 내용 파악으로 대화를 이어 나가 보자.

• 옛날이야기의 인과관계 - 논리 이해

왜 욕심쟁이 할아버지가 아기가 되어버렸지? 착한 할아버지는 그렇게 소원 하던 아기를 어떻게 갖게 되었나? '젊어지는 샘물'에서는 원인과 결과가 논리 정연하게 전개되어 논리를 자연스럽게 배우게 된다. 말하자면 착한 노부부의 소원은 자식인데 욕심쟁이 할아버지가 젊어지는 샘물을 너무 많이 마셔서 아기가 되어버려 아기를 얻게 되는 인과관계가 분명한 구조다.

• 아기는 착하게 자랄까?- 추론 이해

욕심쟁이 할아버지가 아기로 변신했지만 욕심쟁이 근성을 버리지 못해 욕심쟁이 아기로 자란다고 말할 수 있다. 혹은 착한 부부의 손에 자라서 착하게 성장할 것으로 내다본다면 둘 다 논리적 추론을 잘 하고 있는 것이다.

▎ 초등 고학년과 독후 활동 : 추론, 창의력 중심

• 요즘도 '젊어지는 샘물'이 나올 수 있을까?- 추론, 상상력

• '젊어지는 샘물'을 네가 발견했다면 무엇을 할 것인가?- 적용, 창의력

5학년인 재영이는 사업을 크게 벌리겠다고 했다. 옛날이야기에 나오는 봉이 김선달도 물 사업으로 크게 돈을 벌었듯이 자신도 그렇게 하겠다는 말이었다. 아이들은 재영이의 꿈에 동조하면서 통일이 되면 백두산의 천지 물로 사업을 같이 하자고 떠들썩거렸다. 동화 한 편으로 아이들의 커다란 꿈도 키워보는 즐거운 시간이 되었다.

• '젊어지는 샘물'이 현재도 있다면 어느 지역에서 발견될지 지도에서 표시해 볼까?- 추론과 응용

우리나라 지리를 배운 초등 4학년 이상이면 추론이 가능하다. 6학년인데 서울이나 경기도에서 샘물이 발견된다고 대답하면 추론 능력이 떨어진다고 봐야 한다. 반면 강원도 두메산골이라고 대답한다면 제대로다. 강원도 같은 오염되지 않은 첩첩산중에서 발견되어 무기질이 풍부한 물에는 피부에 좋은 성분이 있을 가능성이 높다는 추론이 충분히 설득력이 있기 때문이다.

그런데 강원도라고 답을 해도 강원도를 지도상에서 표시하지 못하는 아이들이 수두룩이다. 여름이면 동해 속초 등으로 피서를 가고 겨울에는 스키 캠프를 다녀도 강원도가 서울의 동쪽인지 서쪽인지 깜깜하다고 해야 할까. '여행 따로 공부 따로'가 아니라, 동해로 갈 때 유난히 긴 터널이 많은 이유가 무엇인지 아이들과 대화를 했다면 강원도를 지도에서 찾을 수 있을 것이다.

이때 반드시 옆에 두고 대화해야 하는 것이 지도이다. 우리나라 한반도 전체 지도를 보여주자. 80쪽의 지도에서처럼 남한만 표시된 지도는 역사에서 고려, 조선의 크기조차도 올바르게 인식할 수 없다. 또 앞날의 통일에 대한 염원과 꿈을 위해서도 한반도 전체를 보여주며 정체성을 바르게 갖도록 하자.

독후 활동으로 지도 찾기를 겸해보면 내용에 대한 이해력이 훨씬 깊어진다. 특히 남자아이들은 지도찾기가 무슨 보물찾기 놀이처럼 여겨지는지 대단히 집중하는 편이므로 책 놀이로 접근하면 책에 흥미 붙이기도 쉽다.

초등 3, 4학년이면 세계 명작 동화를 즐겨 읽을 때다. <소공녀>의 주인공 세라는 왜 인도에 있다가 런던 학교로 가게 되었을까? 세계 지도를 찾아보며 영국과 인도의 관계를 세계사로 접해도 좋을 것이다. <주홍글씨>는 왜 미국 동부 지역 보스톤이 배경일까? 고학년이면 청교도 혁명과 관련하여 예측해 볼 수 있을 것이다. 그러다 <80일간의 세계일주>를 읽는다면, 어린이날 선물로 받은 커다란 지구본을 끌어안아야 하지 않을까!?

* 우리나라 지도 바르게 표시하기

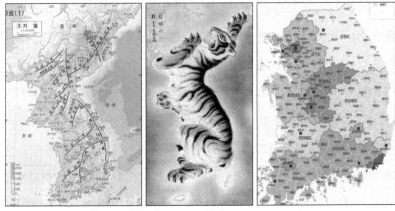

우리나라 지형도(O)　　　호랑이 형태 한반도(O)　　　남한만 표시 지도 (X)

※ 우리나라 지도는 남한만 표시된 지도를 보여주기보다는 백두산부터 내려온 동고서
저의 지형을 이해할 수 있는 한반도 지도를 보여주어야 한다. 우리의 자연지리를 이해하
고, 삼국시대, 고려 등 역사 지리도 함께 알기 위해서다. 나아가 통일 교육에 대한 당위
성도 키울 수 있다.

06

고학년이라도
베드타임 스토리를

밤 9시가 훨씬 넘었다.

"이제 자야지!"

"싫어, 엄마랑 같이 있을래!"

아이가 잠이 오지 않는다고 뻗대자 엄마는 아이 방에 불을 끄고 나온다.

"자라고! 방에서 나오기만 해봐."

으름장을 놓는다. 잠시 뒤 아이는 빽 울면서 무섭다고 나온다.

"11살짜리가 아직도 무섭다고? 넌 언제 혼자 잘래?"

어떻게 해야 엄마도 아이도 행복한 굿나잇이 될까? 하루를 정리하는 잠자기 전을 계획적인 교육의 시간으로 잘 활용하면 아이들의 정서 안정, 좋은 습관, 인성교육과 지식을 쌓는 황금 시간대가 된다. 이때 책을 읽어주면서 잠들게 하는 것은 특별한 의례 활동이다. 잠들기 전 어떻게 책을 읽어줘야 문해력과 좋은 인성 모두 다 도움이 될까?

10살 이전엔 글자가 적은 그림책 위주가 좋다.

낮 동안의 책 읽어주기와 달리 잠자리에서 책 읽어주기는 그림 위주의 부담 없는 책읽기가 좋다. 글자가 많은 책보다는 엄마 냄새, 스킨십, 평온함 등이 더 중요하다. 그림책은 읽어주는 사람도 어두운 침대맡에서 글자에 얽매이지 않아도 되니까 편하다.

영유아기에도 낱말보다는 문장을 읽어줘라

영유아에게는 '당근, 바나나' 같은 낱말 중심의 책을 읽어줘야 하느냐고 물어온다면? 나는 '노!'라고 말하고 싶다. 단어를 빨리 익히게 하려고 스토리 없이 어휘만 달랑 있는 책을 읽히기보다는 문장 속에서 어휘를 익히는 것이 단어를 기억하는데 훨씬 효과적이다. 적어도 두 돌만 지나면 단어를 문맥 속에서 몸으로 흉내도 내고 장난도 쳐보면서 익힌다. 그럼 기억력과 이해력도 당연히 빨라진다.

예컨대, '날름날름'을 그냥 한 단어만 가르치기보다는 "아이스크림이 녹으려 하자 태윤이는 얼른 혀로 날름날름 핥아먹었어요."라며 날름날름을 흉내내고 장난치면, 다음엔 사과를 먹을 때도 혀를 길게 내어 날름날름 흉내를 내려고 한다. 이렇게 문장으로 익힌 단어는 잘 기억할 수 있고 문장의 쓰임이나 관용어까지도 알게 모르게 풍성하게 익히게 되는 것이다.

순우리말의 전래 동화는 아이들 마음을 순화한다.

전래 동화에는 창작 동화나 외국 번역물에 비해 순우리말의 다양한 표현이 풍성하다. 우리말은 영어보다 모음조화와 의성어, 의태어가 다양하여 두뇌 감각을 매우 자극한다. '사과가 쿵 떨어졌어요. 떼구르르 굴러가고 있어요'라는 흉내말을 아이들이 눈을 감고 상상하며 언어 세계를 확장시킨다. 어릴수록 언어발달과 인지발달은 모국어를 통해 사고체계가 잡히는 것이다. 예컨대 병원에서 주사를 맞아본 경험이 있을 때 "따끔따끔 콕 바늘로 찔렀어요"라고 우리말로 기억했다가 책에서 그런 낱말을 만나면 모국어로 빠르게 인지할 수 있는 것처럼 말이다. 또한 옛날이야기에는 가족의 사랑과 효도 등의 주제가 많아 마음을 따뜻하게 하므로 정서적으로 안정감을 느끼며 잠들기 좋다.

▎ 스킨십을 통한 대화의 시간을 가진다.

네댓 살 아이들에게 책은 부모와 함께하는 탯줄 같은 느낌이다. 내용을 물어보는 대화보다는 하나의 단어라도 서로 흉내 내보며 낱말의 감각을 익히고 대화하는 시간이 더 중요하다.

'고양이가 살금살금 다가와'라는 문장이 있다면 아이의 목이나 배에 엄마가 살금살금 손가락으로 간질이며 스킨십 하는 것을 더 좋아한다. 그러면서도 '살금살금'이라는 단어를 알게 모르게 체득한다. 몇 번 거듭 읽게 되면 다른 내용에도 접목해서 이해력을 확장시켜 나간다. 책을 읽고 난 후에도 잠이 오지 않는다고 할 때는 '누가누가 잠자나', '작은 별' 같은 동요를 조용히 읊조리며 배를 쓰다듬거나 하면 포근하게 잠들기 쉽다. 이런 스킨쉽은 고학년이라도 매한가지다.

▌ 초등 저학년이면 책 속 내용으로 대화한다.

이 연령에서도 엄마 아빠의 냄새는 중요하다. 거기에 책 내용에 관한 대화를 조금씩 덧붙여본다. 예컨대, <팥죽 할멈과 호랑이>에서 알밤이 왜 아궁이로 들어갔지? 라는 물음은 우리 문화 이해를 바탕으로 하는 추측과 상상의 질문이다. 아이가 꼭 맞는 대답을 하지 않더라도 잠자리 책 읽기에서는 그저 한번 생각해보도록 던져주는 정도로 주거니 받거니 하면 된다. 그러면 다음 날 아이는 이 동화책을 읽어보며 그 질문에 답을 구하려 나름 궁리할 수도 있을 것이다.

▌ 책을 끝까지 읽지 않아도 된다.

간혹 독서 욕심을 내서 잠자리에서 책을 많이 읽어주려고 하거나 끝까지 다 읽어주려고 하는 경우가 있다. 10살 전 아이들은 내용이나 지식보다는 부모를 자신만이 온전히 소유했다는 것에 대한 흥분이 더 크다. 정서적인 유대감이 잠자리 동화의 특징인 것이다.

따라서 어떤 내용을 익히게 하려고 책의 내용을 자주 꼬치꼬치 질문해서 책의 흥미를 떨어뜨리면 오히려 역효과다. 또한 끝까지 읽어주며 하나의 스토리를 완전하게 알게 해야 한다고 여기는 것도 욕심이다. 아이들이 관심 있어 하는 부분에서 중간중간 읽어도 된다. 혹은 읽는 도중에 이런저런 생활 속의 본인 이야기나 엄마 이야기를 하면서 책을 덮어도 된다. 꼭 명심하자. 잠들기 전 책 읽기는 아이와의 대화 채널일 뿐! 침대머리에서 편안하게 대화하고 책 내용을 상상해보았다면 아이는 낮에 책상머리에서 책을 즐겁게 받아들일 것이다.

매일 밤 하루 15분의 책 읽어주기

태윤이 아빠는 매일 밤 책을 부지런히 읽어준다. 하지만 아이보다 어른이 먼저 지쳐 간혹 푸념을 한다.

"책을 10권이나 읽어줬는데도 안 자네. 휴!"

이쯤이면 부모도 체력 고갈이다. 아예 일정 시간을 정하고 아이와 약속을 하는 것이 좋다. 학자들은 대개 15분을 권한다. 15분 안에 여러 권을 읽어줄 수도 있고 한 권을 읽으면서도 이런저런 이야기를 할 수 있다. 15분 정도면 엄마 아빠 냄새를 맡으며 편안함을 느낄 수 있는 시간이다. 아이들의 잠자리 독서는 지식보다는 정서적인 면에 초점을 두어야 함을 항시 잊어서는 안 된다.

만약에 아이가 책을 더 읽어달라고 조르면 어떻게 할까? 부모가 의욕이 넘쳐서 더 읽어주고 싶더라도 정해진 규칙대로 지키는 것이 좋다. 아이들이 잠자리에 들어서 30분 안에 잠에 빠져드는 것이 적절하기 때문이다.

베드타임 스토리는 아빠가!

초등학교 저학년쯤이면 베드타임 독서는 아빠가 하는 것이 매우 적절하다. 유대인들은 자기 전에 성경 토라를 아빠가 읽어주는 것이 의무처럼 되어 있다. 태교에서도 아빠의 저음이 태아에게 더 안정감 있게 들린다는 연구 결과가 많다.

하지만 아이들이 좀 크면 아들은 아빠가, 딸은 엄마가 읽어주는 것이 좋다. 책을 읽으며 나누는 대화에서도 동성끼리 공감이 빠르기 때문이다. 예컨대 아들이 전쟁할 때 쓰이는 도구 등을 질문하면 아빠가 더 풍성하게 답할 수 있다. 만약 딸이 자신도 백설공주처럼 예뻐질 수 있는지 궁금해하면 아무래도 엄마가 더 많은 얘기를 할 수 있을 것이다. 또한 성별에 따라 책의 선정에서도 차이가 있다. 아들이면 <보물섬>이나 <피터팬>과 같은 모험 책이 더 적절하고 딸이면 중성적이고 따뜻한 이야기 소재가 좋다.

베드타임 스토리는 10살 전의 자녀를 둔 부모들에게는 꼭 권한다. 간혹 고학년이라도 아이가 혼자 자기 싫어할 때는 베드타임 스토리로 정서적 안정감을 줄 필요가 있다. 편안한 마음으로 들으면 문해력 향상도 함께 따라오기 쉽다.

또한 책을 직접 읽는 대신에 들려주기를 적절히 이용해도 매우 효과적이다. 들려줄 때는 서로 바라볼 수 있고 스킨십도 할 수 있어서 책을 읽어줄 때보다 더 집중력이 커지고 상상도 마음껏 펼칠 수 있다. 옛날 할머니의 무릎팍 이야기는 들려주기의 아름다운 모습이다. 아이들은 이야기를 먹으며 부모의 사랑을 느껴 정서가 순화되고 인지가 발달하는 것이다. 그러므로 침대머리에서의 독서는 문해력의 다양한 실뿌리가 된다. 그것도 수없이 많은 실뿌리가!

학부모 인문학 문집 출간

효과적인 독서를 위해 아이들에게 책읽어주기 행사

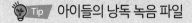

01

낭독을 게임처럼 즐겨라

"다 읽었어요."

"1분도 안 됐는데, 벌써?"

이솝 우화 4쪽짜리를 묵독하면 대개 아이들은 1분 안에 다 읽었다고 한다. 이제 낭독을 권해볼 때다. 게임처럼 낭독해보자며 규칙을 일러준다.

"문장부호 표시에 따라 각기 다르게 박수치는 거야."

"아, 그것만 하면 돼요?"

아이들은 금방 게임으로 받아들여 '마침표에 두 번 박수, 쉼표에 한 번 박수'라는 규칙을 틀리지 않으려 애쓴다. 아이들은 박수를 치며 '지금 책을 읽는 것이 아니라 무슨 놀이를 하는구나'라고 느끼며 즐거워한다. 마치 노래할 때 박수치는 것처럼 신난다고 말한다. 큰 소리로 읽되 박수를 칠 때도 가능하면 크게 쳐보라고 주문한다. 어릴수록 '소리'를 통해 집중력을 키우는 훈련을 하는 것이다.

"박수를 세게 치면 얼굴이 예뻐지거든! 봐, 손바닥이 빨갛게 되면 혈액순환이 잘 되어서 예뻐지고 있다는 거야."

열심히 부추기며 박수치기를 권장하면 아이들은 손바닥이 얼얼해질 정도로 세게 친다. 아프지만 즐겁다.

"선생님, 제 손 좀 보세요. 이렇게 빨갛게 되었어요. 신기해요."

"그러게. 예쁜 공주님이 되었는걸."

"우리 민준이도 힘이 엄청 세졌겠네. 이렇게 붉어졌으니말야."

"그렇죠? 하하."

신나게 놀이하듯 문장부호에 따라서 박수를 치다보니 어느새 한 편의 동화를 뚝딱 다 읽었다. 낭독 책 읽기에 걸리는 시간은 묵독할 때보다 서너 배가 더 걸린다. 그래도 아이들은 즐거운지 마냥 생글생글 얼굴에 꽃이 핀다.

❘ 박수치며 낭독, 놀이 같은데 공부가 되네!

낭독으로 혼을 빼놓다시피 한 지 십여 년이다. 희한하게도 한결같은 반응이다. 아이들은 소리 내어 책 읽기를 무척 즐거워한다는 것! 그만큼 아이들은 자신의 소리에 끌려서 자꾸 소리 내어 읽고 싶어 한다. 2시간이 언제 지났는지 훌쩍 가버리자 아이들도 혀를 내두르며 감탄한다.

"벌써 수업 끝났어요?"

"언제 시간이 지났는지 모르겠어요!"

아이들은 얼굴도 손바닥도 시뻘겋게 상기되어 집으로 간다. 첫 시간이라 선생님도 아이들도 다들 어색해서 긴장할 거라 여겼던 엄마들은 달라진 아이들 모습에 한마디씩 한다.

"선생님, 애들한테 뭘 했길래 하나같이 싱글벙글하네요"

"애들이 수업 들어갈 때와 표정이 너무 달라요.

책 서문에 소개한 다혜가 5학년 때 이렇게 박수치며 낭독하다가 책 맛을 들였다. 심지어 책을 읽어도 도통 이해가 안 된다는 중학생도 낭독부터 해야 성공할 수 있다고 자부한다. 한바탕 즐거운 놀이 같은데 집중력을 높여 공부가 되게 하는 시간이기 때문이다.

운동장에서도 맘껏 소리치며 못 뛰는 아이들. 집에서도 층간소음으로 큰 소리 못 치는 아이들. 그런 아이들에게 낭랑한 소리로 책을 읽게 하면 정신을 집중시켜 공부 자세가 잡힌다. 낭독할 때 박수를 겸하면 아래와 같은 효과가 있다.

박수치며 낭독하면 좋은 효과

- 첫째, 박수 소리에 꿀꿀한 기분이 사라지고 집중하게 된다.
- 둘째, 문장부호의 쓰임에 대해 인식한다.
- 셋째, 마침표에서 박수치며 간격을 두면 그 문장의 뜻을 파악하고 다음으로 넘어가게 된다.
- 넷째, 박수를 치며 저절로 낱말의 어절, 의미 단위로 끊어 읽게 된다.
- 다섯째, 의미 단위로 읽으면 문장을 통째로 이해하면서 문해력이 높아진다.

우리 아이 문해력 체크는
낭독부터

"이 부분을 큰 소리로 읽어볼까?"

"소리 내서요?"

책을 싫어하는 아이들은 대개 이런 주문에 당황스러워 한다. 그냥 눈으로만 읽고 싶다는 것이다. 만화책을 주로 보는 아이들은 그림으로 훑고 지나가듯이 줄글 책의 글자도 휘익 보려고 한다. 묵독으로 쓱 읽는다면 건성건성 읽는 것이 몸에 배어 있을 수 있다.

제대로 된 문해력을 알아보기 위해서는 가장 먼저 소리 내어 읽어보라고 한다. 낭독할 때의 유창성 정도에 따라 언어 능력과 문해력 수준을 가늠할 수 있기 때문이다. 읽기 유창성은 막힘없이 술술 정확하게 읽어내는 능력을 말한다. 글자만이 아니라 문장의 띄어읽기를 통해 의미 단위를 파악하는 활동이므로 문해력의 1차 관문인 셈이다. 94쪽의 <읽기자료>를 읽어보게 한 후, 다음 항목들을 살펴보자.

문해력 수준 파악을 위한 읽기 유창성 알아보기

<읽기 자료> 소금을 나르는 당나귀 (이솝 우화)

당나귀가 등에 소금을 잔뜩 짊어지고 걸어가고 있었습니다.

'짐은 무겁고, 날씨는 덥고. 어휴, 힘들어라. 무슨 좋은 수가 없을까?'

당나귀는 이 궁리 저 궁리, 어떻게든 편해질 방법을 생각하며 걷고 있었습니다.

도중에 내를 건너게 되었습니다.

'발을 물에 담그니 좀 시원하군.'

내를 반쯤 건널 무렵, 당나귀는 잘못하여 발이 미끄러지면서 물속에 주저앉고 말았습니다.

'큰일났다!'

당나귀는 얼른 일어서려고 했지만 쉽게 일어설 수가 없었습니다. 몇 번씩 일어서려고 애를 쓰는 동안 갑자기 몸이 가벼워지면서 벌떡 일어설 수가 있었습니다.

몸이 너무나 가뿐해졌습니다.

'웬일이지?'

알고 보니, 소금이 물에 녹아버렸기 때문이었습니다. 주인은 울상을 지었습니다. 하지만 당나귀는 소금이야 녹든 말든 짐이 가벼워진 것을 기뻐했습니다.

그러나 주인은 새 소금을 다시 실어와 주문한 집에 갖다주어야만 했습니다. 주인은 집으로 돌아가서 당나귀의 등에 소금을 새로 실었습니다.

당나귀는 무거운 짐을 싣고 비칠거리면서 다시 냇물 앞까지 왔습니다. 당나귀는 이번에는 냇물 속에 들어서자 일부러 주저앉고 말았습니다. 소금은 또 다 녹아 버리고 말았습니다.

주인도 당나귀가 일부러 그랬다는 걸 알아챘습니다.

'이 녀석이 꾀를 피우는구나. 버릇을 단단히 고쳐 놓아야지.'

주인은 다시 집으로 돌아와서 이번에는 솜 짐을 가득 당나귀의 등에 실었습니다.

다시 냇가에 이르자 당나귀는 또 일부러 물속에 주저앉고 말았습니다. 그리고는 늑장을 피우면서 천천히 일어나려 했습니다.

솜은 물에 흠뻑 젖었습니다. 물 젖은 솜, 그것은 그 어느 짐보다도 무거운 것이었습니다. 당나귀는 채찍을 맞아가며 후회하고 후회하면서 길을 가야했습니다.

	확인 사항	체크 해보기
1	낭독하기를 주저하는가?	
2	어떻게 읽으면 되냐고 두 번 이상 묻는가?	
3	문장부호 구별 없이 연달아 읽는가?	
4	마음대로 낱말을 바꾸어 읽는가?	
5	글자를 건너뛰며 생략하고 읽는가?	
6	글자를 얼마나 틀리게 읽는가?	
7	읽을 때와 쓸 때의 발음을 구별 못 하는가?	
8	띄어읽기는 제대로 하고 있는가?	
9	받침이 복잡한 글자를 못 읽는가?	
10	너무 급하게 휘리릭 읽고 있는가?	
11	작은 목소리로 웅얼거리며 더듬거리는가?	
12	주변에 신경 쓰며 너무 오래 읽는가?	
13	읽으면서 몇 번이나 엉덩이를 떼는가?	
14	처음엔 잘 읽다가 끝까지 읽지 않으려 하는가?	
15	모르는 낱말의 개수가 얼마나 되는가?	

< 0~3개 우수, 4~6 양호, 7~9 노력 요구, 9~ 낭독 교정 필요 >

평소에도 아이가 낭독하는 것을 보면 그 아이의 문해력 수준을 감 잡을 수 있다. 낭독 체크 결과와 독해력 테스트 결과가 70% 이상 비슷한 결과가 나오기 때문이다. 초등 저학년이나 고학년, 중학생도 같은 상황이다. 낭독은 문해력 수준을 가늠하는 기초 중의 기초가 되므로 일단 묵독으로 휙 읽는 습관을 지양하고 소리 내어 읽기를 강조해야 한다. 비록 중학생이라도 문해력이 낮다면 시도해야 한다.

아이가 글자를 깨우친 저학년이 되면 때면 엄마들이 읽어주기를 중단하는 편이다. 아이도 혼자 읽다 보면 묵독하게 된다. 하지만 아직 저학년 때는 부모와 같이 소리 내어 읽는 연습을 할 때이다. 아이가 혼자 읽으면 모르는 낱말이 나와도 대충 넘어간다. 부모님과 같이 읽으면 모르는 말이 무엇인지 질문도 하고, 잘못된 발음도 그때그때 바로잡을 수 있다. 예컨대, 아이들은 신라[실라], 인류[일류]의 발음을 [신나], [인뉴]로 곧잘 틀리게 말한다. 또 '10월[시월]'을 '[십월]'로 발음한다면 고쳐주면서 자연스럽게 '6월[유월]'까지도 알려주게 된다.

낭독은 자기 학년보다 쉬운 것으로

읽기 테스트의 자료는 그 학년의 교과서를 기준으로 한다.

초등학교 4학년이면 국어 교과서에 그림 포함 5쪽 정도의 글이 나온다. 그렇다면 읽기 테스트는 교과서보다 좀 더 짧은 내용이 좋다. 4학년이라도 그림 포함 4쪽짜리 정도의 이솝 우화가 무난한 것 같다.

'그래, 읽어보지 뭐. 까짓 이솝 이야기쯤이야.'

이렇게 자기 학년보다 쉽게 느껴져야 덜 긴장되고 재미도 느낄 수 있다. 묵독만 하던 아이들이 낭독의 첫 경험을 성공적으로 맺어야 흥이 나서 다음을 이어갈 수 있다. 만화책만 보던 5학년에게도 <이솝 우화> 중에서 '양치기 소년'을 읽어보라고 권한다. 양치기 소년은 초등 저학년에게 적합하지만 묵독만 해 온 아이들, 만화책만 봐 온 아이들은 대부분 제대로 읽지 못한다.

이솝 우화는 분량이 짧고, 내용이 단순명료해서 주제 찾기와 뒷이야기 상상해보기 그리고 '나라면 어떻게 했을까?' 등 다양한 독후활동을 할 수 있는 자료로 가장 좋은 고전 명작이다. 예컨대, 이솝 우화의 '개미와 비둘기'는 불과 2, 3쪽짜리이다. 이를 어떻게 읽고 있는지 읽기 유창성 항목을 검사해보면서 아이의 학습 자세, 집중력, 독해력, 상상력 등을 얼마든지 지도해볼 수 있다.

초등 3, 4학년이면 낭독할 때 어휘를 매끄럽게 읽어나가는지를 확인해 보면 된다. 4학년 국어에 들어간 '<나무 그늘을 산 총각>'은 그림책 버전이라 어휘가 쉬워 묵독이나 낭독이나 쓱 읽어낸다. 하지만 같은 제목의 책이라도 출판사 창비에서 나온 것은 전래 동화 버전이라서 옛말이 수두룩하여 낭독이 쉽지 않다. 그렇지만 아이들은 이야기가 흥미진진하여 결말이 궁금해지면 희한하게도 잘 낭독하게 된다. 그러는 사이에 읽기 유창성도 높아져 가는 것이다. 반면 책을 자주 읽고 좋아하는 아이라도 묵독만 해왔다면 낭독에서 버벅댈 수 있다. 이런 경우 고학년이 됐을 때 '우리 애는 책을 잘 읽는데 왜 성적은 안 나오죠?'라는 의문이 생길 수 있으니 미리미리 낭독으로 읽기를 확인해봐야 한다. 전문가들은 여러 권의 책보다 한 권의 책을 반복 낭독하는 것이 좋다고 한다.

03

유대인들의 평생 낭독, 그래서 노벨상!

2019년 이스라엘 여행 중 예루살렘 '통곡의 벽'을 갔을 때다.

한쪽에서 초등 3학년쯤 되어 보이는 꼬마들이 큰소리로 낭독을 하고 있었다. 2월, 제법 쌀쌀한 날씨라 플라스틱 의자가 차갑게 보였다. 약 2백여 명의 학생들이 글자만 빼곡히 있는 교과서를 붙잡고 몸을 앞뒤로 흔들며 열심히 읽고 있었다. 내가 가까이서 영상을 찍는 것을 아는지 모르는지, 아이들은 꼼짝도 않고 책에만 집중했다. 심지어 어떤 아이는 시린 손을 불며 글자를 손가락으로 짚어가면서 손가락 낭독법으로 외고 있었다. 선생님들은 아이들의 뒤편과 앞편에서 자신들도 열심히 같은 책으로 함께 낭송하고 있었다. 안내자들에게 물어보니 아이들이 지금 토라를 암송하고 있다는 것이다. 나는 무릎을 쳤다.

'노벨상' 하면 흔히 이스라엘 유대인을 떠올린다. '그 힘은 도대체 어디서 나올까?'가 평소 궁금했는데 현장에서 직접 발견하고는 유레카를 외칠 뻔했다. '유대인의 교육법' 하면 하브루타 교육법을 운운하지만 그에 앞서 '낭독과 반복 읽기'가 있었다. 그들은 토라나 탈무드를 줄줄 암송한다. 그래야만

성년식도 치를 수 있다. 모든 공부는 낭독, 반복, 암송하며 기억력 향상에 그 기초를 두고 있음을 그 현장에서 확인할 수 있었다.

세상에서 기억력이 제일 좋은 사람으로 기네스북에 올라가 있는 '에란 카츠'도 유대인이다. 그의 책 <천재가 된 제롬> 등에서 기억력의 비법이자 유대인의 전통적인 교육법을 엿볼 수 있다. 말하자면 큰 소리로 읽는 것과 몸을 움직이며 공부하기, 반복 읽기 등과 같은 학습의 기초가 상상력과 창의력의 원동력이 된다는 것이다.

우리 조상들의 학습법은 어땠을까?

구한말 외국 선교사들이 와서 하나같이 놀란 대목이 기록되어 있는데, 그것은 마을마다 아이들의 글 읽는 소리가 '걀걀~' 하며 들렸다는 것이다. 복잡한 한자 천자문을 큰 소리로 낭독하며 좌우로 몸을 살짝 흔들며 암송한 것이다. 지구 반대편 극동과 극서 두 나라의 학습법엔 공통점이 적지 않다.

비단 유대인과 우리 선조들의 공부법에 국한된 것이 아니라 현재도 그 공부법은 유력한 비법이다. 에란 카츠가 얘기한 것이나 필자가 오랜 시간 아이들을 가르치며 얻은 깨달음이나 똑같았다. 그것은 '공부의 시작은 큰소리로 읽기부터 하는 것'이라는 점이다.

가천의대 뇌과학연구소에서 실험한 것에 의하면 낭독을 하면 시각과 청각, 입 운동이 동시에 반응하면서 뇌의 1차 운동 영역이 활성화 될 뿐만 아니라 말하기 중추인 브로카 영역, 듣는 청각 영역들이 훨씬 많이 활성화된다고 한다. 즉 낭독을 하면 '입으로 읽고 눈으로 읽고 귀로 읽는' 3번 다져 읽기가 되는 셈이니 그만큼 전두엽을 발달시켜 묵독할 때보다 3~4배의 학습효과를 거둘 수 있다고 한다.

토호쿠 대학의 카와시마 류타 교수도 낭독할 때 사람의 뇌를 MRI로 촬영

해보았다. 그 결과 묵독 때 보이지 않던 운동 중추가 움직이면서 뇌의 혈액량이 많아지고 뇌의 신경 세포 70% 이상이 반응하기도 했다. 낭독할 때 뇌가 가장 활발하다는 것을 증명한 실험이었다. 따라서 낭독! 이것이 문해력 브레인 만들기의 첫번째 구체적인 독서법이라고 거듭 강조하고 싶다.

| 역사적으로 가장 정통 공부법인 낭독

고대 기원전부터 음유시인들은 귀족과 왕족들에게 책을 낭독해주었다. 책이 없던 옛날에는 어느 한 사람의 낭송을 대중들이 들으면서 공부했다. 즉 공동체의 독서 형태가 인쇄술의 발달로 각자 자신의 책을 갖는 형태가 되었고 혼자 조용히 묵독하게 된 것이다. 묵독하다 보면 어느새 잡생각이 들어 집중력이 흐려진다. 디지털의 영향으로 현대인의 집중력은 더욱 떨어져 문해력 또한 갈수록 저하되고 있다.

그 대안으로 낭독을 한다면 가장 좋은 점은 무엇일까?

그것은 바로 정신을 소리에 집중하게 하여 학습 자세를 잡아준다는 점이다. 큰 소리를 내면서 낭독하는 중에는 TV를 보거나 과자를 먹거나 할 수 없다. 그만큼 책을 소리 내어 읽게 되면 몸에서 먼저 지식을 받아들일 자세를 취하는 것이 된다. 마치, 골프나 수영을 배울 때 자세를 먼저 강조하듯이 말이다.

몇십 년 전만 해도 학교 복도를 지날 때면 교실에서 아이들의 글 읽는 소리가 낭랑하게 들려왔다. 저마다 똑바로 앉아 읽기를 서로 경쟁했다.

"이번엔 누가 읽어볼까?"

"저요! 저요!"

옛말에 집안이 잘되려면 아이 울음소리와 아이들의 글 읽는 소리가 담장

밖에서 들려야 한다고 했다. 이상하게 요즘엔 아이들의 글 읽는 소리가 사라졌다. 학교 교실에서도 집에서도 혹 낭독하는 아이가 있으면 조용히 읽으라며 핀잔까지 슬쩍 준다.

최근 인도 수학 천재들의 암송 공부법이 TV에 소개되었다. 인도나 중국이나 어릴 때는 크게 소리 내어 암송하는 것이 일반적이다. 중국은 수학 공식조차도 모두 크게 암송시킨다. 선생님이 교실을 지나다니며 학생을 지목한다.

"너, 삼각형 공식 외워 봐."

"네, 밑변 곱하기 높이 나누기 2"

빨리 말하지 않으면 수업에 집중하지 않았다고 선생님께 꾸중을 듣는다. 어릴수록 낭독의 힘은 강력하다. 소리 내는 수업은 아이들의 공부하는 자세를 잡아주기 때문에 그렇다. 특히 공부의 자세를 잡아야 할 1, 2학년 때는 전 세계 교육계가 공통적으로 암송, 낭독하는 방식으로 수업을 진행한다.

▌소리 내어 읽기는 공부하는 자세를 잡아준다

영상 세대는 집중력이 짧아 엉덩이를 잘 붙이지 못하는 편이다.

각종 학습 도구들도 즉각적이며 현란해서 산만한 태도를 갖기 쉽다. 갈수록 온라인 학습 프로그램이 탁월하게 기획되어 출품된다. 하지만 아무리 좋은 아이디어를 쏟아부은 훌륭한 프로그램이라고 해도 아이가 책상머리에서 배겨내지 못하고 물, 화장실 하며 들락거린다면 멋진 학습 프로그램이 무슨 소용이랴. 아이 셋을 키운 세준이 엄마의 쓰디쓴 고백이다.

"장난감을 많이 산 만큼 아이가 산만해지더라고요."

첫째를 키울 때는 아이가 요구하기도 전에 이것저것 장난감이랑 책을 좌르르 구비해 주었는데 어느 하나 신통찮았다고 한다. 책상에 최소한의 필기구와 책만 있도록 하는 약간 부족한 미니멀한 환경이 집중력을 훨씬 높여준다고 전문가들은 지적한다.

초등 저학년은 평생 학습의 시작으로 공부를 대하는 자세부터 세워야 한다. 낭독으로 학습 태도를 먼저 바르게 갖추게 되면 책을 읽는 동안 내용을 기억하고 이해하는 능력 또한 저절로 따라오게 된다. 나는 항상 아이들에게 큰 소리로 낭독하라고 시킨다.

"안 내면 진다 가위바위보~"

'가위바위보'에 져버려 나중 순서가 된 것에 안달할 정도로 낭독을 좋아하는 것이 아이들이다. 적어도 6학년까지는 서로 읽겠다고 아우성이다. 인류 역사 이래 가장 정통 공부법인 낭독을 우리 교육 현장에서 되살리는 것이 문해력을 높이는 첫 번째 과업이 아닐까?

04

갈수록 산만한 아이들,
낭독이 처방책

수업 2시간 동안 쉬는 시간을 따로 둔 적이 여태 없었다.

아이들이 주체가 되어 낭독하고 발표하느라 수업이 지루할 새가 없어서인지 아이들도 특별히 쉬는 시간을 요구하지 않았던 탓도 있었다고 할까나.

"이번엔 뺏어 읽기를 해볼까? 누구부터 할까?"

서로 읽겠다고 성화를 부리다가 결국 가위바위보로 정한다. 물론 문장부호에 따라 박수를 즐겁게 치며 큰소리로 낭독한다. 간혹 들리지 않게 우물거리면서 읽으면 다른 아이가 바로 뺏어 읽는 게임처럼 진행하기 때문에 아이들은 큰 소리로 읽는 것에 빠진다. 코로나 시기에 입학한 아이들이 지금은 고학년이 되었는데, 그보다 어린 2, 3학년도 '2시간이 언제 갔냐'며 즐겁게 참여한다.

낭독은 그만큼 아이들을 집중하게 하는 매력덩어리 독서법이다. 저학년에게는 책에서 얻는 지식보다는 책을 낭독하면서 학습 자세를 바로 잡는 것이 문해력을 키우는 첫단추가 된다. 제대로 띄어읽기를 하면 글쓰기를 할 때도 바르게 띄어쓰기가 된다. 그만큼 문장 이해력이 높아졌다는 증거이다.

간혹 이런 물음도 있다.

"우리 아이는 이미 5학년인데 낭독해도 될까요?"

얼마든지 가능하다. 중학생이라도 절대 늦지 않다. 이런 학생들은 독해력부터 파악할 것이 아니라, 낭독부터 해서 집중하는 학습 태도를 갖추어야 글귀가 머리에 들어갈 것이다. 갈 길이 먼 것 같으나 기본을 잘 갖추면 어느 순간 불수능 언어영역에도 확 다가갈 수 있다. 필자는 오랫동안 낭독 읽기를 해본 결과, 문해력 운운하기 전에 낭독을 하는 것이 공부 자세를 잡아주는 특효인 이유와 그 효과를 7가지로 정리해보았다.

| 낭독이 공부 자세를 잡아주는 이유 및 효과

첫째, 정신을 가지런하게 집중 통일시킨다.

1980년대 까지만 해도 책을 낭독하기 전에 선생님이 엄하게 말씀하시곤 했다.

"허리 쭉 펴! 엉덩이는 의자에 붙이고"

아이들은 저마다 군인처럼 똑바로 앉게 된다. 그렇게 자세를 곧추세우고 소리를 내니 다른 잡생각이 들어올 틈이 있으랴. 군대에서도 큰소리를 내어 구령을 붙인다. 왜 그럴까? 잡생각을 막고 정신을 통일시키는 것이다. 금방 들어온 훈련병일수록 목이 터져라 외치게 한다. 공부를 처음 시작하는 1학년에게도 소리를 통해 정신을 집중하게 하는 것이 전 세계의 교육법이었다. 10세 미만 아이들이나 책을 읽으면서 자꾸 딴 생각을 하는 청소년에게도 낭독을 꼭 추천한다.

둘째, 엉덩이를 붙이는 참을성과 인내력을 길러준다.

공부는 머리로 하는 것이 아니고 엉덩이로 한다고 말한다. 그만큼 학습은 자신과의 싸움에서 참고 인내하는 끈질김이 요구된다는 뜻이다. 크게 낭독하다 보면 읽는 데 정신이 팔려 '물 먹을래요', '화장실 가고 싶어요'라는 생각이 들지 않는다.

셋째, 딴생각을 막아 집중력을 높인다.

처음에는 낭독을 시키면 모기만한 기어들어가는 소리로 읽는다.

"더 크게! 엄마가 설거지할 때 내는 수돗물 소리보다 더 크~게!"

그 정도로 크게 낭독하면 아무 생각이 안 난다. 오직 소리에 집중하게 된다. 예컨대 노래를 크게 부를 때 가사에 집중하느라 다른 생각이 나지 않는 것처럼 크게 낭독하는 것만으로도 집중력 훈련에 아주 좋다.

주의할 점은 크게 낭독할수록 읽기 분량을 3분 안으로 짧게 해야 한다. 처음에는 소리 내는 것 자체가 힘들어 1분도 버거워한다. 하지만 산만한 아이들일수록 목이 컬컬할 정도로 크게 낭독하는 것이 작은 소리로 오래 낭독하는 것보다 낫다. 즉, 낭독은 짧고 강해야 한다. 따라서 낭독의 효과는 저학년에서 극대화된다. 짧은 동화책 분량을 읽을 시기여서 소리내기에 적합하기 때문이다. 대개 저학년이 읽는 전래 동화 한 편은 그림을 합쳐도 길어야 8쪽 내외이므로 낭독하기에 알맞다.

넷째, 건성건성 읽기를 예방한다.

만화책만 보는 아이들은 대개 책을 휙휙 읽는다. 그림을 따라서 빠르게 눈을 굴린다. 스마트폰 사용에 매우 익숙한 일명 '포노족'이라는 요즘 아이들은 속도에 민감해서 몇 초도 참지 못하고 그 다음 이야기로 바로 넘어간다. 줄거리도 등장인물도 내용을 제대로 말할 수 없다면 글자만 소리 냈을뿐 읽은 것이 아니다. 이런 행동이 습관이 된 아이들에게 큰 소리 낭독 훈련이란 고통에 가까운 낯선 것이다. 하지만 조금 읽어도 낭독하면서 정확하게 읽는 훈련이 되면, 차츰 묵독을 해도 정독이 되면서 비로소 문해력 학습이 제대로 이루어질 것이다.

다섯째, 기억력을 크게 강화한다.

낭독하다 보면 아는 글자인데도 입에서 꼬여 제대로 발음이 안 되거나, 다른 낱말로 읽게 되는 경우가 있다. 예컨대 3학년 국어 교과서에 나오는 <으악, 도깨비다> 속에는 '뼈덩니가 쑥 튀어 나온 장승처럼 뻣뻣한 새악시가 있었어요'라는 문장이 있다. 여기서 뼈덩니를 제대로 발음하기가 쉽지 않다. 혹은 '장승'이란 단어를 한 번도 보지 않았다면 '상승'으로 바꿔 읽기도 한다. '새악시'를 하물며 '택시'라고도 읽는 실수도 한다. 정확하게 소리 내어 읽으면 소리가 공중에서 공명되어 다시 뇌로 들어가 그 낱말을 더 잘 기억하게 된다. 물론 큰 소리로 또박또박 읽었기에 어휘가 정확하게 인지되는 것이다. 그런 기억력이 점점 쌓이면 '장승이나 뼈덩니' 같은 낯선 어휘도 술술 읽게 된다. 토라나 성경처럼 경전의 수많은 어휘를 체득하는 방법도 결국 수없이 큰 소리를 내어 읽음으로써 저절로 기억하게 하는 것이다. 낭독은 바로 기억력을 증진시키는 가장 확실한 방법이다.

여섯째, 자신감을 주어 발표력이 향상된다.

3학년짜리 어떤 아이가 반장선거에서 당선되었다. 그 어린이는 원고도 준비하지 못했는데 앞에 나가니 별로 떨리지 않아서 말을 잘 할 수 있었다고 한다.

"선생님, 우리가 평소에 늘 낭독하고 녹음해서 발표한 것 때문일까요?"

자신이 생각했을 때 소리 내어 책을 읽은 덕분인 것 같다고 귀엽게 고백한다.

예전에 어떤 아이도 그랬다. 웅변학원에 다니지도 않았는데 남 앞에서 소리 내어 말하는 것이 어색하지 않았단다. 남 앞에서 발표하려면 우선 소리 내는 것에 자신감이 있어야 한다. 낭독을 자주 하다 보면 저절로 어휘나 문장을 외우게 된다. 학교 수업 중에도 아는 것이 나오면 저절로 소리가 튀어나와서 발표도 자신 있게 할 수 있다. 그뿐만 아니라 큰 소리로 읽으면 정확한 발음을 익히게 된다. 정확한 발음으로 또렷하게 말하면 누가 들어도 자신 있어 보이는 것이다.

일곱째, 단정한 수업태도로 칭찬을 받게 된다.

낭독할 때 소리를 높이면 저절로 자세도 곧추서게 된다. 구부정한 태도로는 소리가 안으로 들어가서 나오지 않기 때문이다. 교단 앞에서 선생님이 볼 때는 단연 돋보이는 학생으로 첫인상부터 점수를 따고 들어가기 쉽다. 어른들은 예의 바르고 반듯한 자세의 아이들에게 저절로 눈길이 가게 마련이다. 선생님들께 칭찬을 받는 아이치고 공부가 뒤처지는 아이는 별로 없다. 칭찬과 격려에 신바람이 나서 스스로 공부를 하려 든다. 이런 자세가 모두 공부 재미를 들이는 기본적 요소이다.

05

동요 동시 낭송으로
공부 분위기 잡기

> 무궁화 무궁화 우리나라 꽃, 삼천리 강산에 우리나라 꽃
> 피었네 피었네 우리나라 꽃, 삼천리 강산에 우리나라 꽃

이 노래를 언제 배웠지?

대개 10살 전후에 외운 동요는 평생 잊지 않고 구구단처럼 술술 나온다. 그런 뜻에서 동요를 어린이들 가슴에 심어주고 싶다. 동요는 노랫말이 아름답고 리듬이 밝아서 아이들의 정서를 맑게 가꾸어준다. 어린 시절 꼭 불러야 할 동요 10여 편을 노트 뒷면에 붙여 두고, 맨 먼저 동요부터 부르면서 수업 분위기를 활기차게 조성해본다.

3학년 민준이는 매사 호기심 많고 똑똑한 과학 박사다. 수업 첫날 질문이 있다면서 묻는다.

"선생님, 저는 논술 수업 왔는데 음악 학원처럼 왜 노래를 불러요?"

"노래하면 기분이 좋지 않니? 노래는 곧 시거든."

민준이는 처음엔 노래를 별로 안 좋아한다고 했다가 '고향의 봄', '독도는 우리 땅' 등을 부르고 나더니 다음 시간부터는 먼저 선창을 했다. 지율이도

첫 시간에 동요 부르기를 어색해했다. 겨우 입을 달싹일 정도였다. 두 달여 수업이 흐른 뒤 어느 날 어머니의 문자를 받았다. 아들과 양재천을 산책하다가 무궁화꽃이 핀 것을 보고는 노래를 흥얼거리더라는 것이다.

"참, 신기하더라고요. 이제껏 지율이가 동요 부르는 걸 보지 못했거든요"

지율이 어머니는 서울 모 초등학교 교사인데, 매 학기 국어 교과서 첫 단원에 동시가 나오면 읽어보고 풀이하긴 했지만 줄줄 암송하라고 강조하지는 않았단다. 그날의 경험으로 자신도 학생들에게 시를 낭송하도록 지도해야겠다고 하셨다. 교과서 동시 단원에는 '지은이의 마음을 담아 시를 소리 내어 읊어봅시다'라고 쓰여있지만, 낭독이 사라진 조용한 교실 시대가 되면서 동요, 동시 낭송 또한 사라진 것이 현실이다.

우리나라 동요는 노랫말도 곱고 가락도 단조로와서 마음을 정화시켜 주는 명상곡 같다. 그래서인지 최근엔 한류와 더불어 외국인들이 우리 동요까지 합창하며 감동을 느낀단다. 아이들에게 '반달'과 '오빠 생각'을 알려주고 낭송 녹음을 숙제로 내줬더니 어떤 학부모가 카톡으로 스페인의 밀레니엄 합창단이 '반달'과 '엄마야 누나야'를 멋지게 부른 영상을 보내왔다. 그 어머니는 이렇게 세계적인 음악인 우리의 동요를 아이들에게 알려줘서 고맙다고 했다.

한편 동요나 동시 낭송은 정서적인 부분만이 아니라 기억력을 강화하는 인지발달 과정으로써도 매우 중요하다. 줄글 책 읽기를 기피하는 아이들일수록 짧은 동시부터 암송하게 하면 기억력은 크게 늘어난다. 연구에 의하면 시를 잘 암송하는 아이들이 단어도 빨리 외우고 수학 연산도 정확하게 한다. 인식기능을 담당하는 뇌의 전두엽 부분 20~30%가 활성화되어 오랫동안 기억하게 만든다는 것이다. 암기가 인지발달의 첫 단계이기에 이것이 잘 수행되면 집중력까지 함께 높아진다. 따라서 초등생에게는 시를 암송하는 것이 작품해석보다 더 중요시되어야 한다.

동시를 어떻게 쓸까? 동요부터 암송하면 된다

갈수록 시를 가르치기가 여간 어렵지 않다. 자연과 멀어진 도시의 정제된 삶에서 비유적 표현들을 떠올리기가 힘들기 때문이다. 1년 내내 자동차만 타고 다닌 아이는 비를 맞아본 경험이 없는데 어찌 우산, 소나기, 물방울, 빗소리, 찰방찰방 등에 빗대어 표현할 수 있을까? 도시 환경 속 삶을 어찌할 수 없으면 동시를 짓기 위해 책 속의 동요만이라도 신나게 부르고 낭송해야 그나마 시적인 감을 익혀서 비슷하게 끄적일 수 있다. 시 쓰기를 할 때도 암송한 시에 빗대어 쓰는 것부터 연습해보면 수월하게 적응할 수 있다. 다행인 것은 아이들은 시를 어렵지 않게 금방 지어낸다는 것이다. 그것도 신기하다. 어른이라면 도저히 생각 못 할 표현을 하니 말이다. 그러니 동요, 동시를 크게 부르게 하는 것은 어린이만이 누릴 수 있는 특권이기도 하다. 또한 평생 지니고 다닐 아주 작은 보석을 달아주는 셈이다.

> 한산섬 달 밝은 밤에 수루에 홀로 앉아
> 큰 칼 옆에 차고 깊은 시름 하는 적에
> 어디서 일성호가는 남의 애를 끊나니
>
> 동짓달 기나긴 밤에 한 허리를 버혀내어
> 춘풍 니불 아래 서리서리 너헛다가
> 어론님 오신 날 밤이여든 구뷔구뷔 펴리라

고학년이면 시조를 꼭 낭송한다. 아이들은 동시보다 어려운 시조 외기를 더 좋아한다. 짧고 운율이 있어 외기가 쉽고 멋있게 느껴지는 매력이 있단다. 시조를 낭송하면서 소리로 공부하면 기분도 좋아지고 독해력이나 집중력이 향상됨을 스스로 깨닫게 된다. 자신이 암송할 수 있는 시조가 있는데 학교에서 우연히 낭송의 순간을 만난다면 좋은 추억이 될 것이다.

"수업 시간에 제가 '동창이 밝았느냐~'를 외워 선생님께 칭찬받았잖아요."

시조 한 편을 외우면서 옛말의 변천 과정이나 발음의 규칙, 순우리말에 담긴 뜻, 지은이의 시대 배경도 이해하게 된다. 자연스레 국어, 역사, 철학, 사회문제로 나아가게 되고 저절로 문해력 성장으로 이어진다.

이제 녀석들이 중2에 올라가면 피드백이 온다.

"김소월의 '먼 후일'을 배울 때, 제가 '진달래꽃'까지 외워서 국어 선생님 칭찬과 애들의 부러움을……호호."

노는 시간에 애들이 어떻게 외웠느냐고 몰려와 물었단다. 시는 모름지기 암송, 낭송이 그 맛이요. 작품 분석은 그 뒤다. 평생 보석 목걸이처럼 달고 살 '한국인의 명시 10편'이라도 암송으로 심어주고 싶다.

동요, 동시 낭송의 좋은 점

- 첫째, 낭랑한 소리가 수업 태도를 가지런하게 한다.
- 둘째, 순 토박이말, 노랫말의 어감을 체득한다.
- 셋째, 신나게 암송하며 기억력, 집중력을 증진시킨다.
- 넷째, 시 암송으로 동시 짓기가 수월해진다.
- 다섯째, 동심을 지켜주고 평생 교양이 된다.

06

박수치며 녹음하기,
공부재미의 시~작!

초등 저학년 때는 소리 내어 읽기를 반드시 익혀야 한다.

그것은 두 가지 이유에서 분명하다. 우선 저학년 때 집중하는 힘을 길러 공부 자세를 잡기 위함이요. 다음은 책을 즐겁게 읽어 문해력이 높은 공부 지능을 만들기 위함이다. 고학년만 되어도 책 낭독을 꺼려하는 분위기여서 저학년 때 강조되어야 한다.

그럼에도 불구하고, 저학년 때는 각종 사교육 프로그램이 많아 외려 독서할 시간이 없단다. 낭독은커녕 아예 책을 읽어오지 못하는 경우도 적지 않다. 고민 끝에 책 읽기와 낭독 모두를 만족할 대안으로 녹음 숙제를 생각해냈다. 인간은 모두가 나르시시즘의 본능이 있는지 예상대로 아이들도 자신의 목소리에 취해서 열심히 낭독하게 된다.

| 박수치며 녹음 숙제해보기

전래 동화 4쪽짜리 이야기를 크게 낭독하며 읽는 데 시간이 얼마나 걸릴까?

텍스트만 읽는다면 5분 내외가 보통이다. 요 정도 분량은 집에서도 낭독을 가볍게 실천해 볼 수 있다. 녹음 숙제를 내보면 처음에는 당황하지만 멋있게 읽어보려고 몇 번을 녹음으로 씨름하는 것이 보통이다. 자신의 목소리가 어색하고 신통해서 몇 번씩 되돌려 녹음을 하게 된다고 한다.

"저, 녹음한다고 7번이나 읽는데 죽는 줄 알았어요."

"아이쿠, 힘들었겠네!"

"아뇨, 재밌고 신기했어요."

"그럼 일곱 번이나 읽은 혜영이 것부터 어디 들어볼까?"

인간은 누구나 '발표'라는 무대만 주어지면 자신을 잘 보이려는 욕구가 작동되어 스스로 즐거운 고통을 떠안나 보다. 반복 읽기를 싫어하는 아이도 자신도 모르는 사이 자꾸 반복해서 읽게 된다. 큰 소리로 녹음하려면 책을 읽을 때 소파에 눕거나 허리를 굽혀서는 소리가 잘 나오질 않는다. 또 문장부호에 따라 박수를 쳐야 하므로 구부려서는 칠 수가 없다. 저절로 반듯한 자세를 취하게 되고 저절로 끊어 읽기가 정확하게 된다. 그만큼 집중하여 읽다 보면 저절로 의미가 해석되어 문해력은 자연 길러지는 것이다. 책을 싫어하는 아이들이나 문해력이 저하된 아이들일수록 녹음 숙제부터 권해야 한다.

아이들이 만화책을 좋아하는 고학년이면 아마도 휙휙 읽는 것이 습관이 되어 있을지 모른다. 교과서마저 그런 습관으로 읽는다면 학습에는 치명적일 수 있어서 작은 분량이나마 낭독 습관을 들여서 정독으로 유도하는 것이 좋다.

한편, 저학년이라고 모든 책을 낭독해야 하는 것은 아니다. 보통 동화책 10쪽 이상의 분량은 낭독하기에는 무리다. 재미 위주의 명작 동화는 굳이 목 아프게 낭독하지 않아도 된다. 학년이 올라가서 낭독이 익숙한 경우는 묵독과 정독으로 나아간다. 고학년에 가서 지식독서를 정독하다가 집중이 흐려진다 싶으면 읊조리듯 다시 낭독해보면 내용이 머리에 쉽게 들어온다.

틀린 낭독 이어 읽기 게임

박수치며 낭독하는 것이 익숙해졌으면 돌아가며 낭독을 해본다. 이 또한 게임처럼 느끼게 규칙을 나름 정해본다. 틀리게 읽은 뒷부분부터 이어 읽게 하는 것이다. 이렇게 이어 읽기를 하면 어떤 아이는 틀리지 않으려고 아주 천천히 또박또박 읽는 바람에 다른 아이들의 경고를 받는다.

"야, 너무 느리잖아. 일부러 그렇게 읽기 없기다."

그러면서 아이들 스스로 새 규칙도 세워간다. 낭독하는 것이 약간 긴장되는 즐거운 놀이 같다. 이러한 과정을 통해 소리 내어 읽기에 대한 부담이 점차 사라져 집에서 책을 읽을 때도 자연스럽게 낭독하게 된다고 엄마들은 말한다.

연기 대본처럼 낭독하기

박수치기, 이어 읽기 등이 익숙해지면 이번엔 연극을 시도해보자. 아이들은 맡은 역할을 정할 때 이미 신경을 곤두세운다. 자신이 좋은 사람 역할을 맡겠다는 것이다. 역할 담당을 나누는 과정에서 작품의 내용을 이해해야 하므로 책을 적극적으로 읽을 수밖에 없다. 대화체 부분에서 목소리와 연기를 실감 나게 하려고 같은 문장을 반복해서 읽다 보면 독해력도 향상된다. 잘 외우지를 못해 소리가 작거나 몸 연기가 글 내용과 맞지 않으면 서로 가차없이 지적하기도 한다.

"야, 소리가 안 들려."

"아니, 이 대목에서는 일부러 작게 한 거야!"

아이들은 큰 소리로 낭독하며 연기와 내용에 몰입해간다. '낭독의 꽃'은 연극이라고 해야겠다.

가족 모임에서 낭송으로 버스킹

우리나라 아이들은 자신의 힘으로 용돈을 벌어볼 경험이 거의 없다. 예전에는 아버지의 구두를 닦거나 집안 청소를 하고 용돈을 받았던 뿌듯한 기억이 있었다. 요즘은 집집마다 아이들이 금쪽이어서 그런지 용돈벌이의 즐거운 추억도 옛말이다.

아이들에게 동시 낭송한 것을 동생들에게 들려주라고 제안해보자. 암송한 동시 두세 편을 A4 용지에 멋지게 시화로 만들어 동생에게 들려주도록 한다. 동생이 없으면 부모나 친구들에게 들려줘도 된다.

6학년 근호는 사춘기인지 추석에 혼자 집에 있겠단다. 엄마가 어르고 달래서 친척집에 데리고 갔지만 근호는 억지로 온 듯 한쪽 구석에서 게임기만 쳐다보고 있는데 엄마가 눈짓을 한다.

"근호야, 너 사자소학 줄줄 잘 외잖아. 여기서 한바탕 좌악 늘어놔 봐."

"뭐, 우리 근호가 사자소학을 왼다고? 그 어려운 걸 암송한다고?"

친척들이 저마다 한마디씩이다. 근호는 팬들의 성화에 못 이긴 척하며 사자소학을을 효행편부터 줄줄 암송했다.

"부생아신 하시고 모국오신 하시니, 아버지는 내 몸을 낳게 하시고 어머니는 날 기르시니~~"

"와~ 우리 근호, 이렇게 멋진 앤 줄 몰랐네!"

"애들이 저렇게 낭송하니 참 듣기 좋구나!"

"어린애가 고전 구절을 외니 뭔가 묘하고 깊네……"

감탄한 어른들은 저마다 앵콜을 외치며 지폐를 줄줄이 꺼낸다. 갑자기 버스킹 무대가 된 듯 요란하다.

그날 이후 근호는 자신이 낭송한 것이 그렇게 쓰일 줄 몰랐다면서 공부하고 용돈 벌고 신나는 일이라며 집안 행사에도 잘 참석한다. 모이면 동생들에게도 동시와 동요를 들려주는 범생이가 되었다는 후문이다. 사촌 동생들도 평소 마구 뛰어다닐 때와 다르게 놀게 되어 어른들께 덩달아 칭찬과 용돈까지 선물로 받았다고 한다. 어른들이 명절이면 TV 앞에 오롯이 모일 것이 아니라 아이들이 뭔가 배운 것을 발표할 수 있는 자리를 많이 만들어주자. 집안 분위기에 따라 성경 구절이나 시조나 역사 연대표나 무엇이든 발표를 해보면 진짜 공부도 되고 버스킹으로 온 가족이 행복해진다.

영훈초2 이은주_ '무궁화' 노래

영훈초2 이은주_ 이솝 우화 '해와 바람' 낭독

대치초3 이휘준_ 전래 동화 '삼년 고개' 낭독

QR코드를 스캔하여 아이들의 낭독을 들어보세요

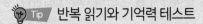

제 **4** 장

반복하기, 영재들의 문해력 브레인

01

수능 만점자,
'반복'의 달인들

해마다 12월이면 수능 만점자의 인터뷰가 검색어 1, 2위를 다툰다.

"주로 교과서만 보고 공부했어요."

"학교 수업을 열심히 듣고 자습 시간에 꼭 참석했어요."

기자가 학습비법이라도 캐낼 듯 꼬치꼬치 물어도 천편일률적인 대답이 전부이다.

"설마 사교육 없이 혼자 공부했다고?"

"교과서만 가지고? 말이 돼?"

누군가는 이들이 솔직하지 않다고 냉소하기도 한다. 정말 말이 안 되는 걸까? 학부모가 이런 인터뷰에 대한 통찰을 갖고 있다면 내 아이의 학습을 지도하는 데도 주관이 생길 것 같다.

EBS 교육대기획 '학교란 무엇인가'에서는 0.1%의 최상위권 학생들과 일반 학생들의 차이점이 메타인지(Meta-cognition)의 발달이라고 밝혔다. 즉, 자신이 알고 있는 것과 모르는 것을 구별하는 인지능력이 발달했다는 것이다. 수능 만점자들도 약간의 과외나 학원 등의 도움은 받았다고 했다. 하지만 어디까지나 보충 정도였으며, 대부분은 교과서를 반복하며 자기주도학습을 했다고 한다. 메타인지가 발달한 최상위권 학생들은 오히려 학원 스케줄과 자신의 계획이 잘 맞지 않아서 혼자 공부하는 것이 더 낫다고 말하는 친구들이 많았다.

그럼, 메타인지 능력은 어디서 나올까? 바로 반복과 복습에 있다. 복습을 하면서 내가 무엇을 알고 모르는지를 인식하는 것이다. 0.1%의 학생들은 친구들에게 가르쳐주거나 엄마 앞에서 설명을 하거나 오답 노트를 푸는 등으로 복습을 하는 데에만 하루 4~5시간을 쓰고 있었다. 실험에 참가한 홍태화 학생은 예습이랑 비교하면 복습이 약 15배 정도 중요하다고 말한다. 김경수 학생도 보고 또 보고 하는 반복 학습을 강조했다. 모두가 한목소리로 복습을 하면 이해가 잘 되어서 그만큼 학습 시간이 단축된다고 말한다.

▌0.1% 최상위권, 복습에만 하루 평균 4~5시간을

최상위권 학생들이 말한 것이 과학적 실험 결과로 증명되었다. 독일의 심리학자 헤르만 에빙하우스(H. Ebbinghaus)의 망각이론에 따르면, 학습 후 10분 뒤부터 내용을 망각하여 1시간 뒤에는 50%, 하루 뒤에는 70%, 한 달 뒤에는 80%를 잊어버린다고 한다. 그래서 10분 후에 복습하면 1일 동안 기억되고, 다시 1일 후 복습하면 1주일 동안, 1주일 후 복습하면 1달 동안, 1달 후 복습하면 6개월 이상 기억된다고 한다. 즉 4~5회를 반복 복습하면 70~80%가 장기기억으로 저장된다. 이러한 반복 과정에서 지식이 축적되면서 내가 무엇을 알고 모르는지 자각할 수 있는 메타인지 능력이 자연스레 생

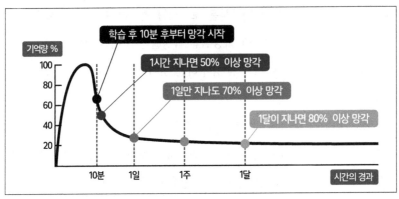

에빙하우스(H. Ebbinghaus)의 망각곡선

기게 된다. 반복 복습을 통해 메타인지가 일어나고 그 과정에서 자신의 부족을 메꾸고 다듬어 빛나는 결과물로 나타나는 것이다.

'반복의 왕'이라면 세종대왕의 고사를 빼놓을 수 없다.

충녕대군 세종이 어린 시절부터 책을 너무 가까이하자 아버지 태종은 건강을 염려하여 충녕대군의 사저에 있던 책을 모두 치우라고 명령한다. 환관들이 갑자기 들이닥쳐 충녕대군의 책을 샅샅이 치우는데 용케 병풍 뒤에 책 한권이 남겨져 있었다. 그것이 '구소수간(歐蘇手簡)'이라는 편지를 모은 책인데, 충녕은 그 한 권의 책을 무려 수백 번을 읽었다고 한다. 무수히 반복해서 읽는 과정에서 두뇌가 천재로 바뀌는 혁명이 일어났을 것이다. 그렇지 않고서야 어찌 한 개인이 문자를 창제한단 말인가! 21세기 디지털 세상에서도 가장 빠른 문자 입력과 독해가 되는 인류 최고의 위대한 문자를 말이다!

세종의 독서법도 무한반복이었다. 여러 번 읽는 과정에서 메타인지가 자각되며 '왜?'라는 궁금증이 떠오르게 된다. 그 궁금증이 꼬리에 꼬리를 무는 확장 지식이 되어 엄청난 양의 지식을 축적하고 동시에 추론과 상상력이 한데 어울려 창의력을 폭발적으로 빚어내게 된다. '독서백편의자현(讀書百遍義自

見)'이라는 말처럼 수많은 반복은 집중력을 높이고 문리를 깨닫게 하여 예상 밖의 위대한 성과를 이루어 낸다.

2019년은 국어 불수능으로 유명한 해였다. 딱 1명의 만점자였던 김지명 학생은 어릴 때 병으로 입원을 하면서 인강을 들으며 혼자 공부했다고 한다. 고등학교 때도 혼자 복습을 거듭하며 '복습은 다다익선'이라고 말했다. 이처럼 최상위권 학생들의 공통된 특징은 교과서나 문제집을 알 때까지 꾸준히 무한 반복하는 자기주도학습이었다. 따라서 수능 만점자들의 인터뷰 답변은 거짓이 아니라 최상위 0.1% 학생들의 꾸준한 반복 학습에 대한 솔직한 응답이었음을 알 수 있다. 한마디로 '반복의 달인들'인 셈이다.

필자 주변에도 이런 사례가 적지 않다. 강원도 태백 출신의 학생이 S대로 진학한 경우가 기억난다. 수학을 어려워했지만 태백이라는 광산촌에서는 사교육을 받을 여건이 안되어 '쎈 수학' 문제집을 혼자 6번이나 반복해서 풀었다고 한다. 5번째 반복할 때는 수학 과외 선생님인 것처럼 술술 풀면서 설명까지 할 수 있었다고 한다.

▍전교 1등생, 글자가 닳아 없어질 정도로 반복!

그 옛날, 책이 귀했던 시절의 위인들은 '사서삼경'과 같은 단지 몇 권의 책을 읽고 또 읽었다. 그럼에도 수많은 저서를 남기고 위대한 업적을 이룩했던 것은 '반복 읽기의 파워'라는 것을 알 수 있다. 지금도 그 학습의 비밀을 경험한 사람만이 그 맛에 빠질 수 있는 것이다.

필자가 중학생 때 짝꿍이 전교 1등이었다. 3년 내내 독보적인 1등이었던 그 친구가 어떻게 공부하는지 은근히 관찰을 해보았는데, 짝꿍은 쉬는 시간이 되어도 얼른 책을 닫지 않았다. 수업 시간에 배운 교과서에 줄을 치면서 입을 달싹이며 읽고 있었다.

지금 생각해보니, 그 아이의 공부법은 기억이 사라지기 전에 기억의 창고에 차곡차곡 쌓아두려고 복습을 하는 것이었다. 그 친구 집 형편이 좀 어렵다는 얘기를 듣긴 했는데 그래서인지 다른 친구들이 다 갖고 있던 '완전 정복' 같은 문제집을 푸는 것을 보지 못했다. 무조건 교과서에 연필로 줄을 그으며 인쇄된 글자가 닳아 없어져 안 보일 정도로 외우길 반복했다. 책이 온통 새까맣던 기억이 아직도 생생하다. 살짝 여담이지만, 필자도 1등 짝꿍의 공부법을 따라서 학창 시절 가장 좋은 성적을 누렸으니 누구에게나 그 방법이 정석이라는 것이 증명된 셈이다. 그 방법은 디지털 교육 환경에서도 여전히 유효함을 오랜 시간 학생들을 지도하면서 알게 되었다.

"공부를 잘하는 아이로 키우고 싶은가? 그럼 반복 복습할 시간을 주자!"

대개 반복은 지루해서 회피하려 한다. 재미있는 영화도 한 번 이상 본 적이 없는데 하물며 교과서를 반복하라니! 따라서 초등 때부터 재미있는 동화책을 반복해서 읽는 훈련이 절대적으로 필요하다. 흥미진진한 세계 명작이나 자신이 좋아하는 책을 통해 반복 복습을 습관화하면 중고등학교의 딱딱한 교과서도 충분히 반복해서 읽고 복습할 수 있는 능력이 갖추어질 것이다. 초등 시기에 책을 반복해서 읽는다는 것은 지식 외에도 꾸준히 학습하는 인내력과 생각하는 힘을 기르는 과정이기 때문이다.

반복하면 기억력이
얼마나 늘까?

첫 수업엔 묵독과 낭독에 대한 기억력 실험을 해본다.

"저는 7개 기억났는데요."

"나는 11개 떠올랐어요."

<이솝 우화> 4쪽짜리를 소리 없이 눈으로 읽는 데는 1분이 채 걸리지 않는다. 갈수록 아이들은 더 빨리 훑다시피 하며 읽는다. 스토리는 대충 다 기억하겠지만 기억하는 단어는 과연 몇 개나 될까?

묵독을 한번 하고 떠오르는 낱말은 대개 5개에서 11개 정도다. 고학년이나 저학년이나 기억량은 비슷한데, 일반적으로 7개 정도로 단어를 떠올린다. 이것은 희한하게도 인지심리학의 마법의 숫자에서 말하는 보통 사람들의 단기 기억량과 정확하게 일치한다. '마법의 숫자 7'(Magical number seven)은 1956년 미국 하버드대 심리학 교수 조지 밀러가 발견한 것으로 일반적으로 사람의 단기 기억용량이 7±2, 대략 5개에서 9개 사이라는 것을 밝혔다.

그럼, 동화책보다 딱딱한 교과서 내용은 얼마나 기억할까?

본문 4~5쪽짜리 내용을 한번 묵독하고 떠오르는 단어가 대개 5~9개 정도였다. 이것 역시 단기 기억량인 마법의 숫자에 적용된 숫자이다. 따라서 한번 교과서를 묵독하고 5개 정도 생각난 낱말로 그 단원 시험을 본다면 결과가 심각해질 것이다. 시험 기간에 교과서 내용을 한번 읽고 시험을 본다는 것은 내용을 다 아는 것 같더라도 정작 10개도 안 되는 기억량을 가지고 시험성적이 좋기를 기대하는 것이라 볼 수 있다.

▎우리랑 같이 놀았는데 왜 쟤만 성적이 좋지?

그렇다면 어떻게 해야 교과서 내용을 더 많이 기억해서 좋은 성적을 얻을 수 있을까?

그것은 바로 낭독하기와 반복 읽기에 주목하는 것이다. 다시 말해 인지심리학의 평균 기억량을 뛰어넘기 위해서는 여러 번 반복해서 큰 소리로 읽도록 훈련해야 한다.

"이제부터는 큰 소리로 박수치며 읽어볼까?"

"와~ 45개나 기억났는데요."

5학년 재훈이는 처음 묵독했을 때 9개를 기억했는데 4번 낭독하고는 50여 개를 기억했다. 2학년 지우는 묵독일 때는 8개를 기억했다가 낭독을 1번 했을 때는 18개, 낭독을 2번 했을 때는 25개 정도의 어휘를 떠올렸다. 그리고 3번 읽을 때는 대체로 30~40개 낱말을 떠올리며 처음에 비해 서너 배의 낱말을 기억하였다. 일반적으로 반복해서 읽을수록 기억량은 쑥쑥 늘어난다.

읽기 속도는 어떨까? 그만큼 속도도 비례하여 늘어나는 것일까? 읽기 속도는 반비례한다. 여러 번 낭독할수록 걸리는 시간은 오히려 짧아지는데, 그 이유는 내용이 기억나기 때문이다. 따라서 반복 읽기를 하면 책 읽는 속도는 빨라지고 단어를 기억하는 양은 늘어난다. 반복 읽기를 생활화한 아이는 4쪽짜리 이야기를 훨씬 짧은 시간에 읽으면서 무려 100여 개 단어를 기억하기도 했다. 반복으로 늘어난 기억량은 에빙하우스가 언급했듯 장기기억으로 저장된다.

"쟤는 공부를 별나게 하는 것 같지 않은데, 시험 성적은 왜 맨날 좋지?"

어쩌면 최상위권 아이들이 자주 듣는 말이 여기에 포함될지도 모른다. 이 원리가 공부머리가 있다는 우등생의 비밀인 셈이다. 자주 반복했기에 복습하는데 많은 시간이 걸리지 않는다. 게다가 반복할 때 소리 내어 읽기 때문에 집중력도 엄청 발휘된다. '낭독하며 여러 번 반복 읽기'의 중요성을 체험해보기 위해 다음 순서로 수행해 보자.

- 첫째, 큰 소리로 낭독한다. 멀찍이 있는 엄마에게 들릴 정도로 큰 소리로 읽는다.
- 둘째, 문장부호에 맞게 박수를 친다. 박수치는 동작을 통해 집중력을 높인다.
- 셋째, 반복 읽기를 할 때마다 스톱워치로 소요 시간을 확인한다.
- 넷째, 다 읽었으면 책을 덮고 떠오르는 단어를 써본다.
- 다섯째, 처음에는 떠오르는 낱말의 개수, 즉 기억량만을 중심으로 확인해 본다.
- 여섯째, 다음에는 책에 쓰인 낱말 그대로를 기억한 것인지 정확도를 확인해 본다.

이렇게 집에서 3번 반복하여 낭독하기를 숙제로 한다. 수업 중에 다시 한번 읽고 어휘 기억량을 조사해본다. 이때는 10분이란 시간을 두고 단어를 떠올린다. 그랬을 때 첫 시간보다 기억량이 뚜렷이 증가되었음을 아이들 스스로 깨닫게 된다. '공부를 잘하려면 반복 읽기를 해야 하는구나'를 체득하게 되는 것이다.

초등학교 시기에는 세상 만물이 궁금하고 호기심이 많을 때이므로 알고 싶은 지식을 책이나 백과사전이나 체험을 통해서 새롭게 모아 기억한다. 많이 읽을수록, 반복할수록, 많이 접할수록 기억력이 높아진다. 그러므로 큰 소리로 여러 번 반복해서 읽는 것은 기억력은 물론 문해력 브레인을 촉진 시키는 핵심 독서 활동이다.

▎반복을 통한 기억력 테스트

아래 읽기 자료를 묵독 → 낭독 → 낭독 읽은 후 표를 작성하세요.

<읽기 자료> 양치는 소년 (이솝 우화)

> 양을 지키는 소년이 있었습니다.
> 날마다 양을 몰아 풀밭으로 가서는 그 양들을 지키는 것이 소년의 일이었습니다. 소년은 말 상대도 없이 매일같이 양들을 지키는 일에 싫증이 났습니다.
> '뭐 재미나는 일이 없을까?'
> 소년은 풀밭에 벌렁 드러누워 장난칠 궁리만 했습니다.
> "하하 됐다! 재미있는 일이 생각났어!"
> 소년은 벌떡 일어나며 손뼉을 치고 웃었습니다. 그리고는 곧,
> "늑대가 나왔다아! 늑대가 나왔어요!"

하고 외치면서 마을을 향해 달려갔습니다.

"뭐야? 이거 야단났군! 어서 가 봅시다. 어서들."

어른들은 곧 손에 몽둥이를 들고 언덕으로 달려왔습니다.

"어디, 어디!"

"늑대가 어디 있어?"

늑대는 없고 양들만 평화롭게 풀을 뜯어먹고 있었습니다.

"어떻게 된 거지?"

"아, 그게... 늑대가 오고 있는 것 같아서......"

소년은 얼렁뚱땅 말을 얼버무렸습니다. 소년은 자기의 말에 어른들이 놀라 허둥지둥 달려오자 무척 신이 났습니다.

"히히, 정말 재미있는 장난이었어."

그 후에도 소년은 심심할 때마다 같은 장난을 두 번, 세 번, 연거푸 했습니다. 어른들은 그 때마다 몽둥이를 들고 쫓아왔지만 소년에게 속은 것을 알고 투덜거리며 돌아갔습니다.

그런데 어느 날, 진짜 늑대가 나타나서 양들을 덮치려 했습니다. 소년은 깜짝 놀라 있는 힘을 다해 외쳤습니다.

"늑대가 나타났다!"

그러면서 마을을 향해 뛰어갔습니다. 그러자 어른들은

"흥, 보나마나 또 거짓말일 거야."

하고 들은 체도 하지 않았습니다.

"이번엔 안 속는다! 안 속아!"

어른들은 아무도 나와 주지 않았습니다. 소년은 울상을 지었지만 어쩔 수가 없었습니다. 결국 늑대는 양 떼 속으로 뛰어 들어가 양들을 마구 잡아먹고 말았습니다.

* 기억하는 단어량 점검표

	시간	어휘 기억량	어휘의 정확도
묵독 1번 읽었을 때			
낭독 1번 읽었을 때			
낭독 2번 읽었을 때			

<3학년 어린이의 경우 : 묵독 1번후 기억한 단어는 7개인 반면,
낭독 2번후 26개의 단어를 정확도 96%로 기억 >

소처럼 읽자
3.2.1 되새김 독서법

소가 지그시 눈을 감고 질근질근 계속 씹고 있는 모습을 본 적이 있는지?

가마솥 채로 꼴을 먹어 치운 소가 천천히 되새김하듯, 책도 처음에는 쓰윽 통독한 뒤에 다시 읽어보는 독서법, 이름하여 3.2.1 되새김 독서법이다. 한 주제의 이야기를 5~6번 반복하며 자기 실력으로 만드는데, 이때 처음부터 낱말 뜻을 찾으려 하지 말고, 통독할 때는 모르는 낱말이 좀 있어도 그냥 처음부터 끝까지 쭉 읽어보는 것이 좋다. 대강의 줄거리를 기억하고 다시 읽으면 정확하게 다가오기 때문이다.

"책을 3번 읽어오는 거야. 처음 1번은 낭독, 2번째는 묵독, 그리고……"

"네~ 에~!"

아이들의 꾀꼬리 같은 대답이 여간 기쁘지 않다. 어릴수록 제대로 읽기 습관을 들여주면 문해력 효과가 대단하니 말이다. 소가 풀만 먹어도 살이 찌듯이, 책도 3.2.1 독서법으로 반복 읽기만 하면 문해력이 쑥쑥 올라간다는 것을 증명하고 싶었다.

3.2.1 되새김 독서법 소개

1단계 : 3번 읽기(혼자)
2단계 : 2번 복습(함께)
3단계 : 1번 쓰기(혼자)

1단계 : 3번 혼자 읽기

집에서 읽어 올 과제를 낭독->묵독->낭독으로 세 번 반복 읽어오는 것을 말한다. 반드시 큰 소리로 박수치며 낭독해야 한다. 저학년일수록 큰 소리로 읽으면 저절로 또박또박 읽게 된다. 휙휙 건성으로 읽는 습관도 고쳐지고 우물거리며 자신 없는 모습도 교정되어 발표력이 길러진다. 숙제해 온 녹음을 들어보면 제대로 3번을 읽었는지 아닌지를 금방 알 수 있다.

2단계 : 2번 함께 복습하기

집에서 읽어온 내용을 수업 중 다시 반복하는 과정으로 친구들과 함께 두 번 더 읽는 것이다. 역할 분담을 해서 읽거나 뺏어 읽기로 한 명씩 돌아가며 읽으면서 정확하게 읽고 있는지 아이들 스스로 친구의 읽기 정확성을 살펴보게 된다. 또 기억력 테스트를 해보면서 복습하게 된다. 간혹 어떤 아이들은 집안일로 할머니 댁에 간다든지 해서 낭독을 못 할 수도 있으므로 수업 중 두 번의 복습은 필수이다.

만약 초등 3, 4학년이면 4~6쪽짜리 텍스트의 이야기가 좋다. 고학년이면 10쪽 이내의 동화를 다섯 번은 족히 읽게 되니 저절로 되새김 독서가 되는 것이다. 이렇게 한 달만 훈련해도 읽기 유창성 정도가 눈에 뜨이게 달라진다. 아이들도 반복함으로써 어휘가 저절로 이해되는 경험을 하게 된다. 처음 읽을 때는 생소한 낱말에 발음도 꼬였던 '쪽빛', '네댓 살', '쌀 한 섬' 등의 어휘들도 친구들과 함께 되새김으로 읽으면서 훨씬 수월하게 발음하게 되는 것이다.

3.2.1 독서법을 생활화하면 고학년으로 갈수록 사회 교과서에 많이 나오는 한자어 뜻도 거뜬히 추론하게 된다. 가령, '신미양요', '병인양요'라고 하면 '양요가 뭘까'를 한번 읽을 때는 그냥 지나쳤던 말이 두세 번 읽을 때는 '서양 사람들이 요란하게 소동을 일으켰다는 뜻이구나'로 문리가 트인다.

또한 읽을 때는 입만이 아니라 손도 함께 읽으라고 강조한다. 연필이나 고체 형광펜 같은 것을 들고 모르는 낱말에 줄을 그으면서 읽어야 한다. 주인공이나 중심 생각이 될만한 구절 등을 찾아 표시를 하자. 그렇게 표시된 책을 서로 돌려가며 비교해보고 '이 친구는 왜 이곳에 줄을 그었지?'라며 내 생각과 다른 것을 발견하는 것도 2번의 되새김 효과나 다름없다.

3단계 : 1번 혼자 쓰기

이제 한번 쓰기로 마무리를 하자. 두 번의 복습이 끝나면 마지막으로 노트에 간단히 어휘, 주인공이나 큰 사건, 퀴즈 등을 스스로 써보면서 정리를 한다. 일반적인 학교 독서기록장 양식에는 주인공과 큰 사건, 줄거리, 중심 생각, 만약 내가 주인공이라면 등의 느낌과 생각까지 쓰는 편이다. 간혹 독서기록장에 신물을 내며 무조건 피하는 친구도 있다. 사실 고학년이 되어도 줄거리 요약을 할 때 무엇이 중요하고 아닌가의 판단을 못하는 친구들이 적지 않다. 줄거리 요약하기는 이해력 바탕 위에서 비교 분석하고 적용하는 추상적 인지능력이기 때문이다. 그럴 경우는 마인드맵으로 인물과 사건을 이미지화 하거나 4컷 만화 형식으로 구성하여 입말로 정리를 해도 글쓰기 효과를 볼 수 있다.

쓰기는 기억을 저장하기 위해 가볍게 메모하는 수준이라도 좋다. 독서기록장을 쓰면 좋지만 책을 읽을 때마다 한바닥을 채우려면 부담스러울 수 있다. 저학년이면 짧은 글짓기를 하여 문장 속 적절한 낱말의 쓰임을 익혀보는 것도 글쓰기 못지않다. 평소에는 가볍게 쓰면서 반복하여 장기기억으로 남기자. 그러다 독후감 쓰기를 할 때는 저장해둔 쓰기 자료에 다시 멋지게 옷을 입히면 될 것이다.

좋은 글쓰기를 위해 필사를 해보는 것도 좋다. 저학년에서는 창작이나 전래 동화 속의 대화체가 많은 문학류를 따라 쓰다 보면 원고지법도 익히고 문단의 개념도 자연스럽게 익힐 수 있다. 비문학 지식 도서에는 설명체가 많으므로 고학년이 되면 중학교 수행을 준비할 겸 초사로 요약해보는 방법도 권할 만하다.

3.2.1 독서법의 효과 : 시간은 줄고 기억은 크게

4~5회 반복을 자주 할수록 복습 시간은 줄고, 어휘량과 기억력은 크게 는다. 텍스트를 쓱 한번 읽었을 때와 여러 번 읽었을 때의 차이를 확실히 체험하게 되는 아이들은 집에서도 3번 이상 읽고 녹음해오는 숙제를 마다하지 않고 즐거이 잘 실천해온다.

<사자소학>도 소리 내어 여러 번 암송한다. 책을 처음부터 한쪽씩 늘려서 암송하면 저절로 책 한 권을 통째 다 외울 수 있다. 처음엔 8쪽만 외우는데 20초 정도 걸린다. 2회째는 8~9쪽, 3회째는 8~10쪽 이렇게 매번 앞부터 반복하면 앞부분은 자신도 모르게 줄줄 외게 되어 암송 속도와 시간은 페이지 수에 반비례하여 오히려 짧아진다. 3.2.1 되새김 독서법으로 낭독하며 반복 복습하는 것이야말로 문해력 브레인 성장의 가장 효과적인 방법인 것이다.

복습 효과를 올리는
놀이식 독후 활동

"그거 그냥 양식 대로 쓰면 되잖아. 10분도 안 걸리겠네."

"아니, 주인공 쓰고 줄거리 요약 잠깐 쓰면 될 걸 그렇게 징징대냐?"

독서기록장 앞에서 한없이 늘어져 있는 아이들을 보면 엄마들은 속이 터진다. 그럼 어른들은 영화 보고 그때마다 감상평을 간단하게나마 적어두는가?

독서기록장의 정해진 폼-주인공, 큰 사건, 중심생각, 줄거리요약, 만약 내가 주인공이라면, 나의 생각과 느낌은?-의 노트 한 바닥을 다 채우기란 쉽지 않다. 저학년에게는 자칫 책 재미는커녕 독서가 마귀처럼 느껴질 수 있다. 무엇보다 초등생에게는 책에 대한 긍정적 인상이 중요하다.

독후활동을 노는 것처럼 재밌게 하는 공부법은 없을까? 독서기록장의 형식이 아니더라도 독후 활동을 찾아보면 사전찾기나 낱말카드 놀이 등이 있다. 의외로 친구들과 북적대면서 찾다 보면 놀이처럼 느껴져 독서 효과가 괜찮다. 중요한 것은 혼자 읽은 것을 누군가와 함께 이야기해보는 과정이다. 영화 보고 친구들과 수다 떨면 더 잘 이해가 되고 오래 기억되듯이. 책을 혼자 읽고 덮을 것이 아니라 그 책 이야기로 대화나 토의를 해봐야 비로소 독서가 공부로 저장되는 복습 효과가 있는 것이다.

| 사전에서 어휘 찾기 놀이

사전찾기를 하다 보면 의외로 적극적인 학습 풍경이 펼쳐진다. 아이들이 낱말을 서로 먼저 찾겠다고 눈을 번쩍인다. 사전을 찾다 보면 주변의 단어들도 구경하며 어휘력이 풍성하게 자란다. 가령, '동향'이란 낱말을 몰라서 사전을 뒤적이다가 '돼지갈비구이', '동학운동'도 함께 구경하게 된다. 3학년 건욱이는 평소 발표를 꺼리던 아이인데 자신이 돼지갈비구이를 좋아한다면서 사전에서 그 요리법을 큰 소리로 읽어보며 신기해한다. 그런가 하면 서연이는 "와, 동학운동이란 말도 있어요."하며, 자신이 아는 것이 나오니 반가운지 전래 동요 '파랑새'까지 흥얼거린다. 그리고 어느새 다 같이 노래를 부르고 있다.

> 새야새야 파랑새야, 녹두밭에 앉지마라,
> 녹두꽃이 떨어지면, 청포장수 울고간다

예겸이는 "욕이 사전에 왜 있느냐?"고 질문한다. '시큰둥하다'란 낱말 뜻을 찾다가 '시발점과 시발역'이란 낱말들을 보며 어리둥절이다. 옆 친구가 자신은 '미친개'를 찾았다며 욕이 진짜 사전에 있다고 서로 킥킥거린다. 예상 밖의 낱말들에 흥미로움이 커지면서 즐겁게 사전에 빠져보는 시간이 된다.

3학년 이상이면 풍성한 어휘가 담긴 어른용 사전을 권한다. 초등용 사전보다 어휘량에서도 상당한 차이가 나고 중고등학교에 가서도 계속 사용할 수 있기 때문이다. 갑자기 예겸이가 외친다.

"선생님, 이거 사자소학에서 배운 '예속상교'가 맞나요?"

"그렇구나."

"와, 그럼 환난상휼도 나오는지 찾아봐야겠네요."

지난주, '예속상교하고 환난상휼하라'라는 사자소학의 구절을 암송했기에 기억이 났던 것이다. 이렇게 사전을 찾으며 배운 내용들도 떠올리고, 지식이 연결되고 확장되는 풍성한 경험들을 하게 된다. 나아가 고사성어, 속담, 관용어 등도 익힘으로써 갑자기 문해력의 차원이 확 달라지는 경험을 할 수 있다. 각자 찾은 낱말들을 활용해서 짧은 글짓기를 하면 되새김 독서법의 마지막 단계인 혼자 1번 쓰기 단계를 훌륭히 대체하게 되는 것이다.

낱말카드 활용

2, 3학년이면 낱말카드를 활용해서 복습 효과를 내면 어휘력이 쑥쑥 자란다. 나는 낱말카드를 만들어 스스로 짧은 글짓기를 하게 하고 그것을 매번 숙제로 읽고 녹음하게 한다.

이솝 우화의 <양치기 소년>에 나왔던 모르는 낱말이 '연거푸, 따분한데, 버섯이' 이렇게 세 단어였다면 낱말카드에 적는다. 그리고 그것을 넣어서 스스로 짧은 글짓기를 한다. 자신이 한 짧은 글짓기를 매주 한 번씩 복습 녹음한다. 책 한 권에 들어있던 자신이 잘 몰랐던 단어가 약 30개라면 그것의 뜻과 짧은 글짓기가 된 단어 카드를 10회 이상 반복하면 저절로 낱말의 뜻을 깨치게 된다. 그뿐 아니라 그 단어가 쓰였던 문장과 내용이 함께 떠오르기 때문에 기억력, 이해력이 탁월해진다. 30개 단어에 대한 짧은 글짓기까지 다 복습하는 데 걸린 시간은 3분 정도이다. 그 3분의 복습으로 장기 기억된 단어들은 어디서나 쓰이게 될 문해력 브레인의 바탕이 되는 것이다.

| 그림으로 재구성해보기

3학년 현준이 팀은 남자아이들로만 구성되어 있다. 수업에 일찍 와서는 월드컵 축구팀을 이야기하면서 칠판에 선수들의 출신 국가 지도를 그려보는 시늉을 했다. 옳거니! 축구선수들의 국가별 세계 지도와 우리나라 지도를 연습하도록 하자. 그날은 지도를 맘껏 그려보며 지리 이야기로 많은 시간을 할애했다.

어느 날 전래 동화 '삼 년 고개'를 읽고는 '고개'라는 단어를 몰라서 서로 묻길래 누군가 나와서 '고개'를 그려보게 했다. 그랬더니 아이들은 저마다 높은 산을 뾰족하게 그렸다. 누구는 에베레스트산이니 누구는 백두산이니 하며 자랑들이다.

"할아버지가 이렇게 높고 험한 산을 넘어서 시장을 오갔겠니?"

"그럼, 이런 산일까요?"

어떤 아이가 산을 동그랗고 조그맣게 그리더니 그것이 '고개'라고 가리켰다. 그러면서 '고개마루, 산마루' 같은 낱말로 이어졌다. 커다란 칠판에 그림동화처럼 그려두고는 제각기 '할아버지가 장에 가서 돌아오다가 삼 년 고개에서 넘어졌다'는 이야기를 발표했다. 희한하게도 책만 읽었을 때는 줄거리를 요약하는데 맹하다가도, 칠판에 그림을 그려보면 금방 감을 잡아서 이야기를 이어간다. 그만큼 공간지각력이 이해력을 뒷받침해주는 것이다. 책을 읽어도 공간적 배경을 함께 이해하지 못하면 제대로 이해했다고 볼 수 없다. 줄거리 요약을 즐겁게 마치고는 '삼 년 고개'의 중심 생각을 물어봤다.

"구구단을 알려주려고요."

"우하하~"

"옛날 사람들은 구구단을 모르면 어떻게 했어요?"

"글쎄다. 계속 덧셈을 했을까?"

중심 생각이 문장 속에 교훈처럼 드러나 있지 않으면 주제 찾기가 어렵다. '고정관념을 깨는 생각의 전환이나 발상의 전환'이라는 주제를 생각하는 것이 저학년에게는 아직 힘들다. 그럴 때는 예시가 빠르다. '계단을 한 걸음씩 올라가야만 된다는 고정관념을 깨고 에스컬레이트가 나오지 않았겠니?' 하면 아이들은 축구 대신에 핸드볼이 나왔다고 발표하며 낄낄거린다. 아이들만의 기발한 생각이 콩 튀듯 재미있게 뻗어나간다. 이 또한 그림이나 수다로 복습을 하는 가운데 생각의 확장이 일어나는 것이니, 책 재미를 더해주는 계기들이 되는 셈이다.

▌코넬식 노트 정리법

고학년이나 중학생 이상의 아이들에게는 코넬식 노트 정리법도 좋은 복습의 일환이 될 수 있다. 코넬식 노트법은 1950년대 미국 코넬대학교의 교육학 교수 월터 폭이 학생들의 효과적인 학습을 위해 고안한 노트 정리 방식이다. 필기를 어떻게 하면 좋은지 그 구조를 깨닫게 해주므로 한눈에 내용을 파악하게 되는 장점이 있다. 일목요연한 노트 정리로 짧은 시간에 핵심 파악이 되고 복습 효과가 커서 시험 기간 중에 활용하면 매우 효율적일 것이다.

특히 배경지식을 쌓는 사회 과목에 효과적이다. 왜냐하면 5학년 2학기에 배우는 한국사는 한 권에 고조선부터 6.25 분단까지 상당히 많은 양의 역사가 압축, 서술되어 있기 때문이다. 따라서 시대별로 역사용어나 맥을 잡지 못하면 자칫 사회가 기피 과목이 되기 쉬우므로 코넬식 필기법을 추천한다.

예컨대 <박씨부인전>을 읽고 병자호란의 역사와 연관하여, 청나라는 어디에 있는지? 당시 청나라에 끌려간 포로들은 얼마나 되었으며 대표적인 사람은 누가 있는지? 등을 사회과 부도에서 찾아 지도 및 용어 풀이까지 풍성한 배경지식을 노트화 해두면 오래 기억하기 쉽다. 한국사 노트 필기를 5, 6학년 때까지 한번 정리해두면 중고등학교 역사 시간에도 세계사와 더불어 맥 잡기가 수월할 것이다. 코넬식 노트 정리를 초등학교 고학년 때부터 생활화하면 학습의 구조화가 세워져 중고등학교에 올라가 EBS 인강을 들을 때도 코넬식 노트 필기가 효과적일 것이다.

이상의 독후활동을 놀이처럼 해보면, '같은 내용을 다시 읽는 지루한 복습'이라는 생각이 별로 없이 반복 읽기와 자기주도 학습으로 진행된다. 이런 활동을 통해 문해력이 급성장하게 되어 결국 학습 성취도에 든든한 버팀목이 되는 것이다.

공부 효율 높여주는 코넬식 노트 정리법

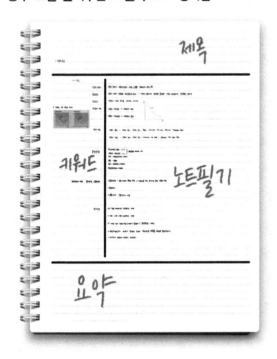

05

문제집 사는 엄마,
교과서 사는 엄마

수정이는 이제 6학년에 올라간다.

어휘에 막힘이 없으니 문해력도 탁월하다. 어느날 수정이 엄마에게 문자가 왔다.

"선생님, 강남 교보 왔는데 추천 책 부탁합니다"

"교과서부터 먼저 꼭 사세요."

"아, 네. 교과서는 해마다 몇 권씩 챙겼는데, 이번엔 전 과목 다 사려고요. 코로나 확진자가 생기면 학교에 안가고 온라인으로 수업을 하니 집에도 교과서를 준비해둬야겠더라고요."

수정이 엄마는 교과서의 중요성을 이미 알고 있었다.

해마다 봄방학이면 가장 붐비는 곳이 서점이다. 나도 이 시기가 되면 광화문 교보를 들러 책들을 주욱 살펴본다. 올해도 학습지 코너와 교과서 코너의 모습이 대조적이다. 문제집 코너에는 엄마들과 아이들이 북적였지만 교과서 코너는 휑하다. 학습지 코너에서는 국어 어휘력 문제집이나 문해력 관련 참고서가 수학 문제집을 능가할 정도로 부쩍 많아진 것 같다.

| 어휘력을 높이려면 문제집보다 독서가 먼저다

2019년 대입 수능에서 국어가 불수능이 되고, EBS 방송에서 문해력을 다룬 뒤부턴가 '문해력'이 교육계의 화두처럼 떠오른 것 같다. 문이과 통합으로 처음 치러진 2022년 수능 또한 역대급 불수능으로 만점자가 단 1명이었다. 이 만점자가 가장 어려워했던 과목은 다름 아닌 '국어'였다고 하면서 1교시부터 당황했다고 이야기했다. 수능을 망친 학생들의 대부분이 '국어'가 이유라고 답할 정도로 문해력은 갈수록 어렵게 다가온다.

필자가 현장에서 봐도 학생들의 언어능력이 현저히 떨어지고 있음을 체감한다. 주생활 방식이 아파트로 바뀌다 보니 '아랫목'이나 '서까래' 같은 낱말들도 일부러 외워야 한다. 마트보다는 택배가 대신하는 라이프스타일의 변화로 아날로그적 낱말은 학습어로만 생존한다. 그러니 어휘력 저하는 불보듯 뻔한 현실이다. 출판 시장에서는 부족해진 어휘력을 보충하기 위한 어휘력 문제집과 학습지가 속출하고 있다.

그런데 문해력을 키우기 위해 어휘집이나 단어장 같은 학습지만 의존하면 될까? 우리말은 매우 복잡한 언어 체계로 같은 낱말이라도 상황에 따라 다양하게 쓰인다. 단어장을 만들어 그것만 외운다고 될 일이 아니라 문맥 속에서 그 낱말이 어떻게 쓰이고 있는지 사전적 의미와 문맥적 의미를 파악하는 언어 감각을 길러야 한다.

예컨대, '허물'이라는 낱말을 보자.

A. 이번 장맛비에 담장이 허물어져 추수 전에 얼른 보수를 해야겠다.
B. 너 옷을 뱀 허물 벗듯이 하고는 어딜 그렇게 급하게 나갔니?
C. 그 사람은 다 좋은데 딱 하나, 말을 더듬는 허물이 있단 말이야.

A~C의 문장 속 '허물'은 각각 뜻이 다르다. 그 낱말의 쓰임을 일일이 사전에서 찾지 않아도, 책읽기가 능숙해지면 문맥 속에서 유추해낼 수 있다. 따라서 어휘력을 높이기 위해서는 문제집을 풀기보다는 먼저 독서를 권한다. 무조건 문제집을 풀지 말라는 것이 아니라, 책을 통해서 어휘력을 먼저 키우고 한 번씩 테스트로 문제집을 활용하면 좋다는 것이다.

│ 문제집보다 교과서를 따로 챙겨두면 좋은 점

흔히 신학기 때는 문제집을 몇 권씩 사두는데, 문제집보다 먼저 챙겨야 할 것이 교과서다. 교과서는 밀쳐두고 문제 풀기로 문해력을 키운다고 하면, 중고등학생이 됐을 때 문제 피로증이 와서 이 문제인지 저 문제인지 어지러운 증상이 생길 수도 있다.

예나 지금이나 참 변하지 않는 진리가 있다. 그것은 교과서만 들고 공부했는데 1등 했다는 말이다. 사람들은 이런다.

"에이... 다 그냥 하는 소리겠지. 어떻게 교과서로만 공부할 수 있어?"

그러나 그건 모르는 소리다. 진짜 공부를 잘하는 상위 0.1%는 모두 교과서를 기본으로 죽자고 들고파며 읽고 또 읽는다. 복습 되새김이 최고란 것을 깨달은 고수들은 교과서를 완전히 이해할 때까지 반복하는 자기주도학습을 한다. 그런 힘을 갖춘 아이들은 절대 이것저것 문제집 푸는 데 시간을 쓰지 않는다. 문제집에서 개념을 파악하고 체계화하기보다는 교과서에서 개념을 확실히 이해한 뒤에 문제집으로는 시험 유형을 훑어보고 자신을 객관적으로 점검해보는 식으로 공부한다. 교과서만 줄기차게 들고파서 성공한 사례는 무수하겠지만 그들은 잠잠하다. 나는 교과서를 먼저 챙기자는 주장을 블로그에 올린 적이 있는데 이런 댓글이 달렸다.

"포스팅 읽으면서 끄덕끄덕 공감하게 되네요. 문제집만 풀었던 아이가 이번에 고등학교 올라가면서 울상이 되었어요 ㅜㅜ 모의고사 국어 문제지 풀면서 문해력이 많이 부족한지 뒤늦은 후회 중이랍니다."

교과서를 미리 따로 챙겨두면 어떤 점이 좋고 어떻게 활용하면 좋을까?

첫째, 학교에서 배운 것을 점검해보는 기준으로 삼으면 좋다.

집에 여분의 교과서를 두면 학교에서 배운 것을 복습할 수 있을 뿐 아니라 예습도 할 수 있다

둘째, 교과서 뒤편의 실린 작품을 미리 준비해 읽어두면 좋다.

교과서 뒤편에 실린 작품들은 그 학년에 읽어야 할 권장 도서나 마찬가지이다. 교과서를 기준으로 관련 작품의 책을 준비해서 아이들과 독후활동을 해보며 대화를 나누어 보면 어떨까. 아마도 교과서 그 단원을 배울 때면 눈을 반짝이며 수업에 참여하는 우리 아이가 될 것이다.

셋째, 예습 효과를 기대할 수 있다.

예컨대, 사회 교과서를 미리 훑어보면서 가족 여행 계획을 교과서에 나오는 지역으로 구성해두면 좋다. 교과서에 나오는 박물관이나 역사유적지 등을 경험하게 되면 배경지식이 늘어나 학교 수업 시간에 자신감이 뿜뿜!

넷째, 문제집 대신에 복습용으로 활용하면 좋다.

수학이나 영어는 교과서 문제를 다시 풀게 하면 돌다리도 두들겨보고 가듯

실력을 다져 올라갈 수 있다. 학교에서 배운 것을 기억하며 풀다 보면 복습의 지루함보다는 집중도가 더 붙을 것이다.

다섯째, 교과서를 소중히 여기는 마음가짐이 공부의 동기부여가 된다.

　신학기에 부모님이 교과서를 따로 구입하면 아이들은 '교과서가 중요하구나'를 생각하여, 한 학기가 끝났다고 쓰레기통에 마구 버리지 않을 것이다. 방학 중에 교과서를 복습하면서 '아, 배웠는데..... 다음부터는 교과서 내용을 더 충실히 공부해야겠구나'하는 태도가 길러지는 계기가 된다면 아주 이상적이다.

06

다독과 정독,
어느 것이 문해력에 좋을까?

> A : "선생님, 우리 애는 <삼국지>만 읽고 있는데 문제 있지 않나
> 요?"(4학년 남자아이)
> B : "우리 애는 책 읽는 속도가 느린 편인데 한 권을 정독하는 게 좋은
> 가요? 아니면 다독이 나은가요?"(2학년 여자아이)
> C : "우리 애는 책은 많이 읽는데 학습지 같은 걸 풀면 많이 틀리더라
> 구요. 정독을 안 해서 그런건가요?" (5학년 남자아이)

어머니들은 책 읽는 방법에 대한 질문을 은근히 많이 한다.

책을 읽는 독서법에는 여러 종류의 책을 즐기는 다독과 한 종류의 책을 곱
씹으며 읽는 정독이 있다. 아이의 연령, 인지발달 정도, 책을 읽는 목적에 따라
서 독서법의 적용이 달라진다고 할 수 있다.

일반적으로는 연령에 따라서 구분을 하는 편이다. 저학년은 아무래도 다양
한 책을 많이 읽는 다독이 좋고 고학년에 갈수록 학습에 도움 되는 정독이 마
땅하다. 또한 책을 읽는 목적성에 따라서도 다독과 정독이 나뉜다. 여가를 즐
기는 명작 소설에는 다독이 좋고 수험서, 자기계발서 등 목적이 뚜렷한 책 읽
기는 정독이 바람직할 것이다.

초등 교과서 '실린 작품'에 들어간 책은 동화책이라도 교과서에 수록된 것이니 정독을 권한다. 초등 교과서에 실리지는 않았어도 한국인이라면 다 알고 있는 고전 소설이나 한국 단편 문학 등은 정독을 권한다. 예컨대 홍길동전을 읽어야 '아비를 아비라 부르지 못하옵고'를 패러디한 개그 코너를 보고 같이 웃을 수 있는 국민적 공감대를 느낄 수 있기 때문이다.

그런데 문해력을 높이기 위해, 공부를 잘하기 위한 독서법은 뭘까? 전문가들의 공통된 목소리는 다독보다 정독을 권한다는 것이다. 몇 권을 읽어도 기억하지 못하는 것보다 단 한 권을 읽어도 반복과 정독을 통해 문장을 줄줄 외고, 구절을 인용하여 자신만의 의견을 말할 수 있게 되는 정독이 바람직한 독서법이라는 것이다. 필자도 좋은 책을 선택해서 조금 읽고 많이 생각하는 정독형 독서를 추천하는 편이다.

하지만 요즘은 갈수록 다독을 부추기는 세태이다. 어떤 이는 만권의 책을 읽어서 인생이 바뀐 스토리를 세상에 출판하기도 하고, 어떤 이는 수백 수천 권을 읽었다고 한다. 누구는 집안 어디든 책이 놓여 있으면 아이들이 언제든지 집어 읽게 되니, 책을 집안 곳곳에 비치하기를 권하기도 한다. 그래서 집집마다 아이들 책꽂이엔 과학 전집, 위인전 전집에 이어 명작 시리즈까지 즐비하다. 부모들은 큰돈 들여 전집을 전시해두고 다 읽어주기 위해 안간힘을 쓴다. 이렇게 집에도 책이 한 벽인데 동네 작은 도서관에도 키즈카페도 병원에도 널려 있는 것이 책이다.

과연 이렇게 많은 책 중에 읽은 내용을 말해 보라고 하면 얼마나 알까? 막상 책의 줄거리를 이야기해 보라고 하면 엄두를 못 내거나 중요한 부분에 줄긋기도 제대로 못하는 경우가 많다. 책을 소중하게 여기는 마음 또한 약해진다. 아이들은 사방에 널려 있어 언제라도 읽을 수 있는 책에 별로 매력을 못 느끼는 편이다. 너무 많은 책 중에서 어떤 것을 읽어야 할지 고르는 것도 귀찮아져, "엄마, 이제 뭐 읽어?"라며 무심결에 의존적인 아이가 되어 간다. 책을 강조하는 부모 밑에서 '언제 저 책들을 다 읽나' 하는 부담감에 일찌감치 책이 싫어질 수도 있다. 엄마가 읽으라면 읽는 시늉을 하며 대충 읽어 치우기 쉽다.

가장 경계해야 할 것은 속독형 다독이다. 만화가 모조리 나쁘다는 것은 아니지만 만화를 휙휙 읽다 보면 줄글을 읽을 때도 눈으로 건성건성 넘기게 되고 교과서도 그렇게 읽기 쉽다. 안 그래도 영상에 젖어있는 아이들이 책 읽을 때까지 짧은 어휘에 익숙해지면 어휘력은 말할 것도 없이 빈약해진다. 고학년 중에서 "우리 애는 책도 많이 읽는데 성적이 잘 안 나와요"하는 집의 아이들을 살펴보면 저학년 때의 속독이나 다독으로 건성 읽기에 젖어있는 경우가 태반이다. 또 부모가 책 읽기를 강요하니까 빨리 읽고 놀고 싶어서 대충대충 읽는 버릇이 생긴 경우도 적지 않다.

따라서 너무 일찍 전집으로 좌르르 벽을 장식하여 그 많은 책을 다 읽기를 바라며 다독을 권하기보다는 낱권을 추천한다. 아이들 스스로 도서관이나 서점에서 자신이 좋아하는 것을 골라보면서 부모와 함께 대화하는 경험 자체가 중요하다. 다독이 아닌 한 권씩 단행본으로 정독해보는 독서 성취욕을 느껴 보도록 해야 할 것이다.

▌ 정독하면 문해력에 효과적인 이유

정독이 왜 문해력에 효과적일까?

첫째, 천천히 꼼꼼하게 읽다 보면 더 많은 낱말을 기억하게 된다.

고학년이 되어도 '네댓 살, 시큰둥하다, 적막하다'와 같은 순우리말이나 한자어를 잘 모를 수 있는데, 낯선 말이라도 앞뒤 문맥에 따라 여러 번 정독해 보면 어휘를 추측하는 감각이 살아난다. 가령 '간척사업'이라는 말이 나오면 '개척은 알겠는데 간척은 뭐지?' 하면서 저절로 비슷한 낱말을 통해 유추해보려고 하는 것이다.

둘째, 정독하면 줄거리나 핵심 내용을 잘 파악하게 된다.

사건과 인물들의 갈등을 이해하면서 '나라면?' 혹은 '오늘날이라면?'과 같은 질문을 적용하여 글을 이해하기 때문에 문해력이 훨씬 깊어진다.

셋째, 질문하기, 추론 읽기, 비판 읽기 등 다양한 사고력이 확장된다.

고학년이 되면 질문하며 읽기, 다른 작품과 비교하며 읽기, 비판적으로 따져보며 읽기 등이 교과서에 언급되는데 이렇게 생각하며 읽기 위해서는 두세 번 반복해서 정독하지 않으면 생각의 확장이 일어나기가 어렵다. 예를 들어 이순신 위인전을 읽었다면, 거북선도 떠올리고 왜군들의 모습도 상상하며 읽을 것이다. 그러다 왜군의 전력이나 명나라 지원군 등이 궁금해지면 자료를 찾게 되면서 자기 주도 학습으로 이어진다. 또 설명문이라면 중심 단락과 부연 단락이 어떻게 상호작용이 되는지 글의 구조를 이해하고 주제와 핵심어를 파악해야 하기에 찬찬히 정독해야 한다.

그렇다면 앞에 나온 어머니 A, B, C의 질문에 대한 답은 무엇일까?

A의 경우는 아이가 고학년이라 연령별 기준으로 보면 정독이 좋다. <삼국지>가 만화책이라 해도 교양 상식으로도 통하는 동양 고전에 들어간다. 만화를 봤으면 줄글로 이어지게 도와주면 된다. 책 분량이 어느 정도 되면 반복

읽기를 통해 정독의 효과가 일어날 것이다. 편독을 걱정하기보다는 삼국지에서 재미있는 부분이나 등장인물을 엄마에게 들려달라고 부탁해보자. 그러면 아이가 신나서 이야기할 때 이 아이가 얼마나 정독의 효과를 내고 있는지 판단이 갈 것이다. <초한지>나 <사기열전>과 같은 동양 고전으로 확장하면 그 아이는 역사 지식이 엄청날 것이다. 그러는 동안 한자말이나 고사성어와 같은 고급 어휘력도 늘어나 있을 것이다.

B의 경우는 저학년이라 정독보다는 여러 종류의 책을 다독해도 좋다. 문제는 느리게 읽는다고 조바심을 가질 것이 아니라 또박또박 정확한 발음을 하고 있는지 소리내어 읽어보는 것이 좋다. 글자를 잘 알아서 반듯하게 읽는다면 느리게 읽는다는 것은 그림을 보면서 나름의 생각을 키우며 읽는 과정일 것이다. 소리내서 읽다 보면 어떤 속도로 읽어야 하는지 아이가 감을 잡을 것이다. 2학년은 정독보다는 이야기에 즐겁게 빠져드는 경험이 더 중요하다.

C의 경우에 5학년인데 문제집을 풀면 틀린다는 것은 다독하면서 휙휙 읽는 버릇이 들지 않았나 싶다. 교과서도 문제집 풀이도 빨리 읽고 해치우는 속독형 다독이 되어 있을 수 있으므로 이제부터라도 천천히 정독하면서 요모조모 생각해보는 습관을 들여야 할 것이다.

그럼에도 아이들이 책을 즐겁게 읽는 습관만 갖게 된다면 방법이 뭐가 그리 중하리?! 초등학생 때는 무조건 재미있게 읽으면서 책에 재미를 붙이는 것이 최우선 과제이다. 학습 만화도 우리 아이의 책 재미를 들이는 목적이라면 얼마든지 선택할 수 있다. <먼나라 이웃나라>, <박시백의 조선왕조실록>, <식객> 등 유익한 학습 만화가 많기 때문이다. 책 재미를 들이고 나서 반복 읽기를 할 수 있는 독서 근육만 길러진다면 다독이냐 정독이냐에 너무 얽매일 필요도 없다. 대체로 흥미 독서는 다독이 가능하고 학습 독서는 정독이라는 큰 틀만 있으면 상황에 따라 유연하게 하는 것이 좋다.

<읽기 자료> 까마귀와 감나무 (4-1 국어 교과서)

옛날에 두 아들을 둔 아버지가 많은 재산을 남겨두고 세상을 떠났습니다. 형은 동생에게 감나무가 있는 허름한 집 한 채만 주었습니다 그리고 나머지는 모두 자기가 차지했습니다. 그러나 마음씨 착한 동생은 아무 말 없이 감나무가 있는 집만 받았습니다.

어느 가을날, 까마귀가 떼지어 날아와 감을 다 먹어 버렸습니다. 이 모습을 본 동생은 까마귀들에게 말했습니다.

"내 재산이라고는 이 감나무 하나뿐이야. 너희가 감을 모두 먹었으니, 난 어떻게 살아가야 하니?"

까마귀 한 마리가 대답했습니다.

"당신은 마음이 착하고 욕심이 없군요. 감을 따 먹은 대신 금을 드릴게요. 저희가 모레 금이 있는 커다란 산으로 데리고 갈 테니 조그만 주머니를 만들어 두세요."

말을 끝내자 까마귀 떼는 어디론가 날아갔습니다. 동생은 까마귀들 말대로 조그만 주머니를 만들어 두었습니다.

정말 이틀이 지난 뒤에 우두머리 까마귀가 찾아와서 말했습니다.

"주머니를 다 만들었나요?"

"여기 다 만들어두었단다."

동생이 대답했습니다. 그러자 까마귀는 땅으로 내려와 말했습니다.

"주머니를 꼭 쥐고 제 등에 타세요."

동생이 등 위에 올라타자 까마귀는 날개를 펴고 훨훨 날기 시작했습니다. 까마귀는 하늘 위로 날았습니다. 까마귀는 바다를 지나고 또 다른 바다를 지나, 이 산 꼭대기와 저 산꼭대기를 지났습니다. 드디어 온통 금으로 가득한 산 위에 내려앉았습니.다

"여기가 바로 우리가 찾던 곳이에요. 금은 얼마든지 가져도 좋습니다."

동생은 눈이 부신 금덩이들 한가운데에 서 있는 것을 알고 깜짝 놀랐습니다. 그는 주변에 흩어져 있는 금을 주머니에 주워 담았습니다. 우두머리 까마귀가 물었습니다.

"다 담았어요? 그러면 제 등에 오르세요. 제가 당신 집까지 데려다줄게요."

동생은 한 손에 금이 든 작은 주머니를 들고, 다른 손으로는 우두머리 까마귀 등을 꼭 잡았습니다. 까마귀는 날개를 펴고 하늘로 날아올랐습니다. 첩첩이 쌓인 이 구름 저 구름을 지나 한참 만에 감나무 바로 아래로 내려왔습니다.

아버지 제삿날이 돌아왔습니다. 동생이 형을 초대하였습니다. 형은 동생이 큰 부자가 된 것을 보고 그 까닭을 물었습니다. 동생을 사실대로 이야기를 해 주었습니다.

그러자 욕심이 생긴 형은 동생에게 감나무를 빌려 달라고 사정하였습니다. 동생은 형에게 감나무를 빌려주었습니다. 가을이 되자 또 까마귀들이 날아와 감을 먹었습니다. 형도 동생과 같이 말하였습니다. 그리고 형은 아주 큰 자루를 만들었습니다. 까마귀 우두머리는 형도 그 산으로 데려다주었습니다. 형은 무척 기뻤습니다. 자기가 동생보다 더 큰 부자

가 될 것이라고 생각했습니다. 형은 큰 자루에 금을 꾹꾹 채워 넣고, 그것도 모자라 옷 속에도, 입 속에도, 그리고 귓구멍 속에도 가득 채워 넣었습니다. 까마귀가 말하였습니다.

"다 담았어요? 그러면 제 등에 오르세요. 제가 당신 집까지 데려다줄게요."

까마귀가 날아올랐습니다. 그런데 금 자루가 너무 무거워 형은 까마귀 등에서 떨어지고 말았습니다. 까마귀는 형을 금 산 위에 놓아두고 혼자 날아갔습니다.

반복 읽기와 기억력 : 묵독->낭독->낭독 후 기억력 점검

	시간	어휘 기억량	어휘의 정확도
묵독 1번 읽었을 때			
낭독 1번 읽었을 때			
낭독 2번 읽었을 때			

* 참고 : 묵독 1번 기억량 : 5~15개 정도
　　　낭독 1번 기억량 : 10~30개
　　　낭독 2번 기억량 : 20~40개 이상

고전 읽기, 가성비 높은 고급 문해력

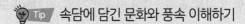 Tip 속담에 담긴 문화와 풍속 이해하기

세계 일류로 가는 책,
고전

미국 하버드대생들은 어떤 책을 가장 즐겨볼까?

2009년 하버드대 도서관 담당자가 여론조사 기관인 퀄트릭스(www.qualtrics.com)를 통해 조사한 결과, 하버드대 서점에서 가장 많이 팔리는 책 100선 중 1위는 조지 오웰의 『1984』였다. 2위는 노벨 문학상 수상 작가 토니 모리슨의 『비러브드(Beloved)』, 3위는 1982년 노벨상 수상작인 『백년 동안의 고독』, 4위는 『미국현대사』, 5위는 도스토옙스키의 『죄와 벌』이었다.

흔히 세계적인 대학일수록 현대 사회의 문제를 다루는 신간을 읽을 것이라는 예상과 달리 일류대 재학생이 선택한 것은 대부분이 고전 명작류였다. 이것은 노벨상을 휩쓰는 유대인들의 경우와도 같다.

필자가 예루살렘에 간 날은 마침 금요일이었다. 우리가 저녁 식사를 거의 끝내고 일어설 무렵에 한 무리의 여행객처럼 보이는 사람들이 트렁크를 들고 나타났다. 알고 보니 여행객이 아니라 안식일을 호텔에서 지내려는 이웃 주민들이었다. 그들은 식사를 마치자 어른부터 아이들까지 조용히 음료를 마시며 책을 보기 시작했다. 안내인에게 물었더니 역시 예상대로 그들의 고전인

'토라' 경전을 보고 있다고 했다. 그들도 IT 산업이 발달했고 또 4차산업 관련 교육을 하겠지만, 한가한 안식일에는 결코 실용서가 아닌 고전을 손에 든다. 3천여 년 전부터 내려온 토라와 탈무드를 읽으면서 그 속에서 새로운 아이디어와 창의적인 생각을 위한 지혜를 장착하고 있었던 것이다.

미국 시카고 대학의 노벨상 배출의 힘

미래학자들은 앞으로 아이들이 살아갈 세상에서는 평생 5개 이상의 직업을 갖고 살 것이라고 말한다. 그럼 무엇을 준비해야 할까? 전문가들은 여러 직장을 가질 수 있는 마스터키에 해당되는 교육에 대한 답을 결국 '고전'에서 찾는다고 한다. '미래형 인재를 만드는데 왜 케케묵은 고전을 읽어야 할까'라는 의문이 살짝 생기기도 한다. 역사를 '오래된 미래'라고 말하듯 인문 고전이 변화하는 시대를 대처할 힘, 즉 창의력과 상상력이 길러지는 유일한 길이라는 것의 반증일 것이다.

그 사례로 미국의 한 작은 대학인 세인트 존스 칼리지를 들 수 있다. 세인트 존스 칼리지는 1696년 동부 메릴랜드주에 설립된 오랜 전통을 가진대학인데, 역사에 비해 전교생이 500여 명도 안 되는 작은 규모의 학교다. 이 대학에서는 전공책이 아니라 역사, 철학, 수학, 과학에 이르기까지 4년 내내 200여 권의 고전을 읽는 것이 유일한 커리큘럼이다. 학년이 올라갈수록 접하기 어려운 책을 읽을 뿐 - 1학년 때는 고대 그리스, 2학년은 중세, 3학년은 근세, 4학년은 현대 철학과 문학 도서 - 고전을 읽고 토론하는 것이 전부라고 한다. 그들은 특별한 전공 없이 교양학사 학위로 졸업하지만 법률, 금융, 예술, 과학 등 다양한 분야로 인재가 배출되어 활동하고 있다고 한다.

미국에서 고전으로 빛을 발한 대학이 또 있다. 미국 중서부 일리노이주에 있는 시카고 대학이다. 시카고 대학은 1890년 석유 재벌 존 D. 록펠러가 설립한 뒤 오랫동안 3류대학 취급을 받았지만 5대 총장인 로버트 허친스가 부임해서 '시카고 플랜'이라 불리는, 인문 고전 100권을 읽고 토론 에세이를 쓰는 것으로 대학 커리큘럼을 정한 뒤부터 그 입지가 달라졌다고 한다. 2019년에는 미국 대학평가에서 예일, 컬럼비아 등과 공동 3위를 차지했으며, 시카고 대학에서 배출한 노벨상 수상자만 해도 90명이 넘는다고 알려졌다.

│ 다산, 율곡, 충무공, 인문 고전으로 위기를 돌파

고전의 중요성을 볼 수 있는 것은 미국의 사례에서 뿐만이 아니다.

'인문 고전'하면 우리 조상들도 세계에서 둘째가라면 서러울 정도로 뛰어난 고전학도들이었다. 세종, 정조 시절에는 세자 경연을 비롯해서 왕과 신하들 간의 토의가 자유롭게 이루어졌기에 왕도 성군이 되었고 백성들도 평안했다. 고전은 비록 몇 권에 불과하더라도 모든 학문의 근본이 되는 싱크탱크의 역할을 하는 책이다. 온갖 영역에서 창의력과 문제 해결력을 발하여 새로운 창조물을 만들어내는 것이 고전의 힘이다.

다산 정약용은 유배지에서 500여 권의 책을 저술했다. 한 개인이 저작한 양으로 말하면 기네스북에 오를 정도라고 한다. 유배지에서 무슨 참고 도서를 구할 수 있었으랴. 그럼에도 한 사람이 그 많은 책을 편찬할 수 있었던 것은 굳은 의지를 넘어선 남다른 창의적 사고력이 있지 않고는 안될 일이다. 아마도 선비들의 교과서격인 '사서삼경'과 같은 기본고전을 끊임없이 숙고한 결과였을 것이다.

그는 정조 시절에 수원화성을 설계했다. 그의 설계로 완성된 화성은 오늘날 유네스코 문화유산으로 남아있다. 다산은 건축학의 기본을 알고 한 것일까? 당시 조선 사회에서 건축 기술은 중인들이 하는 일이었으며 양반의 몫이 아니었다. 하지만 다산은 고전을 바탕으로 한 창의적 역량을 갖추고 있었기에 정조가 내린 수많은 서적을 연구하여 오늘날 세계인이 놀랄 정도로 한 치의 오차도 없는 건축물을 설계한 것이다. 그뿐인가. 수원화성 행궁길에 정조와 혜경궁 홍씨가 건너도록 한강의 '배다리'까지 설계했다.

율곡 이이는 조선 최대 장원급제생으로 유명하다. 요즘 같으면 사법고시, 행정고시 등 각종 공무원 고시에 척척 붙었다는 것이다. 그 역시 사서오경을 비롯한 인문학 고전을 두루 읽었을 것이다. 그가 병조판서로 부임 받았을 때, 북방의 여진족 2만여 명이 쳐들어온 것을 신속한 전략으로 크게 무찔렀다. 율곡은 군사를 직접 다루는 장군 출신이 아니었음에도 오직 인문 고전의 병법에 근거하여 전법을 구사했을 것이다.

이순신 장군의 전법 또한 인문 고전에서 출발했다고 해도 과언이 아닐 것이다. 이순신 장군은 원래 문과 벼슬 공부를 준비하여 유교의 경전인 <주역>과 중국의 역사책 <자치통감강목>을 통달할 정도로 글공부가 상당한 수준이었다고 한다. 나중에 무과에 합격하여 젊을 때는 함경도, 충청도, 북방 국경지대 등지에서 무관으로 근무했다. 임진왜란 때는 수군으로 부임하게 되었는데 육지에서 싸우던 사람이 출렁이는 바다 위에서 싸우게 되는 황당한 고통을 어떻게 극복했을까? 타고난 의지와 용기가 있었겠지만 갈고닦은 고전에서 지략을 캐냈을 것이다. 왜군 장수들이 글공부보다는 경험과 용기를 중시하는 사무라이 정신을 강조했다면, 조선의 장수들은 인문 고전을 공부한 지식인들이었다. 고전의 힘이 아니고는 '학익진법'과 같은 놀라운 전술과 창의적 지도력이 위급한 상황에 어찌 발휘될 수 있었겠는가!

어떤 입시제도 변화에도 끄덕없는 힘

2025년부터는 고교학점제가 실시될 예정이다. 또한 2028년부터는 개편된 제도로 대학 입시가 치러질 것이라 발표되었다. 입시 제도가 아무리 변해도 변함없는 것은 문해력을 높이는 것의 중요성이다. 갈수록 국어, 언어영역의 성적이 모든 교과를 이끄는 지렛대 역할을 할 것은 뻔하다. 국어 실력을 높이기 위해 문제집을 풀 것인가, 족집게 국어 과외나 인강을 들을 것인가? 모든 대안은 학생의 상황에 맞춰 마련되겠지만, 어떤 공부라도 읽기에서 기본이 되지 않으면 그 결과를 장담하기 어려울 것이다.

그럼, 무슨 책을 읽을 것인가? 시간은 없고 마음은 바쁘다. 한 권을 읽어도 백 권의 효과를 내는 독서는 무엇일까? 자신의 생각을 논리정연하게 서술하고 사례와 증거를 들어 설득하여 구술면접까지 준비할 수 있는 역량은 어디서 나오겠는가?

결국 답은 고전이다. 고전은 생각하는 머리를 키우게 하는 진정한 호모사피엔스의 책이기 때문에 읽는 것으로 끝나는 것이 아니라 곱씹을 만한 가치가 있는 지혜의 책이다. 어느 문화권에서나 민족의 자부심을 신화, 설화 그리고 옛날이야기로 구전되어 온 고전을 통해 아이들에게 들려주기 마련이다.

따라서 초등 저학년에게는 고전 중의 고전이라면 단연 옛날이야기, 즉 전래 동화다. 초등 고학년에게는 세계인들의 보편적인 옛날이야기인 <햄릿>이나 <홍길동전> 같은 명작 소설이 훌륭한 고전이다. 이런 기본 고전 명작을 섭렵한 친구들이 중고등학교에 가서 <논어>나 <플라톤의 대화편>을 멘토와 함께 읽는다면 그것이 최고의 공부이자 어떤 입시제도 앞에서도 흔들리지 않는 최고의 문해력을 갖추는 방법인 것이다.

문해력 브레인을
만드는 책은 따로 있다

아침 사과는 '금 사과'라 불릴 정도로 영양이 풍부하단다.

그런데 100년 전에 살던 사람이 먹은 사과 1개와 오늘 아침에 내가 먹은 사과 1개의 영양분이 같아지려면 아마도 40개 이상은 먹어야 한다는 것이다.

사과의 영양분이 변하듯, 요즘 책의 영양가는 어떨까? 하루에도 수없이 쏟아지는 책들 속에서 도대체 어떤 책을 읽어야 우리 아이의 문해력에 특효가 있을까? 우리가 보고 있는 책이 우리 자신을 대변하듯이, 지금 읽고 있는 책이 아이의 미래를 결정한다면 어떤 책을 택할 것인가?

필자는 엄마들과 인문학 수업을 할 때마다 '어떤 책을 읽히고 있는지' 질문해본다.

"저는 그냥 검색이 많이 된 베스트셀러나 과학 시리즈를 읽히는 편이예요."

"우리 애는 창작 동화를 좋아해서 주로 읽어요."

"혹시 어머니가 어릴 때 읽었던 창작 동화 기억나는 것 있나요?"

"글쎄요......"

대개 이 지점에서 멈칫한다. 전래 동화 제목이 훨씬 많이 떠오르기 때문이다. 그게 바로 전래 동화가 더 재미있다는 반증이다. 어머니들은 어릴 때 <홍부놀부전>를 읽었기에 '놀부 심보'라는 상식적인 말을 안다. 요즘 아이들은 창작 동화 위주로 읽어 <홍부놀부전>을 잘 모른다. '놀부보쌈'은 가봤어도 놀부는 모르니 '놀부 심보'라는 상식적인 관용어가 막힐 수밖에 없다. 적어도 우리 아이가 상식을 공유하는 교양인으로 생활하기 위해서라도, 나아가 문해력의 요소인 배경지식을 높이기 위해서는 기초 고전부터 읽어야 한다.

어른들이 말하는 고전이라고 하면 '도덕경'이나 '군주론' 같은 책을 떠올릴 수 있지만, 초등학생의 고전이라 함은 조상들의 삶이 배어있는 민담과 설화가 구전되어 내려온 옛날이야기 즉 전래 동화가 기본이다. 그 다음으로 위인전, 우리 고전 소설, 한국 단편 소설, 그리스 신화, 세계 명작 동화, 세계 단편소설 등의 인문독서가 있다. 사이드 메뉴로 전래 동요, 동시, 시조, 속담, 고사성어 등도 여기에 속한다.

전래 동화를 한 권 읽는 것은 창작 동화 수십 권을 읽는 것만큼이나 영양가가 높은 책이라 볼 수 있다. 여기서 '영양가'라는 것은 시간 대비 문해력의 효율을 말한다. 어른보다 더 바쁜 요즘 아이들의 일과 중에서 학업성취의 바탕인 문해력을 높이는 데 도움 되는 책 한 권을 선택하라면? 단연 전래 동화나 명작, 신화와 같은 고전을 필수로 꼽는다. 창작 동화나 지식 도서는 그 다음 선택이라고 말하고 싶다.

고학년이나 청소년기에는 <사자소학>, <명심보감>, <채근담>, <논어>, <사기열전>과 같은 동양 고전이나, <일리아드>, <오디세이>, <로마제국쇠망사>, <동방견문록>, <파우스트>와 같은 서양 고전을 읽게 된다면 문해력은 물론이요, 수행평가의 글쓰기며 특목고의 구술면접이든 논, 서술형 시험이든 고전 명작이 뿜어내는 무소불위의 힘을 발휘할 것이다.

전래 동화가 문해력 브레인을 만드는 이유 6가지

그런데 교육과정이 개편될 때마다 이상하게 저학년 교과서에서 전래 동화가 점차 줄어드는 느낌이 든다. 현행 교과서에는 창작 동화와 외국 번역 창작물이 더 많이 수록된 것을 볼 수 있다. 초등생의 문해력을 높이는 데에는 전래 동화와 세계 명작이 창작 동화보다 뛰어나다. 그 이유는 다음과 같다고 본다.

첫째, 어휘가 창작 동화보다 탁월하고 풍부하다

아이들의 말을 가만히 들어보면 신조어와 줄임말이 넘쳐난다. 이런 현상을 역행하는 것이 고전 속 어휘들이다. 평소 잘 쓰지 않는 순우리 토박이말이나 옛말이 빼곡한 책이 전래 동화이다.

가령, <자린고비 영감> 동화를 읽고 나면 '굴비'라는 순우리말을 알게 된다. 그 속성의 비유로 최근에는 어느 은행에서 '굴비 적금'이란 상품이 나왔다. 전래 동화를 읽은 아이라면 왜 그런 말이 나오는지 그 상징성을 추측할 수 있을 것이다. 또 '굴비 한 두름'이란 우리의 전통 단위를 알면 한국 단편 소설을 읽고 이해하기도 쉬워진다. 하근찬 소설 <수난이대>에서는 주인공이 아들을 만나러 가면서 '자반고등어 한손'을 사서 역으로 나간다. 여기서 '자반'이라든가 '한손'은 순 우리식 표현이다. 만약 창작 동화나 번역물이었다면 '고등어 두 마리' 정도로 표현했을 것이다.

최근 뉴스에서 '고지식'이나 '금일(今日)' 등을 몰라 서로 소통이 안 되었다는 기사를 본 적 있다. 전래 동화 속에는 한자어가 창작 동화보다 단연 많다. 가령 '정직한 관리' 대신에 '청렴결백한 선비'라는 말이 나온다. '청렴결백'은 늘 '선비'라는 말과 짝꿍으로 쓰이며, '탐관오리' 같은 반대말까지 알게 된다. 그렇다면 다음과 같은 문제를 풀 때도 전래 동화를 읽은 아이가 더욱 유리할 것이다. 국어든 과학이든 그 영역을 불문하고 말이다.

다음 중 뜻이 다른 하나의 말을 고르시오.
① 청둥오리   ② 물오리   ③ 탐관오리   ④ 검둥오리

둘째, 의성어와 의태어가 많아 언어 감각을 한층 키운다

전래 동요나 시조에서는 소리말과 시늉말이 한가득이다. '송알송알 싸리 잎에 은구슬', '뜸북뜸북 뜸북새', '타박타박 발소리' 등 종성 받침의 의성어나 의태어들이 발음을 더욱 또렷하게 한다. 또 이미지를 연상시켜 언어 감각을 세련되게 만든다. 유아 때부터 전래 동화책을 많이 읽으면 언어발달이 창작 동화를 읽는 아이들에 비해 빠름은 물론이요, 언어 감각이 풍부해져 글쓰기에서도 다양한 어휘로 표현할 수 있게 된다.

셋째, 이야기의 구조가 탄탄하여 읽으면서 저절로 논리가 생긴다

책이 술술 잘 읽혀지기로는 옛날이야기만한 것이 없다. 전래 동화는 주인공과 사건을 따라가 위기와 절정을 넘어 결말에 이르는 이야기 구조가 완벽할 정도다. 그래서 누가 읽어도 재미있고 훈훈한 것이 옛날이야기요, 명작 고전인 것이다.

예컨대 <젊어지는 샘물>이란 전래 동화는 주인공인 착한 할아버지가 부부 금슬도 좋고 남 부럽지 않게 사는데 다만 늙어 자식이 없어 쓸쓸하다고 하면서 이야기가 시작된다. 어느 날 할아버지가 산에 나무하러 갔다가 파랑새를 만나 샘물을 마시고는 젊어지게 되고 그 소식을 들은 욕심쟁이 이웃 할아버지도 샘물을 찾아갔다가 너무 많이 마셔 아기가 되어 버린다.

이 이야기에서는 원인과 결과의 인과관계가 분명하다. 상상력, 추론 능력도 더불어 키워주고 있다. 욕심쟁이 할아버지는 욕심의 벌로 아기가 되어 버리고, 착한 할아버지는 상으로 평생 소원인 아기를 복으로 받는 논리가 펼쳐진다. 재미있게 읽었을 뿐인데 아이들은 '욕심이 지나치면 안 되는구나'를 교훈으로 얻으면서 권선징악의 인과관계 논리 구조를 자연스럽게 배우게 된다.

혹자는 너무 어린 나이에 '권선징악'의 이분법 논리를 아는 것이 곤란하다고 주장하기도 한다. 하지만 적어도 초등학교 때까지는 선악을 분명히 일깨워주는 구조가 오히려 아이들의 인성교육의 구심점이 된다. 종교나 고전에서는 어릴 때 선악에 대한 가르침을 분명 명시하고 있다. 사춘기 이후 비판적 사고가 생겼을 때 권선징악에 대한 문제점을 논하고 선택하게 하는 것이 오히려 교육적이라고 본다. 어릴 때부터 이래도 좋고 저래도 좋다는 기준점이 없는 방임형 사고로 교육하게 되면 오히려 판단의 기준이 모호해지면서 인간관계에서도 헷갈리는 지점이 될 수 있다.

넷째, 배경지식이 풍성하게 자라나 교과서 이해가 쉬워진다

초등 3, 4학년이 되면 국어 교과서에 배경지식을 알려주는 지문이 자주 나온다. <홍길동전>을 4학년 때 읽었다면, 조선의 신분사회를 어렴풋이 생각할 것이다. 중학교 국어 교과서에 '아비를 아비로 부르지 못하고' 하는 홍길동전의 대사가 나오면 조선의 '적서 차별' 문제를 드러내는 것임을 대번에 이해하게 될 것이다. 이렇듯 옛날이야기 속에는 그 나라 사람들만이 공유할 수 있는 배경지식이 문화적 정서로 녹아있다. 어릴 때 외국에서 자란 아이들은 어른이 되어도 한국적 마인드가 약하다고 하는데, 어쩌면 이런 맥락이 아닐까 한다.

다섯째, 역사 관심이 생겨 중고등 인문사회 영역을 쉽게 이해한다

전래 동화나 삼국유사 등에서 충효의 이야기를 읽었다면 '이 몸이 죽고 죽어 일백번~'이라는 단심가나 <논어> 속의 충효 또한 저절로 이해할 것이다. 초등 5학년 무렵에 <허생전>이나 <열하일기>를 읽었다면 중고등학교의 국어, 역사, 정치, 윤리, 지리 등 어떤 인문 사회 교과에 '청나라 사행단'이란 말이 나오면 어렵지 않게 이해할 것이다.

또한 전래 동화에서 읽었던 문어체 단어가 중고등 교과서에 등장하는 것을 발견할 것이다. 예컨대 맹자 어머니 이야기를 전래 동화에서 읽고는 중학교 때 '맹모삼천'이라는 고사성어와 연결됨을 알게 된다. 명심보감의 '가화만사성'을 알게 되면 사자소학의 '수신제가 치국지본'이라는 구절을 쉬이 수용하고 이해한다. 바로 고급 문해력이 저절로 자라나는 것이다.

세계사도 그렇다. 명작 동화 <안네의 일기>를 읽었다면 제2차 대전 때 독일 나치당과 유대인에 대해 관심이 생길 것이다. 또한 <톰 아저씨의 오두막 집>을 읽었다면 미국의 남북전쟁을 알게 될 것이다. 이처럼 전래 동화나 위인전, 고전 소설, 단편 소설 등은 시대 배경지식까지 담고 있어서 자연스럽게 국사나 세계사에 눈을 뜨게 된다. 딱히 외워서 아는 것도 아닌데 이상하게 잘 이해가 되고 더 나아가 역사적인 안목까지 생기게 될 것이다. 문해력 브레인의 요소가 되는 배경지식이 독서를 통해 자연스럽게 길러진다.

여섯째, 아이의 인성교육과 정서발달에 그지없이 훌륭한 교사이다.

인문 독서에는 세상과 인간에 대한 감동적이고 따뜻한 시선들이 많은 편이다. 갈수록 부모나 어른에 대한 예절이나 겸손과 양보 등의 가치를 소홀히 하는 경향이 있다. 하지만 민담이나 옛날이야기 속에는 배려와 예절 바른 태도로 어려움을 극복하고 훈훈한 결말을 맺는 인생에 교훈이 될만한 이야기가 많다. 그런 이야기를 읽게 되면 자연스럽게 바른 인성교육이 내재된다. 또 문학이나 역사를 통해 그 민족만의 정서를 알게 되면서 세계를 이해하는 힘과 문제해결 방식도 얻게 된다.

* 연령 단계별 인문 독서 소개

	초등 1, 2학년	초등 3, 4학년	초등 5, 6학년	중학교 1, 2학년
단계	책 재미 들이는 단계	책 습관 들이는 단계	교과 국어 단계	언어 영역 단계
핵심	낭독 위주	어휘력 위주	문해력 위주	학습 능력 위주
장르	전래 동요 전래 그림책 명작 그림책 그리스 신화 이솝 우화	동시 전래 동화 세계 단편 명작 위인전 사자소학 명심보감	시조 우리 고전 소설 세계 장편 명작 역사 동화 고사 성어 속담	현대시 한국 단편 소설 동서양 인문고전 청소년 대하소설 비문학 명작 사설 읽기
참고	꼭꼭 숨어라 피터팬 그리스 신화 방귀쟁이 며느리 이솝 우화	엄마야 누나야 자린고비 영감 오헨리 단편 명심보감 김구, 안중근	태산이 높다하되 홍길동전, 박씨부인전 안나카레니나 노인과 바다 초정리 편지	서시, 청포도 치숙, 태평천하 논어, 소크라테스 변명 소설 토지, 아리랑 왜 세계의 절반은 굶주리는가?

03

어휘력 향상은
문제집보다 전래 동화

최근 서점이나 도서관에는 창작 그림책과 동화가 전래 동화보다 더 많이 눈에 띈다.

영유아기에는 창작 동화의 다양한 소재가 당장 해결책을 줄 수 있어 매력적이다. 가령 양치질하기 싫어하는 아이들과 매일 씨름을 하느니 <이파라파 냐무냐무>, <충치 도깨비 달달이와 콤콤이>같은 창작 그림책으로 도움을 받을 수 있다. 또 저학년 때는 문해력에 대한 객관적 차이도 크게 드러나지 않을 때라 볼거리가 다양한 창작물을 쉽게 읽히게 된다.

그러나 세심하게 살펴보면, 창작 동화 그림책은 전래 동화보다 어휘가 매우 빈약하다. 초등 3학년만 되어도 전래 동화를 주로 읽어온 아이와 창작 위주로 읽은 아이들 간에는 어휘력에서 두드러진 차이가 보인다. 일반적으로 학년이 오를수록 한자어가 많고 우리 문화 배경지식에 관한 어휘들이 많이 등장한다. 6학년 교과서에는 고급 문어체인 토박이말이나 한자어, 관용어, 고사성어 등 다양한 어휘들이 있어서 문해력에 상당한 격차가 나타날 수밖에 없다. 아래 표에서 초등 국어 교과서에 실린 창작, 전래 동화 어휘를 살펴보자. 이 중 여러분의 자녀가 어휘를 얼마나 이해하는지 확인해 보자.

창작 동화와 전래 동화의 모르는 어휘 개수 비교

책	A 창작 동화 그림책	B 전래 동화 그림책	C 전래 동화	D 전래 동화 그림책
제목	바삭바삭 갈매기 3-1 교과서	나무 그늘을 산 총각 4-1 교과서	나무 그늘을 산 총각 4-1, 창비 출판사	저승에 있는 곳간 6-1 국어 교과서
어휘	부둣가, 숨이 가쁘고, 좁쌀	솔깃, 무르자고, 어이가 없어, 곯려, 북적거렸어요	호랑이가 담배 피던 때, 인심, 사리 판단, 논을 매다가, 고조부, 숙맥, 시치미, 여부, 째째하게, 경을 치다 의뭉스럽게, 떨떠름, 노발대발, 사랑채, 덕지덕지, 망신, 성가시게, 공동소유	인색, 연장, 동냥, 딴판, 버글버글, 얼씬, 꾸러(오다), 쌀독, 과객, 저승사자, 다짜고짜,하릴없이, 염라대왕, 불호령, 노자, 곳간, 적선, 어지간히, 이승, 곡, 부득부득
언어	고유어	고유어	고유어, 한자어	고유어, 한자어
개수	3	5	18	21

* 개수: 4학년 아이가 말한 모르는 어휘 개수

    A, B에서는 그림책이어서 비교적 모르는 어휘수가 적다. 하지만 D처럼 6학년에 가면 비록 그림책이지만 전래 민담이어서 고유어나 한자어가 제법 많이 등장한다. 따라서 4학년쯤이면 C처럼 교과서에 수록된 원작품을 찾아 어휘를 학습해야 한다. C를 빠트리고 교과서 B만 바라보고 있으면 6학년에 가서 D처럼 나온 어휘에 당황하기 때문이다. 물론 중학교에 가서도 어휘력에 차질이 생길 것이므로 B보다 C 위주의 독서를 더 챙겨야 할 것이다.

    D처럼 전래 동화, 고전 소설, 단편 소설 등과 같은 스토리북에서 주로 나오는 낱말들은 인물과 사건을 따라가면서 상상도 되고 이야기도 이해되다 보

니 그 낱말들까지 저절로 이해되기 쉽다. 말하자면 이야기책은 굳이 어휘를 따로 학습하지 않아도 문맥에서 이해한 대로 기억되는 것이다. 또한 역사, 문화, 정서가 공감되어 속담이나 사자성어 등도 흡수가 쉽다. 예컨대 전래 동화 <호랑이와 곶감>을 읽은 아이들은 외양간을 알게 된 터라 '소 잃고 외양간 고친다'는 속담까지 능히 가늠할 수 있다. 따라서 고전 소설이나 전래 동화를 읽으면 쉽게 어휘력을 높일 수 있다.

아래 표는 6학년 국어 교과서에 나오는 어휘들이다.

A, B 중 어느 쪽의 말을 더 잘 이해하는가? A는 순우리말인 고유어이고, B는 한자어다. 중학교 교과서에는 한자어가 대부분이나 실은 고유어가 더 센 복병이라고 볼 수 있다. 국어 교과서에 꼭 등장하는 한국 단편 소설 속 순우리말이 그것이다. 문학작품에서는 한자어로는 표현할 수 없는 그 시대 사람들의 정서와 풍속을 고유어인 사투리나 토박이말로 나타내기 때문이다.

| 6학년 국어 교과서 아는 어휘 확인   * 각자 아는 단어에 V하기

번호	A (고유어)	V	B (한자어)	V
1	잰걸음		근면하다	
2	섬뜩하다		병폐	
3	심드렁하다		분신술	
4	타박하다		비옥하다	
5	기껍다		빈민구제	
6	손사래		의병장	
7	선비		망명하다	

8	시치미	자정능력
9	야속하다	공정무역
10	성글다	고갈되다

아이들에게 테스트해보면 표 A의 순우리말 영역을 더 어려워한다. 그도 그럴 것이 만약 '생동감'이란 말은 몰라도 '움직일 동'이나 '날 생' 정도의 한자를 한 개만 안다면 문맥상 추측이 가능하다. 하지만 '기껍다' 같은 순우리말은 글자를 분해해도 추측이 곤란하다.

중3 교과서에 '선무당이 사람 잡는다'라는 관용어가 나오는데, 무당이 한자어라서 '선'을 '먼저 선'이라는 한자어로 풀어보려는 아이들도 있다. '선'은 '설다'라는 고유어로 덜 익은 상태를 나타낸다. 굿을 제대로 못하는 서투른 무당 때문에 굿을 청한 사람들만 골탕을 먹는다는 뜻이다. 이렇듯 순우리말과 한자어가 합성된 경우, 고유어 부분을 훨씬 어려워한다. 그것은 과거 농경사회의 모습과 오늘날 삶의 모습이 생판 달라서 이해하기가 더욱 힘든 것도 있다.

그렇다면 어떻게 순우리말 어휘력을 길러낼 것인가? 직접 체험이 가장 좋지만 차선책으로는 고전문학인 옛날 민담책을 어릴 때부터 자주 읽히기를 권한다. 그리고 순우리말이 많이 쓰여있는 전래 동요나 동화를 읽을 때 간단한 체험을 곁들이는 경험도 매우 중요하다.

따끔이

따끔이 안에 털털이
털털이 안에 빤빤이
빤빤이 안에 오독이

밤에 대한 전래 동요 한편을 이해하기 위해 생밤 하나를 깎아 보고 먹어보며 오독오독 소리를 경험해보는 것이다. 남은 밤으로 군밤도 해보고 삶아서 먹어보기도 하는 즐거운 시간을 보내고 나면 밤과 연관된 수많은 형용사, 명사, 동사 등을 자연스럽게 사용해보게 된다. 어휘력 문제집 풀이에서 어휘를 학습하는 것과 전래 동요나 동화에서 건진 어휘 체험에는 이처럼 엄청난 실력 차이가 날 수밖에 없다.

04

한자와 속담으로
고급 문해력 향상!

어릴 때부터 한자에 노출되는 것이 좋다.

"한자요? 영어만 하면 되지."

"중국어는 해야 할 것 같긴 한데... 한자는 왜?"

다소 의아해하는 반응을 보면 한자에 대한 거부감이 충만하다는 것이 느껴진다. 영어를 하면 세련돼 보이는데 한자를 하면 왠지 촌스럽게 느껴지나 보다. 하지만 기분상의 문제로 넘어가기에는 한자가 가진 문해력의 힘은 엄청나다. 당장 중학교에만 진학해도 "어이구, 어릴 때 한자를 좀 시켜둘걸" 하는 하소연을 하곤 한다.

"옆집 애가 1학년 때 한자 학습지를 해서 그런지 제법 똑똑하더라고요."

입 밖으로 내지는 않아도 공부 좀 하는 아이들의 학부모라면 대개 한자의 필요성에 대해 절감하고 끄덕인다. 초등 저학년인데 유독 어휘력이 남다르거나 예의가 바른 아이들을 살펴보면 그 배경에 한자 학습이 있는 경우가 많았다.

한자와 속담! 그것은 문해력을 고급 단계로 쑥 올려주는 엘리베이터다. 중학교 교과서의 목차를 보자. 90%가 한자말로 도배되어 있다. 한자어 제목이 얼른 이해가 안 된다면 교과서 내용은 당연히 어려울 것이고 공부가 싫어질 수밖에 없다. 이런 상황에 맞닥뜨리지 않기 위해 어릴 때부터 한자를 생활 속에서 접하게 하는 것이 바람직하다. 한자에 대한 관심이 생기고 한자가 어렵지 않게 느껴지는 것만 해도 큰 수확이다.

아이들과 길거리를 가면서도 한자를 공부할 수 있다. 가을에 떨어지는 잎사귀를 보며 '나무 목'에서 잎이 떨어지고 있네! '떨어질 낙'이네! 또한 봄에 새파랗게 올라오는 풀들을 보며 '풀 초'를 말하고, 저 멀리서 '풀 초' 색깔의 버스가 오고 있다고 말 할 수 있다. 손에 흙을 묻히고 장난하면 '손 수'에 '흙 토'가 잔뜩 묻었다고 말하는 것이다. 이렇게 생활 속에서 조금씩 한자어를 쓰다가 한자 카드나 책으로 진행해본다.

▎초등 한자는 '쓰기'보다 '한자어' 활용이다

구체적으로 한자에 어떻게 접근하는 것이 좋은가?

처음부터 한자 쓰기에 비중을 두기보다는 한자어 활용이 포인트다. 한자 급수 따기 시험도 동기 부여를 위해서 필요할 수 있으나 아이의 성향에 따라 다르다. 급하게 외워 3급을 따도 평소 쓰지 않으면 금방 잊어버리니 무조건 강요해서는 곤란하다. 비록 10글자라도 정확히 뜻을 알고 읽어 유사한 한자말을 두루 활용하면 된다. 상형의 어원이나 조합, 뜻과 음을 알아 한자어의 활용이 익숙해지면 비로소 중고등 교과서의 수많은 한자어가 쏙쏙 머리에 들어와 문맥의 흐름을 빠르게 이해할 수 있다. 초등 교육과정에서는 600자 정도를 권하고 있다. 그 정도는 한자를 읽을 줄 알면 되는 것이고, 쓰는 데까지는 상용한자 50글자만 쓸 줄 알아도 중학교 진학 후 문해력에 크게 도움이 될 것이다.

필자의 경우는 사자소학을 죽 외우게 한다. 크게 읽고 소리 내는 훈련이 자세를 가다듬게 하고 집중력과 암기력을 키운다. 문장을 암송하면서 한자 단어들이 문맥에서 어떻게 쓰이는지를 자연스레 유추하는 힘도 키우게 된다. 예컨대 사자소학 효행편에서 '복이회아 하시고 유이포아로다' 라는 문장을 암송할 때 '젖 유(乳)'의 뜻을 활용하여 '우유, 모유, 분유 등을 말하다가 어떤 학생이 '유치원, 유모차'를 이야기했다. 같은 '유'자가 쓰인 게 맞을까? 아니다. 유치원과 유모차에는 '어릴 유(幼)'가 쓰였다. '젖 유'와 '어릴 유'자의 한자어 활용이 문맥에서 달라짐을 깨달아 가면서 한자말을 확장해가는 연습을 계속하면 어휘력이 상당히 늘어난다.

한자의 재미와 상상을 더해주는 <마법천자문> 같은 시리즈 만화도 있고 한자가 포함된 동화책도 있다. 만화에 다소 거부감이 있더라도 아이들이 '바람 풍(風)'을 알고 생활 속에서 '풍차, 풍력, 기풍' 등의 한자말을 활용한다면 굳이 회피할 이유는 없다. 다만 시리즈물의 시간 대비 활용도는 따져봐야 한다. 한자와 더불어 고사성어나 사자성어까지 겸비하면 수행평가의 글쓰기나 논술 서술형 시험에서도 빛을 발할 것이다.

▎속담으로 문화 배경지식을 듬뿍

속담은 짧고 간결한 구절 속에 촌철살인의 지혜가 번쩍인다. 고사성어, 사자성어가 한자말의 향연이라면 속담은 순우리말 대잔치다. 고등학교 고전문학에서 순토박이 우리말이 어려워서 의외로 걸려 넘어질 수 있는데 속담을 통해 다양한 어휘력을 확보하는 것이 남다른 경쟁력이 될 수 있다.

속담은 비유와 상징으로 축약되어 있어서 추론 능력을 키울 뿐만 아니라 나아가 어떤 상황에 적용할지 관용어의 적용 능력 또한 키우게 된다.

게다가 속담에는 조상들의 삶의 모습이 담겨있어서 자연과 인문환경을 이해하는 배경지식으로 활용하면 그 가치가 몇 배로 더 커진다. 예컨대 '가는 말이 고와야 오는 말도 곱다'와 같은 일반적인 교훈을 담고 있는 속담은 어느 나라에나 비슷하게 있다. 하지만 의식주와 관련된 속담은 그 나라만의 전통문화를 담고 있다는 특징이 있다. 예컨대 떡과 관련된 속담은 외국에서는 찾아볼 수 없는 먹거리 민속 문화 어휘이다. 따라서 고급 문해력으로 다지기 위해서는 속뜻만이 아니라, 속담의 어원과 문화를 들여다볼 줄 알아야 한다. '떡' 하나만 해도 그 속에 담긴 문화를 배경지식으로 습득할 수 있다.

- 누워서 떡 먹기
- 미운 놈 떡 하나 더 주기
- 떡 본김에 제사 지낸다
- 떡 줄 사람은 생각도 않는데 김칫국부터 마신다
- 굿이나 보고 떡이나 먹지
- 어른 말을 들으면 자다가도 떡이 생긴다

첫째, 우리나라는 쌀을 주식으로 하지만 제사나 차례, 결혼이나 돌잔치 같은 중요한 의례에는 반드시 떡을 곁들였음을 알 수 있다.

둘째, '굿이나 보고 떡이나 먹지'에서 떡은 단순한 간식을 넘어 특별한 의미를 담은 음식이어서 이웃들과 나누어 먹었다는 것도 알 수 있다. 불과 얼마

전까지만 해도 이사를 하고 이웃에게 떡을 돌리는 전통이 있었다.

셋째, '떡 본김에 제사 지낸다'에서는 봄이나 여름에 쌀이 부족해서 그 시절에는 가난한 사람들에게는 제사상에 올릴 떡을 마련하기가 여간 부담이지 않았다는 것을 알 수 있다.

넷째, '떡 줄 사람은 생각도 않는데 김칫국부터 마신다'는 성급한 기대를 꼬집고 있다. 여기서도 떡을 먹을 때는 목이 막힐 수 있으므로 보통은 동치미나 김칫국물을 곁들였음을 알 수 있다.

- <u>되</u>로 주고 <u>말</u>로 받는다
- <u>말</u> 한마디에 천 <u>냥</u> 빚 갚는다
- 천 <u>리</u> 길도 한 걸음부터, 발 없는 말이 천 <u>리</u>를 간다
- 열 <u>길</u> 물속은 알아도 한 <u>길</u> 사람 속은 모른다

위의 속담 속 어휘에서는 옛날 사람들이 쓰던 단위를 알 수 있다. '되'와 '말'은 곡식의 부피를 재는 단위이다. '리'는 거리를 재는 단위이고 '길'은 보통 남자의 키높이 정도를 말하며 깊이 등에도 쓰였다. 이렇게 속담을 통해서 비유적인 속뜻은 물론이고 문화와 풍속마저 익히게 되니 고급 문해력 학습에 아주 효과적이라고 할 수 있다.

05

초등 교과서,
어휘가 불친절하다?

4학년 교과서를 읽고 절반도 이해 못 하는 학생이 70%나 된다고?

2023년 방영된 EBS 다큐멘터리 10부작 <책맹인류>의 '문해력 교과서' 부분에서 어느 초등학교 4학년 학생에게 교과서 어휘를 질문해보았다.

"'토종'요? 그거 세종대왕과 같은 왕의 이름인가요?"

"용수철? 그건 아빠 친구 이름 같은데....."

전문가는 "4학년 교과서가 전체적으로 어려운 편인데 특히 사회가 그렇다"고 한다. 중학교 한국사 시간에도 교사가 진도를 나가기보다는 '지주', '수탈', '융성' 등의 어휘를 설명해주기 바쁘다고 한다. 즉, 현재 교과서가 불친절하다는 것이다. 더 친절하게 어휘부터 설명해주는 교과서가 나왔으면 한다는 제시를 하며 어느 중학교에서 '문해력 교과서'를 만든 사례를 들었다. 방송 후에는 한자 교육의 필요성, 독서 하지 않는 세태, 모르는 단어를 찾아보려는 노력을 게을리하는 요즘 아이들 문제 등의 반응으로 왈가왈부하는 사람들이 많았다.

교과서가 불친절하다?

과연 아이들 눈높이에 맞추는 친절한 교과서로 바꾸면 문해력이 높아질까? 아이들 눈높이는 갈수록 낮아질 가능성이 크다. 그것은 포노족 문제 이상으로 편리한 라이프스타일의 변화가 생활 전반에 다가와 있는 원인도 크기 때문이다. 이제는 마트에 가지 않아도 택배로 모든 것이 해결되는 시대다. 아이들은 '갈치'가 길죽한 생선인지 모른다. 밥상 위에 직사각형 모양으로 구워진 것만 봤으니 말이다. 실험에 참여한 4학년 학생 모두가 모른다고 답한 '육교'라는 단어만 해도 그렇다. 1년 내내 엄마 차만 타고 다니면 육교를 걸어볼 일도 없고, 비를 맞아볼 일도 없어 가랑비, 소낙비에도 관심이 없다.

아이들의 눈높이를 맞추는 친절한 교과서가 된다면 교과서의 부피는 더욱 커질 것이다. 얇은 책도 안 읽는 아이들이 과연 두꺼워진 친절한 교과서를 잘 볼까? 또한 책이 두꺼워지면 제작비 증가로 인한 세금 부담 등의 문제도 있다. 라이프 스타일의 변화에서 오는 절대적인 어휘력 빈곤은 결국 학습으로 보충되어야 하는 것이고, 그 학습의 도구인 교과서를 통해 어휘력을 기를 수 있도록 교육해야 하는 것이다.

따라서 아이들에게 맞추는 '친절함'에 기준을 두기보다는 아이들의 실력을 끌어올리는 '학습'에 초점을 맞춰야 한다고 본다. 성경이나 톨스토이 문학을 읽을 때, 모르는 지명이나 외래어 호칭이 나와서 어렵지만 여러 번 읽으면 이해가 된다. 어려운 낱말은 뜻을 외우고 익히면서 공부하는 것이 인생 학습이기도 하다.

중학교에 가서 급격히 문해력에 문제가 생긴다는 것은 초등학교 때부터 문제가 있었다는 것을 의미한다. 초등 교과서에서 기초적인 어휘를 제대로 학습하지 못하면 중학교에 가서도 어휘부터 막힐텐데 당연히 문해력에 문제가 생긴다. 지금의 초등 교과서는 과연 어휘를 친절하게 설명해주는 학습구조인가?

3학년 1학기 국어 <으악, 도깨비다!>에는 '장승, 옹기, 뻐드렁니' 등 아이들이 모를 것 같은 어휘들이 등장하지만 어휘에 대한 설명은 보이질 않는다. 뻐드렁니를 모르면 '뻐드렁니가 되면 왜 수박을 잘 먹을 수 있는지?'의 본문 내용을 짐작하기 어렵다. 교사용 지도서에는 교사들이 아이들에게 어휘를 일러줄 것이라고 되어있지만, 아이들에게 직접 '사전에서 찾아봅시다' 또는 '단어를 검색하여 뜻을 써봅시다'라는 학습 제시어가 보이질 않는다. 대신, **'<으악, 도깨비다!>를 읽고 떠오른 생각이나 느낌을 친구들과 이야기해봅시다'**라는 이해력을 묻거나 적용단계의 질문이 대부분이다. 문득 어떤 아이가 수업 중 했던 말이 스쳐 지나간다.

"그래서 너는 어떤 생각이 들어?"

"드는 생각이 없는데요."

3학년짜리 아이의 반응에 내심 당황스러웠다. 그냥 책만 읽었으면 되었지 왜 자꾸 생각을 묻느냐는 뚱한 표정이다. '왜 생각하기가 싫고 질문이 없지?' 저학년이라면 세상 모든 것이 궁금해서 재잘재잘 질문을 할 법한데 도대체 묻는 말에도 인상을 쓴다면 이건 어디서부터 문제인가? 어느 날 어떤 아이랑 대화 중에 "학교 교과서에서 수없이 들은 말을 또 물어서 싫었다"는 말을 들었다. 얼른 교과서를 들춰보니 애들 말이 이해가 갔다. 아래처럼 "느낌이나 생각을 말해보세요"라는 발문이 가장 많이 보였다.

- **4-1학기** 1단원 : 가훈 속에 담긴 뜻을 읽고 인물의 생각이나 느낌을 친구들과 나누어 봅시다
- **6-1학기** 8단원 : 이순신이 추구하는 가치가 자신의 삶에 어떤 질문을 던지는지 생각해봅시다

과연 초등학생들, 특히 저학년들이 자신의 생각을 얼마나 정리하여 발표할
수 있을까?

오픈된 질문 형태가 바칼로레아, 하브루타를 본떠서 생각을 키우자는 의도
는 이해되지만, 인간의 사고력 발달 측면을 간과한 것 같다. 말하자면 인지발
달에는 반드시 단계적으로 거치는 시기가 있기 때문이다.

심리학자 장 피아제(Jean Piaget)도 인간의 인지발달을 4단계로 나누었다.
그중 초등생(만 7-11세)의 인지발달은 '구체적 조작기'에 해당한다. 아동기는
구체적인 사실에 대한 지식을 습득하고 이해하는 단계라는 뜻이다. 미국 교
육심리학자 벤저민 블룸(B.Bloom)의 학습 단계에 따르면 지식을 배우고 기
억하는 것이 가장 많이 축적되어야 하는 1차 학습 단계이며, 그다음 이해, 적
용, 분석, 평가, 창의라는 위계를 따라 발달한다고 했다.

초등 때는 1차 학습 단계인 지식을 기억하고 이해해야 하는 기초가 우선적
으로 탄탄해야 할 시기로, 초등 교과서의 발문은 지식에 해당되는 어휘력을
가장 먼저 체크하고 알려주어야 한다. 예컨대 '사시사철, 동고서저, 포유류,
초식동물, 등고선' 등의 어휘를 알고 지식을 기억할 때 한국의 날씨와 지형과

피아제(Piaget)의 인지발달단계

블룸(Bloom)의 학습단계

동물의 종류를 이해하고 응용할 수 있다. 따라서 초등시기 때는 블룸의 제일 아랫 단계인 어휘를 기억하는데에 역점을 두어야 하며 교과서도 그렇게 구성되어야 한다. 전래 동화 같은 스토리북을 읽고 자연스럽게 낱말을 알고 그것을 통해 이해할 수 있는 단계가 초등학생 때는 인지발달상 전체를 차지한다고 볼 수 있다. (필자가 블룸의 학습단계를 응용해 본 그림 183쪽 참조)

따라서 초등 국어 교과서에 나오는 질문인 '~ 이야기해봅시다" 혹은 '생각을 말해봅시다'와 같은 것들은 적용과 분석의 고급 인지발달단계로 중등생이상에게 할만한 질문이라고 본다. 아이들은 아직 단어도 이해하지 못하고 기억하지 못했기 때문에 어떤 경험들을 분류해서 적용할지 판단이 서지 않아 생각을 끄집어내는 것이 어렵기만 하다. 그래서 아이들이 "생각 없어요!"를 외치게 되는 것이다. 심지어 학부모들조차 교과서를 보고 '무엇을 배우는지 한눈에 딱 파악이 되지 않는다'는 하소연을 하곤 한다.

국어 6학년 1학기 8단원에는 '하여가'와 '단심가' 두 편의 시조가 나오는데, **'지은이의 가치관에 대해 생각해보자'**는 추상적 개념을 묻는다. 이것은 피아제의 형식적 조작기에 해당하는 논리적 가설과 비판, 적용과 같은 사고력 단

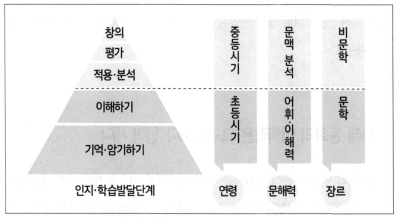

필자의 적용 : 블룸의 학습단계를 활용한 연령에 맞는 문해력 발달

계로 중,고등생의 학습 능력인 것이다. 초등생이라면 당연히 어휘부터 짚고 넘어가야 한다. 그런데 이 단원에서는 아래의 밑줄 친 어휘를 주석처럼 친절하게 교과서에서 풀이해 준다. 이렇게 되면 언어의 유추 능력은 어디서 길러져야 하나?

이런들 어떠하리 저런들 어떠하리
<u>만수산</u> <u>드렁칡</u>이 <u>얽혀진들</u> 어떠하리
우리도 이같이 <u>얽혀</u> 백년까지 누리리

사회나 과학 등의 과목에서는 GNP, 남북이산가족 등과 같은 전문 용어의 뜻풀이가 필요하다. 그러나 국어에서는 사전찾기 단원이 있듯이 문맥상 어휘를 유추하는 것 자체가 언어 능력 훈련이므로 일일이 책에 표시하는 것은 자제해야 문해력이 는다. 국어에서는 지명, 인명, 식물명 등의 특정 단어들 외에는 직접 추론하도록 해야 그 언어 능력이 기타 과목의 읽기까지 실력을 미칠 수 있다. 이 시조에서는 '만수산'이나 '드렁칡' 정도만 새 단어로 밑줄 표시해 주거나 혹은 친절하게 이 두 단어 정도만 뜻풀이를 해주어도 된다. 칡을 알았으면 '얽혀진들', '얽혀'까지 굳이 주석 뜻풀이를 할 필요 없이 문맥에서 추측하게 해야 한다.

전래 동화의 어휘력은 교과서보다 힘이 세다

교과서와 연결된 문해력 저하는 초등 교과서가 어휘를 명확하게 가르치지 않는 불친절한 교과서라는 데서 그 이유를 들 수 있을 것이다. 만약 초등 때부터 어휘를 차곡차곡 쌓아 실력을 다져갈 수 있는 친절한 교과서가 된다면 중학교 교과서는 굳이 어휘가 가득 찬 친절한 교과서가 되지 않아도 될 것이다.

예전에는 본문 내용에 '만성적인 기아 상태'라는 말이 나오면, 새 낱말을 밑줄로 표시해주어 그 낱말을 사전에서 찾아보라는 숙제가 많았다. 교사에 따라서 비슷한 말, 반대말, 짧은 글짓기 등 문맥 속 활용까지 연습시켰다. 그래서 '만성 비염, 급성'이니 하는 말을 어렵지 않게 문맥 속에서 이해했었지만 지금은 중학생이 되어서도 '만성적'이란 말을 모르는 아이가 많다.

따라서 초등 교과서의 부족한 어휘를 보충하는 데는 전래 동화가 힘이 센 편이다. 특히 저학년 때는 전래 동화의 이야기를 따라가다 보면 문맥 속에서 저절로 어휘가 이해되는 효과가 크게 나타난다. 3학년 국어에는 '곱구나 우리 장신구'가 나오고, 약과나 강정, 까치호랑이, 십장생 등도 나온다. 5학년에는 우리 전통 악기, 아쟁, 소고 등이 소개된다. 전래 동화를 읽으면 '떡 하나 주면 안 잡아먹지' 등의 문장에서 떡이나 약과 같은 전통문화의 단어를 자연스럽게 이해할 수 있다.

전래 동화나 신화, 민담, 세계 명작 동화와 같은 고전에는 국어 어휘만이 아니라 문화, 역사, 지리, 인성, 국민적 정서 등 상식을 넓혀주는 배경지식이 풍성하다. 고전은 내용면이나 문해력면이나 다양한 활용면에서나 교과서보다 탁월한 효과가 있다.

교과서를 기준으로 하되 부족한 어휘는 고전 명작으로 보충해야 한다. 전래 동화나 세계 명작은 스토리가 거의 변함이 없으므로 어느 출판사 것이나 아이들 눈높이에 맞춰 준비하면 된다. 옛날부터 출판된 책이라 유행도 없어 도서관에서 빌려 읽어도 되므로 가성비가 높은 고급 문해력 책인 셈이다.

06

고전은 교과서와
어떻게 연계되나

6학년 아이들과 <논어>, <맹자>를 읽어보았다.

"생각보다 그렇게 어렵지 않아요."

"짧은 문장 속에 콕 찌르는 것이 있는 것 같아 멋져요."

"<주홍글씨>같은 서양 명작과는 다른 생각해보는 재미가 있어요."

"맹자는 확실히 공자보다 말이 많아요."

> 군자는 긍지를 지니나 다투지 않고, 사람들과 잘 어울리나 당파를 만
> 들지는 않는다.
>
> (자왈 군자 긍이부쟁 군이부당)
>
> <논어> 위령공편 21장

<논어>를 읽어본 아이들은 '이래서 고전을 읽는구나!'를 이구동성으로 말한다. 고전을 읽다 보면 당시 신분사회를 나타내는 말, '군자, 대부, 소인'이라는 어휘들을 만난다. 그러다 중학교 교과서에서 박지원의 <양반전>과 같은 작품을 보면 양반 신분에 대한 이해가 자연스럽게 될 것이다. 독해력을 넘어

그만큼 문해력이 길러졌다는 의미이기도 하다. 아래 글을 읽고도 군자의 의미를 요즘으로는 치면 어떤 사람을 두고 말할지에 대해 의견이 분분해진다.

> 1745년 9월 아무 날에 이 증서를 만드노라. 양반을 팔아서 관곡을 갚았는데 그 값이 쌀 일천 석이라. 본래 양반은 여러 가지로 불리는데, 글만 읽은 양반은 '선비'라 하고, 벼슬살이하는 양반은 '대부'라 하고, 덕이 높은 양반은 '군자'라 하느니라. 임금 앞에 나아가 무반은 서쪽에 늘어서고 문반은 동쪽에 늘어서니, 이 양쪽을 통틀러 양반이라 하느니라. 이 여러 가지 중에서 마음대로 골라잡으면 되느니라.

사자성어 중에는 <논어>에서 유래한 어휘가 제법 된다. 가령 '사십불혹'이나 '온고지신'같은 말로써 어디에나 인용된다. <논어>에 나온 '세한'이란 말도 추사 김정희가 인용하여 더욱 유명하다. 6-2학기 국어 교과서에 수록된 <구멍 난 벼루>라는 역사 동화에는 추사 김정희와 그의 제자에 대한 일화가 실려있다. 원문에는 역관 이상적이 귀양 간 추사에게 선물을 보낸 것을 받은 김정희가 고마운 마음에 <논어> 구절을 인용하여 그림을 그린다. 그것이 유명한 '세한도'이다.

> 날씨가 크게 추워진 연후에야 소나무와 잣나무의 잎이 뒤늦게 시듦을 알 수 있다.
> (자왈, 세한연후 지송백지후조야)
>
> <논어> 자한편 27장

> "<논어>에 이런 공자 말씀이 있네. 겨울이 되어서야 소나무와 잣나무가 시들지 않는다는 것을 아는 것처럼 사람도 어려운 일을 당해서야

진정한 친구를 알 수 있는 법이라고. 이상적은 내게 소나무와 잣나무 같은 사람이라네. 보답받을 게 없을 줄 뻔히 알면서 이토록 애써 주는 사람이 어디 있을꼬? 내가 이 지경이 되어도 그 마음이 변하지 않은 게 그저 고마울 따름이라네."

추사 선생의 얼굴에 오랜만에 행복한 미소가 감돌았다.

"자네에게도 한없이 고맙네. 함께 귀양살이해 주기가 어디 쉬운가?"

추사 선생이 함박 웃어 보였다.

"귀양살이라니요? 제겐 소중한 배움의 시간입니다. 이렇게 스승님을 독차지하고 배우는 복을 어디다 비유하겠습니까?"

<구멍 난 벼루> 6-2 국어 1단원

5학년 도덕책 5단원 '갈등을 해결하는 지혜'에서도 논어 계씨편의 군자 덕목을 소개하며 '공자'가 언급된다. 외국 창작 동화 위주로 읽은 아이라면 공자의 등장에 '뭐지?' 하고 어리둥절할 것이다. 원문과 교과서에 실린 글이다.

공자께서 말씀하셨다.

"군자는 마음에 새겨두어야 할 아홉가지가 있다(君子有九思). 사물을 볼 때는 명확하게 보고, 소리를 들을 때는 분명히, 얼굴빛은 온화하게 하며, 태도는 공손하게, 말할 때는 진중하게, 일을 할 때는 신중하게, 의심이 날 때는 질문을 주저하지 말고, 화가 날 때는 후환을 염두에 두고, 이익을 보게 되면 정당한 것인지 생각해보아야 한다."

(공자왈, 군자유구사 시사명 청사총 색사온 모사공 언사충 사사경 의사문 분사난 견득사의)

<논어> 계씨편 10장

첫째, 항상 정확하게 보고 배워라.

둘째, 다른 사람의 말을 집중해서 들어라.

셋째, 항상 온화한 표정으로 다른 사람을 대해라.

넷째 용모를 단정히 하고 공손히 해라.

다섯째, 실천할 수 있는 말만 해라.

여섯째, 모든 일을 성실히 해라.

일곱째, 궁금한 것은 꼭 질문하여 해결하라.

여덟째, 화가 나면 화를 냈을 때 일어날 일을 미리 생각하여 화를 다스려라.

아홉째, 이득이 되는 무언가를 얻게 되면 그것이 옳은 일인가를 생각해라.

5학년 도덕 교과서

독서 수준이 된다면 5학년부터는 <논어> 읽기를 추천한다. 수년 전, 초등학교 교사 송재환 선생님께서 쓰신 <초등 고전읽기 혁명>이란 책이 엄청난 반향을 일으켰다. 저자는 6학년에게 <논어>를 읽혔는데 국어 성적이 서울 사립초 다른 학교보다 월등히 높았다고 했다. 이렇게 어른들과 같이 읽으면 시대 배경과 고전 어휘에 대한 이해가 쉽다. <논어>의 배경인 춘추 시대에 통용되던 군주와 제후 같은 말을 알면 홍길동전을 읽을 때도, '왕후장상의 씨가 따로 있냐'는 문장의 뜻을 짐작할 수 있을 것이다. 고전을 읽어 배경지식이 쌓이면 교과서나 학습지나 어느 교재건 연결되는 확장 지식이 풍성해진다. 그만큼 교과의 내용이 빠르고 쉽게 이해가 된다.

	속담	우리 문화 배경지식	관련 책
1	소 잃고 외양간 고친다	우리 조상들은 벼농사에 꼭 필요한 소를 가족처럼 여겼다. 소만을 위한 독채 외양간도 있다 또한 소를 큰 재산으로 여겼는데, 한국 단편 소설 <소를 줍다>에서 그 마음이 잘 드러나 있다.	호랑이와 곶감 황소와 도깨비 누렁소와 검정소 송아지 내기 소를 줍다
2	벼는 익을수록 고개를 숙인다	추수가 가까워질수록 곡식이 무거워져 저절로 벼가 굽어지는 모습을 표현. 학식이나 재산 등을 많이 가졌으나 겸손할 때 이런 비유를 쓴다.	의좋은 형제, 흥부 놀부, 소설 아리랑
3	팥으로 메주를 쑨다 해도 믿는다	콩을 삶아 메주를 띄워 된장, 간장을 담아 단백질 급원과 기본양념이 되었다. 팥으로 메주를 만들 수가 없음에도 그 사람 말이라면 무조건 믿는다는 것을 비유한 것이다.	팥죽할머니와 호랑이 호랑이 처녀를 사랑한 총각
4	누워서 떡 먹기	귀한 떡을 편안히 누워서 먹으니 이것보다 더 쉬운 일은 없다는 행복감을 표현한 말이다.	먹보 떡보, 해님달님
5	바늘 가는 데 실 간다	집에서 옷을 지어 입던 시절에는 여성들이 바느질을 평생 하고 사는 삶을 드러낸다.	일곱아씨들, 허생전, 박씨부인전
6	발 없는 말이 천리 간다	전화, 통신이 없던 옛날에는 한양의 소식을 사람이 직접 지방에 전하는 데는 나온 말이다. 주로 보부상(장돌뱅이)들이 이런 일을 맡아서 소식통이 되었다.	메밀꽃 필 무렵 서찰을 전하는 아이

7	돈을 물 쓰듯	우리나라는 연평균 1300mm의 강수량이라 물이 풍부한 편이다. 물이 필요한 벼농사와 그릇과 숟가락이 오목한 것들이 바로 물이 풍부하다는 증거다. 물을 아끼지 않고 마구 낭비하는 것에서 비유된 말이다.	단군신화, 삼국유사 수로부인 심청전 박연폭포 이야기
8	자라 보고 놀란 가슴 솥뚜껑 보고 놀란다	자라의 등이 거무스름하고 둥글게 보이므로 마치 무쇠로 된 솥뚜껑도 색이나 둥근 모습이 비슷해서 놀라게 된다는 트라우마를 표현한다.	토끼와 자라 삼국유사의 구지가
9	범에 물려가도 정신만 차리면 산다	겨울철이면 호랑이는 먹을 것이 없어 마을에까지 내려왔다는 옛날 말이 있을 정도로 호랑이가 많았다. 혹시라도 호랑이에게 물려가도 기절하지 않고 정신을 바짝 차리면 살 수 있다는 것으로 무슨 위험한 일에도 정신을 차리자는 비유다.	호랑이와 곶감
10	떡 본 김에 제사 지내기	떡은 제사나 잔치에 빠지지 않았다. 춘궁기 때 제사가 돌아오면 쌀이 거의 없어 밥도 해먹지 못하는 가난한 백성들에게는 떡이 언감생심이었다. 어쩌다 이웃에게 떡을 얻게 되면 제삿날도 아닌데 지냈다는 가난한 삶을 비유했다	초정리 편지
11	찬밥 신세다	아궁이 불로 밥을 지었기에 여름에도 갓 지은 따끈한 밥을 먹었다. 자연 찬밥을 좋아하지 않은 것처럼 자신의 신세가 환영받지 못하고 푸대접을 받는 상황임을 말한다	전래 동화 이야기 명심보감

12	되로 주고 말로 받는다	쌀이나 보리 등의 곡식을 잴 때, '홉<되<말<섬'의 단위가 있다. 적게 남에게 베풀었는데, 뜻밖에 더 많이 되돌려받는다는 뜻.	이야기 삼국유사
13	가랑비에 옷 젖듯	우리나라는 연평균 1300mm정도의 비가 내리니, 예부터 벼농사를 지을 수 있었다. 봄철에는 특히 가랑비, 보슬비, 구슬비 등 우산이 없어도 될 것 같은 비가 내리지만 그것도 많이 맞으면 옷이 젖듯, 작게 시작한 일도 시간이 지나면 자연스레 큰 결과에 이른다는 속담이다.	견우와 직녀 신라 장군 이사부
14	뚝배기보다 장맛이다.	된장, 간장의 장류는 콩이 많이 나는 우리나라에서 짠맛의 기본양념이었다. 오래 보관할수록 풍미가 있어서 흙으로 빚은 장독, 단지 등에 보관한다. 보관한 용기보다는 장맛이 더 맛있다는 뜻으로 겉보기보다는 내용물이 더 좋다, 중요하다는 속뜻이다.	호랑이 처녀 (김현감호 설화)
15	서당 개 삼 년이면 풍월을 읊는다.	서당에서 키우는 개는 천자문, 소학 등을 암송하는 소리를 하도 들어서 말귀를 알아듣는 것 같다는 것으로, 처음엔 하나도 몰라도 세월이 지나 자꾸 반복하면 터득한다는 뜻이다.	서찰을 전하는 아이

함께하기, 왁자지껄 배경지식 한마당

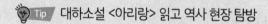 Tip 대하소설 <아리랑> 읽고 역사 현장 탐방

01

함께 꼬리에 꼬리를 무는
배경지식

마음이 어린 후이니 하난 일이 다 어리다~~~	서화담
동짓달 기나긴 밤에 한 허리를 버혀내어~~~	황진이

6학년 아이들과 황진이와 서경덕 시조를 낭송할 때다.

작품 해설에 '송도삼절'이란 중요한 구절이 있어서 '서울삼절'이란 말로 적용해보기로 했다.

"서울을 대표하는 명소나 인물을 셋 말해볼까?"

"유재석이요."

"뭐라고? ㅎㅎ"

아이들은 조금도 망설이지 않고 유재석씨를 꼽았다. 그러고보니 조선 중기 학자며 백성들에게 존중받았던 서화담 같은 이, 또는 현대 사회에서 존경 받는 김형석, 이어령님을 예로 들면 아이들이 알리가 없다. 지금 우리 사회에서 흠모하고 존중받을 만한 인물이 얼른 떠오르지 않는 것을 보면 조선 중기 때 백성들의 행복도가 더 높았나 싶다.

"얘들아, 그럼 황진이에 비교될 사람은?"

"조수미요~"

"아이유요~"

"김혜수요~"

어떤 아이가 사극 '슈룹'을 봤다며 추천했다.

"그렇다면 박연폭포 대신에 서울을 대표하고 자랑할만한 자연물은 뭐가 있을까?"

"남산은 어때요?"

"아니지, 북한산이 더 높아."

"롯데월드타워는 어때요?"

"그럼 63빌딩도요."

"얘들아, 강도 있잖아. 한강은 어때? 그러고 보니 산도 있고 강도 있는 서울은 참 멋지다. 그치?"

아이들도 우리나라 자연을 말하다가 '해외여행 가봤더니 우리나라가 더 좋다'고 한다. 그러다가 산과 강 중에 하나를 택해본다. 과반수가 한강을 꼽아 '서울삼절'이 결정되었다.

"자, '서울삼절'은 '유재석, 김혜수, 한강'으로 땅땅땅!"

내친김에 자연지리 인문지식으로 확장 적용해보기로 했다. 혹시 명작동화에 나오는 강이 기억나기를 바라며 물어본다.

"얘들아, 다른 나라에는 대도시에 한강만한 강이 없니?"

'한강보다 더 큰 강이 있나?' 아이들은 수군거리며 얼른 검색을 해본다.

"이집트의 나일 강이요."

채은이는 성경 속 모세 이야기가 떠올라 생각났단다.

"런던의 템즈 강이요."

어떤 아이는 올리버트위스트를 읽어서 생각 났다고 한다. 이렇게 자신이 읽은 책을 끄집어내는 것이야말로 문해력을 높이는 배경지식인 것이다. 아주 좋다고 칭찬을 듬뿍 해준다.

파리의 센 강이나 런던의 템즈 강이 있긴 해도 한강처럼 큰 강이 도시 한복판을 흐르는 것은 세계에서도 아주 드물다며, 북한강과 남한강이 양수리에서 만나 한강이 되어 서울을 가로지르며 흐르는 것이라고 설명한 다음 이어서 질문해본다.

"한강은 결국 어디로 흘러 들어갈까?"

"경상남도로요."

"전라도요."

"미국으로요."

엉뚱한 대답이라도 아이들과 머리를 맞대고 한바탕 법석을 떨며 수업을 하면 잘 잊혀지지 않을 것이다. 이런 것을 두고 '에피소드 기억'이라도 한다. 시험에서 아리송할 때, 선생님의 농담이나 이야기를 주고받던 상황이 통째로 떠오르는 에피소드에 대한 기억 덕분에 답을 맞춘 경험이 있다.

이렇게 수업은 왁자지껄하게 무슨 이야기든 자신의 의견을 발표해보는 능동적인 분위기가 중요하다. 특히 인문사회 영역에서는 딱 하나의 정답보다는 '바람직한 답'에 중점을 두고, 자신이 어떻게 생각했는지 그 원인과 결과를 설득할 수 있으면 답에 가까운 것이 된다.

이야기를 하던 중에 어떤 아이가 '아, 동고서저' 하면서 "서해, 한강은 서쪽 바다로 들어가요!"라고 심봤다를 외치듯 말한다. 아이들 모두 그렇겠다고 말하며 인천 앞바다로 흘러 들어간다고 추론해낸 것이다. 이렇게 하나의 구절도 정확히 추론하며 이어져갈 때 문해력이 쑥쑥 성장하는 수업이 되는 것이다.

이제 한강을 이해했으니 송도삼절에서 송도를 파악해보기로 한다. 물론 4학년 이하면 생략해도 좋지만 6학년이라면 중학교 대비 배경지식 쌓기에 도움이 될 것이다.

"송도삼절에서 송도는 지금 말하면 어느 지역인가?"

"혹시 인천 송도 아닌가요?"

"아, 그게 요즘으로 말하면 개성이란다. 개성공단 들어봤니? 북한에 있는."

"네, 북한에서 부순 그거요. 걔들은 왜 그래요?"

"지금은 개성이란 말을 하는데 송도란 말은 어디서 나왔을까? 어느 시대 수도였대?"

"고려 시대!"

"북한과 교류를 왜 개성에 했을까?"

"우리나라는 고려, 조선시대 때 어느 나라와 무역 교류가 가장 많았을까?"

"중국이요?"

"무엇을 주거니 받거니 수출했을까?"

"비단이요?"

"엥? 비단은 중국이고 우리나라는 인삼이지."

개성은 인삼으로 유명했거든. 고려 시대부터 개성 송도는 중국 사람들이 좋아하는 인삼을 서해를 통해 무역하기가 좋았겠지. 그래서 예부터 '개성상인'이란 말이 있을만큼 조선 팔도 중에서 가장 사업을 활발히 하던 곳이야. 오늘날에도 북한과 교류를 하는 데는 옛 전통을 살려 개성이라는 상징적인 장소를 택했겠지. 또 지도를 봐. 개성이 서울과 얼마나 가까운지 말이야. 거의 1시간이면 갈 수 있는 곳이지.

자, 오늘도 시조 한 편으로 시작해서 사회 인문 지식까지 꼬리에 꼬리를 물고 나갔네.

"배가 산으로 너무 많이 올라갔나?"

"네. 그렇긴 해도 산으로 높이 올라갈수록 많이 배워요. ㅎㅎ"

어떤 녀석이 나를 위로한답시고 예쁜 말을 던진다.

다 함께 와자지껄 수업하다 보면 뜻밖의 생각도 잘 떠오른다. 친구들의 엉뚱한 질문도 꼬리에 꼬리를 물고 확장되어 그것이 배경지식으로 쌓이고 오래 기억된다. 혼자서 문제집 풀이를 통해 인문사회 지식을 쌓는 것과는 차원이 다른 통합형 교과 논술인 셈이다. 이렇게 문해력이 길러지면 비문학의 난해한 지문을 읽을 때도 에피소드와 확장 지식이 도움 되어 쉬이 풀 수 있을 것이다.

책 친구 모임,
공부 재미 들여 같이 해낸다

'멀리 가려면 함께 가라!'

이 말에 문해력을 높이는 독서교육의 비법이 녹아있다. 10살 무렵의 독서 습관이 평생 공부의 기초가 되는 시기에 책 친구를 만들어주면 공부의 반타작은 된 것이나 다름없다고 말하고 싶다. 수연이는 이제 3월이면 중학생이 된다.

"선생님, 다음 주말에 수연이 친구들끼리 졸업여행을 가요."

"세상에나, 다들 모여서? 정말 대단한 우정들이네요!"

수연이팀은 초등 2학년 때부터 6명이 시작해서 중학생까지 이어지고 있으니 이미 6년을 훌쩍 넘겼다. 그런 시간을 축하해주려고 수연이 어머니는 팀원 가정들과 졸업여행을 계획했단다. 6여 년 동안 어떤 아이는 해외로, 어떤 아이는 이사로 팀의 변화가 있었지만 여전히 독서동아리 친구들끼리 해마다 만나 파티도 하면서 인연을 이어왔단다. 책 친구 땅꼬마 6명이 이제 서로의 세상을 든든하게 받쳐주는 어엿한 죽마고우가 된 것이다. 무엇보다 부모들이 아이들의 책 친구를 어떤 만남보다 소중히 여기고 가꾸는 정성이 놀라웠다. 부모가 줄 수 있는 가장 소중한 선물을 주는 것 같다.

책으로 함께 뭉친 사람들!

그런 만남은 2천여 년 전부터 역사를 움직여왔다. 공자는 동양 최초의 사숙(私塾)을 연 서당 선생이었다. 공자도 처음에는 친척들과 아이들부터 가르치기 시작하였다. 전성기에는 핵심 제자만 72명이고 수천 명에 이르러, 춘추시대의 대표적 인재 집단이 되었다. 고대의 교육은 스승과 제자가 같이 합숙하며 가르침을 몸으로 전수받는 경우가 많았다. 그래서 안회와 자로, 염유, 자공 등과 같은 문하생들은 형제처럼 평생 협력하며 지기로 살았다고 한다.

삼국시대 신라의 화랑들도 한창 예민한 사춘기 때, 삼삼오오 짝을 지어 아름다운 자연과 경치를 여행하며 무술을 연마하고 시와 고전을 읊곤 했다. 그러는 가운데 우정을 돈독히 하여 나라가 위험하면 구국의 뜻도 함께 했다.

예수의 제자들도 3년여를 같이 합숙하면서 지도를 받아 성경 경전까지 쓰고, 오늘날 지구촌 반에 해당하는 크리스트교 후배들을 낳았다고 할 수 있다. 하버드 대학의 법대생들은 수많은 법조문과 사례를 혼자서 익히기보다는 친구들과 그룹 스터디를 만들어 토론하며 그 많은 과제와 시험을 통과한다고 한다.

수천여 년 전의 공부법이나 지금의 공부법이나 어려운 공부일수록, 멀리 가야 할수록 벗과 함께 해야 효율적임을 시사하는 것이다. 코로나 초기에는 학교에 안 가고 집에서 인강을 들으니 편해서 좋다고 했다. 하지만 시간이 지날수록 친구들 생각에 개학을 손꼽아 기다렸다. 학창 시절에 같은 값이면 책 친구로 인연을 맺는다면 그보다 더 귀한 일은 없을 것이다. 남자아이들은 책이 내키지 않지만 친구랑 놀려고 왔다가 책을 좋아하게 되는 사례가 적지 않다.

그래서일까? 독서의 중요성을 너무도 잘 아는 현명한 부모들은 자신의 자녀들을 직접 가르쳐서 결과물을 세상에 내놓곤 한다. 2010년 백화현 선생님은 아들과 그 친구들에게 가정독서모임을 실천해 온 것을 바탕으로 <책으로 크는 아이들>을 발표했다. 2022년에는 최나야 교수님도 자신의 아이와 그 친구들과 함께 한 엄마표 책동아리 실천 사례를 <초등 문해력을 키우는 엄마의 비밀>로 펴냈다. 나 역시 수십 년 전에 교사를 그만뒀지만 아이들에게 독서 습관만은 길러주고 싶어 시작했다. 당시 딸의 친구들을 모아놓고 집에서 독서지도를 한 것이 오늘에 이르렀다.

책 친구들의 문해력 성장 비결

함께 책 친구 동아리가 되면 문해력이 어떻게 쑥쑥 성장해가는 것일까?

가장 효과적인 것은 배경지식이 넓어진다는 것이다. 자신의 실력에 친구들의 실력까지 덧붙여지면서 지식의 십시일반을 이루기 때문이다. 풍성해진 어휘력과 배경지식은 또 다른 배경지식을 쌓아 문해력을 극대화 시켜준다. 주제에 대해, 인물에 대해, 사건에 대해 각자 견해를 두루 꺼내놓으면 잘 차려진 밥상처럼 먹을 것이 그득해진다. 하나씩 만들어온 음식으로 홈파티를 할 때, "이 음식은 어떻게 만들었어?"라는 질문을 하듯, 저학년 책 친구들은 퀴즈 내기부터 시작해서 서로 내용을 확인해 본다. 그리고 고학년으로 올라갈수록 시대와 인물에 대한 물음을 던진다. 예를들어 오 헨리의 <크리스마스 선물>을 읽고는 이렇게 퀴즈를 낸다.

"델라는 돈을 구하기 위해 무엇을 팔았지?"

"1달러 87센트는 지금으로 치면 얼마지?"

"그런데 머리카락을 팔아서 왜 돈을 받는 거야?"

여기서 가발업을 이해하지 못하면 그것이 왜 돈이 되는지 모른다. 우리나라도 1960년대 경제개발 초기에 가발을 수출하여 외화를 벌어왔다. 당시에는 머리카락을 파는 것이 유행이었는데, 필자도 머리카락을 잘라서 강냉이를 사 먹었던 기억이 난다. 이런 이야기를 아이들에게 들려주면 눈을 동그랗게 뜨고 듣는다. 오 헨리의 미국 소설을 읽고 함께 친구들과 대화를 하는 중에 우리나라 근대화까지 알게 되는 것이다. 자연스럽게 배경지식이 확장되고 깊어진다.

인문사회 영역의 책은 수학처럼 혼자서 곰곰이 풀기보다는 책 친구들과 의견을 나누다 보면 적은 시간에 몇 배의 효과를 낸다. 가령 병자호란을 배경으로 한 <박씨부인전>이나 김훈의 <남한산성>을 읽었다고 하자. 혼자서 <조선왕조실록>의 '인조실록' 역사를 읽은 아이보다 친구들과 같이 조금 읽고 많이 이야기 한 아이가 훨씬 배경지식을 풍성하게 얻어갈 것이다.

A "병자호란 때는 왜 여자들이 포로로 많이 끌려갔지?"
B "그 당시 '환향녀'라는 말이 유행했다는데 왜 그런 말이 돌았지?"
C "<베니스의 상인> 무대인 베니스는 가면 축제로 유명한데, 십자군 전쟁으로 베니스가 군인들의 집결지가 되면서 여성들이 수모를 당해서 가면을 쓰게 되었다는데……"
D "<몽실언니> 속에서도 전쟁 땜에 여자들이 피해를 많이 보잖아."

친구들(ABCD) 네 명이 돌아가면서 꼬리에 꼬리를 물고 한마디씩이다. 역사적 수난에 맞닥뜨린 여성들의 삶에 애절함이 느껴지면 독후감도 토론도 깊어진다. 또한 배경지식을 품고 있는 어휘에 대한 이해도 빠르다. 병자호란 당시 주화파와 척화파의 주장들을 토론거리로 하면 학교 역사 시간에도 '주화',

'척화'가 더 이상 헷갈리는 단어가 아닐 것이다.

이렇게 개념화된 배경지식은 문제집을 풀면서 감을 익힌 것보다 훨씬 조직적으로 뇌에 기억이 잘 된다. 즉 공부 지능이 높아지게 된 것이다. 질문과 토론, 느낌 등을 친구들과 함께 나누다 보면 똑같은 시간에 똑같은 분량을 혼자 공부하는 것보다 더 많은 학습효과를 얻을 수밖에 없다.

4~6명의 가정 독서모임 책 친구들

신학기만 되면 어휘력, 문해력 관련 문제집과 온라인 교재들이 쏟아진다. 좋은 교재는 많은데 갈수록 아이들의 문해력은 저하되고 있으니! 2019년에 '불수능'이란 말이 나온 다음부터는 대학수학능력시험에서도 가장 어려운 과목이 수학이 아니라 국어영역이라고 입을 모은다. 흔히 사교육 1번지라 불리는 대치동에서조차 '국어점수는 집을 팔아도 안 나온다'는 말처럼 국어는 벼락치기가 안 되는 과목이다. 그렇지만 국어가 전 과목 학습을 리더하는 과목이니 도저히 포기할 수도 무시할 수도 없다.

벼락치기가 안되는 과목이기 때문에 천천히 길게 가려면 책 친구들과 함께 즐겁게 공부 재미를 들이며 가야 한다. 한 사람이 열 권의 책을 읽는 것보다 한 권의 책을 열 사람이 읽으면 새로운 것을 더 많이 깨닫게 되므로 책 친구를 만들어주는 것이 공부 재미와 공부 지능을 길러주는 결정적인 독서법인 것이다.

책 친구 동아리 활동은 어떤 형태가 효과적일까?

공부 재미를 들여주는 독서법에 엄마들이 적극 나서서 가정 독서모임을 하는 것이 가장 좋다. 책 친구는 4~6명 정도의 소모임 활동이 적당한 것 같다.

집에서 이루어지는 독서 수업은 아이들에게 정서적 안정감과 생생한 체험을 할 수 있는 내실있는 독서교육의 장이 된다. 의식있는 엄마들이 돌아가며 독서 소모임을 시도해본다면, 책을 싫어하는 아이들이라도 친구 집에 놀러 가는 기분으로 책에 다가가게 된다. 친구 집에 꽂혀있는 책을 보며 자극을 받고, 책도 빌려 보는 가운데 공부가 싫었던 아이들이 서서히 흥미를 보이게 될 가능성이 매우 높다. 엄마들이 그날 독서 주제와 관련된 재미있는 체험 거리도 적극적으로 제공해줄 수 있을 것이다.

그날도 전래 동요 중에 <서당 놀이>를 신나게 부르고 있었다.

하늘 천 따따지
가마솥에 누룽지
떡떡 긁어서
선생님은 한 그릇
나는나는 두 그릇

'설마 누룽지를 모르겠나?' 속으로 생각하다가 그래도 짚어봤더니, 글쎄 대부분이 모른다니! 누룽지를 모른다는 소리에 놀라서 바로 체험에 들어갔다. 집에 있던 냉동실 밥을 꺼내서 아이들에게 주걱으로 밥을 꾹꾹 눌러 팬에 평편하게 펴게 했다. 약한 불에서 누룽지가 되는 동안 아이들은 수업 시간 내내 구수한 냄새를 맡으며 누룽지를 기대했다. 앞뒤로 노릇하게 익은 바삭한 누룽지를 맛보며 아이들은 생각보다 엄청 맛있다고 엄지척이다. "엄마한테 당장 해달라고 해야지"라고 이구동성! 물을 넣어 끓인 숭늉까지 맛본 아이들은 쌀농사와 우리의 식문화를 이해했을 뿐만 아니라 풍성한 배경지식을 얻어갔을 것이다. 이러한 체험도 집이어서 가능한 것이다.

아이들은 빌딩의 어느 공간보다 친구 집이라는 따뜻한 분위기 속에서 공부 머리가 더 잘 돌 수밖에. 그래서인지 가끔 부탁이 온다.

"선생님, 저희 집에서 하실 때도 꼭 체험 거리를 만들어주세요!"

어머니가 직장에 다니니 집에서 공부할 때 체험을 못하면 자신의 아이가 서운해할까봐 미리 부탁을 하는 것이다. 아무리 소극적이고 내성적인 아이라도 자기 집에서 수업할 때면 친구들에게 문도 열어주고 물도 주면서 주인 노릇을 한다. 그러면서 적극적인 사회성도 기르게 된다. 처음에는 어머니들이 다소 부담스러워하지만 아이들이 좋아하니 부담을 내려놓고 적극 수용하게 된다.

03

북한산이 북한에
있다고?

고학년이면 수업 초기에 간단한 문해력 테스트를 해본다.

그중 우리나라 지도를 그리고 주요 도시와 강과 산을 표시하라는 문항을 꼭 낸다. 한반도 모양의 우리나라 지도를 그리는 것도 전전긍긍하는데, 지리과 부도를 내주며 지도에서 찾아보라고 하면 갑자기 반색하며 저마다 한마디씩 거들어 왁자지껄해진다.

"남산이 서울의 대표야. 전망대에서 봤는데 젤 높아."

"아냐, 북한산이야!"

"뭐? 북한산은 북한에 있지. 왜 서울에 있냐?"

"그런가……?"

글을 읽어도 공간 배경인 지리를 모르면 그 작품을 완전히 이해했다고 볼수 없다. 예컨대 '울릉도 동남쪽 뱃길 따라 2백리~~독도는 우리땅'이라고 실컷 노래를 불렀지만, 지도에서 독도를 서해에 표시한다면 일본과의 분쟁을 이해했다고 할 수 없다. '일본 따로, 독도 따로' 이해하고 있는 것이다. 인물이나 사건은 시공간을 초월해서 일어날 수 없기에 지리까지 알고 적용해야 내용을 충분히 숙지했다고 할 수 있다. 즉 공간 배경은 문해력을 제대로 알아보는 하나의 잣대이다. 틈만 나면 우리나라 지도를 그리게 하고 먼저 백두산부터 표시하라고 제안한다.

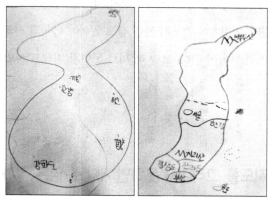

5학년 아이들이 이해하고 있는 우리나라 지도

"얘, 백두산이 여기야?"

백두산을 우리나라 남쪽에 표시하다니! 6학년이면 '동고서저'라는 말은 기억한다. 하지만 그 뜻을 지도상에서 설명해 보라면 당황해한다. 독서 수준이 있는 아이들이라도 지도 앞에서는 우물쭈물이다. 왜 이럴까? 책의 내용만 이해하면 된다고 본 것일까? 문해력은 인물과 사건의 공간적 지리가 이해된 토대 위에서 깊어지는 것이다.

백두산을 남쪽에 표시하면, 백두대간을 따라 태백산맥과 소백산맥 줄기가 내려와 경상도와 전라도가 지리산에서 갈리는 것을 이해 못 했다는 뜻이다. 백두대간을 모르면 강원도쪽에 산이 많아 강원도의 주산물이 옥수수와 감자임을 이해하기 어렵다. 한강을 비롯한 우리나라 강들이 대부분 서쪽으로 흘러드는 것을 이해 못 했다는 것이다.

그렇게 되면 소설 <아리랑>을 읽어도 그 소설의 첫 무대가 전라도 김제 만경 평야에서 시작됨을 연관 지어 이해하기 힘들다. 1899년 일제가 군산에 항구를 개항하여 수탈한 쌀을 실어나르던 중요한 요충지로 사용했음을 지식으로는 검색해서 알 수 있겠지만 왜 군산인지 지리를 이해하지 않으면 지식도 금방 잊어버린다. 머릿속에 지도가 자리 잡고 있어야 인물과 사건과 배경지식이 비로소 완전히 납득이 된다. 그럴 때 비로소 연관 지식으로 발전해나갈 수 있는 것이다.

| 머릿속 지도를 그려내지 못하면 제대로 읽은 걸까?

6학년 아이와 한국 단편 소설 <사랑방 손님과 어머니>를 읽을 때다.

"아니, 한집에 있는데 사랑방 손님과 어째서 못 만나지…… 답답해!"

그렇다. 아파트에 사는 요즘 아이들로서는 도저히 납득이 안 될 것이다. 작품 속에는 1930년대의 남녀가 내외하던 인습을 시대적 배경으로 담고 있다. 6살 옥희가 사랑방 손님과 어머니를 연결하는 고리로 사랑채와 안마당을 드나든다.

당시 관습으로는 예배당에서도 남녀 좌석이 구별되어 있었다. 한집에 살아도 어머니는 동생인 옥희 외삼촌을 시켜서 사랑방 손님에게 줄 식사상을 들고 가게 한다. 결국 사랑방 손님과 어머니는 끝내 서로 못 만나게 된다. 1894년

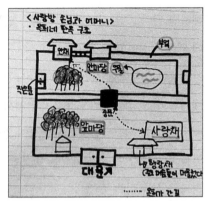

6학년 아이가 그린 옥희네 한옥 구조

갑오경장으로 과부의 재혼이 법으로 허락되어 있지만, 재혼하면 옥희가 '화냥년의 딸'이라는 소리를 들을까봐 사랑방 손님에 대한 마음을 표현하지 못한다.

　그래서 이 작품을 읽을 때는 한옥의 구조를 반드시 그려보아야 같은 집에 살아도 왜 못 만나는지 이해가 된다. 일반적으로 조선 시대의 사대부가에서는 사랑채와 안채가 멀찍이 구별되어 있었다. 중간에 중문이 있고 사랑채가 있는 쪽에 사랑문이 있고 대문 바로 옆으로는 객들이나 머슴이 사는 행랑채가 있다. 안채에 있는 여인들은 안채에 딸린 옆문으로 다닌다.

　이처럼 공간 지리를 함께 이해하는 독서 수업은 저학년 때부터 스토리북에서 슬슬 적용해보자. 익숙해지면 4학년의 고장 이야기나 5학년의 국사에서도 다른 친구들보다 훨씬 종합적인 이해력이 생기게 될 것이다.

　3학년 아이와 '서희의 외교 이야기'를 읽을 때다. '고려가 옛 고구려 땅을 이어받았다'는 대목이 있어 지도를 찾게 하면 관심이 폭발한다. 함께 지도를 찾으며 '잘 찾았니, 못 찾았니'하는 시끌시끌한 수업이 저학년에겐 더 재미있게 기억된다. 지도를 통해 우리나라에 대한 전반적인 이해가 자연스럽게 길러지면 5학년부터 배우는 역사도 더 관심있게 배울 것이다.

　요나라와 고려의 지도는 역사 부도에서 찾아볼 수 있는데, 저학년이면 우리나라를 중심으로 중국이나 일본

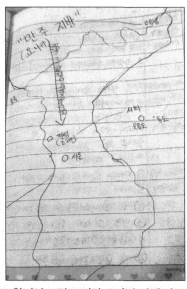

3학년이 그린 고려와 요나라 관계 지도

등 이웃 나라가 어디쯤 있는지만 알아도 된다. 나아가 요나라는 지금의 어디쯤인지 알면 고학년이 되어 병자호란에서 청나라가 어디서 쳐들어오는지도 금방 이해하게 될 것이다.

| 세계 지도를 놓고 세계 명작을 읽으면 세계사까지

세계 명작 동화 시리즈를 읽는다면 세계 지도나 지구본을 선물해주며 꿈과 도전을 격려하면 좋다. 예컨대, <80일간의 세계일주>를 읽고 주인공이 떠난 여행 과정을 세계 지도에서 찾아보면 흥미롭다. 이야기는 1872년 10월 2일 주인공이 2만 파운드의 내기를 걸고 여행을 떠나며 시작된다. 먼저 런던에서 출발하여 프랑스 파리 → 이탈리아 → 수에즈 → 인도의 봄베이 → 싱가포르 → 홍콩 → 요코하마 → 태평양 → 샌프란시스코 → 뉴욕 → 아일랜드 퀸스타운 그리고 다시 런던으로 돌아온다. 이야기 속에서 당시의 교통수단을 여럿 볼 수 있는데, '여기까지는 배로 갔을까, 기차로 여행했을까?' 등을 질문하며 경로를 따라가 보면 세계 지리가 통으로 감이 잡힐 것이다.

이 작품을 수업할 때마다 세계 지도에서 찾게 하면 고학년이라도 마냥 신기해하며 소란스러워진다. 간혹 재빨리 찾는 아이가 있는가 하면 우리나라와 주변국인 나라도 어리둥절해 하는 아이들이 있다. 이런 아이들은 명작을 읽어도 과연 얼마나 이해했다고 할 수 있을지?

<톰 아저씨의 오두막집>을 읽는다면 미국 지도상 남부인지 북부인지를 알아야 그 소설을 배경으로 해서 노예 해방과 남북 전쟁을 이해할 수 있다. 나아가 <바람과 함께 사라지다>와 같은 작품과 연계하여 목화 농업을 주로 하는 남부 지역 입장에서 본 노예 해방 문제를 토론해봐도 좋을 것이다. 따라서

세계 명작을 읽을 때 지도와 함께하면 다른 나라의 역사와 지리가 더욱 잘 이해가 된다. 세계 명작 시리즈에는 영국 이야기가 많은데 영국이 어디에 있는지, 섬나라인지 내륙인지부터 알고, 고학년이면 영국과 식민지 개척사를 대화해봐도 좋을 것이다.

그만큼 지도를 통해 이해한 아이들은 책의 스토리만 재미있게 읽는 아이보다 역사, 문화, 지리를 함께 이해하여 작품을 해석하는 차원도 달라질 것이다. 지도를 활용하면 숲을 보듯이 큰 그림을 그릴 줄 안다.

04

입말로 표현하지 못하면
꽝이다

대형서점의 청소년 명작시리즈 코너를 지날 때면 나도 모르게 걸음이 멈춰진다.

<변신>, <전쟁과 평화>, <호밀밭의 파수꾼> 등 제목만 봐도 배부르다. '아이들이 이 서가의 명작 한줄씩만 다 읽어도 공부는 크게 걱정 없을텐데'라는 생각이 문득 든다. 물론 단정할 수는 없지만 그만큼 명작으로 책을 재미있게 읽는 습관만 들이면 문해력이 탄탄해져 공부 지능이 높아질 거라는 확신이 든다.

독서는 뒷전에 두고 두껍고 무거운 문제집을 풀면서 당장의 성적에 급급한 아이들. 일과에 지쳐 곤죽이 되는데도 성적은 제자리를 돈다면 그것보다 안타까운 것이 없을 것이다. 수능 입시생이 되기 전 초등학교 때 명작으로 책 재미를 들여두자. 그러고 보니 스마트폰에 빠지기 전에 책이 조금 더 재밌다고 느끼게 만들려면 요즘은 초등 3학년도 빠르지 않다.

'어떻게 하면 책 재미에 맛을 들일까?'

요즘 아이들은 태어나자마자 책의 홍수에 떠밀려서 책을 별로 매력적으로 느끼지 않는다. 그리고 훨씬 재미있는 게임과 스마트폰 세상이 있다. 어른보다 하루가 더 빽빽한 스케줄을 보내는 아이들은 쉴 때만이라도 '나를 가만히 두라'고 소리친다. 그런 아이들에겐 '책이 재미있네, 괜찮네'라는 느낌이 들게 하는 것! 그것이 글쓰기 지도보다 훨씬 중요한 역할임을 갈수록 무겁게 깨닫는다. 독후활동이 아무리 탁월해도 책을 그다지 좋아할 생각이 없게 만드는 독서토론 교실, 논술 교실이라면 미안하고 허무한 일이 된다. 선생이 내주는 책 한 권, 권장 도서를 아이들이 읽기는 한다. 그러나 누가 권하면 자꾸 숙제처럼 느껴져서 하기 싫은 것이 인지상정이다.

▎책 재미 붙이기는 녹음부터

고민 끝에 녹음을 택했다. 정해진 분량의 책을 낭독하며 녹음하는 것이다. 누구나 자신의 음성에 취할 수 있는 나르시스의 본능이 있기 때문이다. 세계 명작을 글로 쓰는 독서기록장 대신 구술 녹음을 하며 아나운서처럼 입말로 표현해 보자. 일일이 가르쳐주지 않아도 녹음을 하며 스스로 생각을 정리하는 시간을 갖게 된다. 독서 수준이 앞선 똘똘한 여자아이들의 구술 녹음을 함께 들으면서 남자아이들도 틀이 잡혀간다. 이것이 함께 하는 공부의 장점이고, 구술 녹음의 장점이기도 하다. 더 구체적인 이점들을 살펴보자.

첫째, 녹음을 해보면서 글을 정성들여 읽게 된다.

어떤 아이는 발음, 띄어읽기, 문장부호, 속도, 소리 높이 등을 신경 쓰며 6쪽짜리 이야기를 녹음했는데, 끝날 때쯤에 그만 발음 하나를 잘 못 했다고 또 처음부터 녹음했단다. 3번 연거푸 실수해서 다시 하느라 시간이랑 힘이 많이 들었다고 했다. '몇 번씩 녹음하기' 또는 '틀리지 않게 읽기' 등을 시키지도 않았는데도 아이들은 누군가 듣는다는 것 때문에 잘해보려고 힘껏 노력한다.

"어이쿠, 그렇게 힘들었구나! 선생님이 네 것부터 잘 들어볼게."

"괜찮아요. 힘들었지만 엄청 재미있었어요."

자신의 음성을 끝까지 경청하며 잘해보려고 끙끙대다니! 아이는 얼른 공감만 해줘도 금방 헤헤 웃는다. 그런가 하면 선생은 선생대로 좋은 점이 있다. 독후 녹음을 들어보면 얘가 제대로 작품을 이해한건지, 건성으로 얼른 숙제를 해치우려 읽는지, 여행하며 자동차 속에서 읽고 있는지, 친척들이 많은 곳에서 읽는지 등 아이들이 어떤 상황에서 책을 읽고 있는지를 가늠할 수 있어 그 아이를 지도할 때 도움이 되기도 한다.

둘째, 친구의 녹음을 들으며 각자 어떤 느낌을 받는다.

"넌 괴도 루팽만 지금 몇 번째야?"

"그러고 보니 저는 느낌 없이 줄거리 읽다가 그냥 끝났네요."

"얘는 어제 배운 '느닷없이'라는 말을 너무 많이 썼어요."

"'톰 아저씨의 오두막집' 다음엔 '바람과 함께 사라지다'를 읽어볼래요."

아이들은 이런 말을 주고받으며 친구들에게 배우기도 하고, 용기도 얻고, 자신을 돌아보기도 한다. 어른이 가르치고 훈육하는 것보다 함께 공부하면서 커가는 것이 간혹 매섭고 따끔하지만 이상하게도 아이들은 괜찮아한다.

셋째, 책을 서로 권하며 좋아하게 된다

3학년 서연이는 제법 책 읽기를 좋아한다. 꼭 독후구술의 마지막에는 "이 책을 ~에게 권합니다. 왜냐하면 동물 관찰에 관심이 많기 때문입니다."하고 덧붙인다. 그러면서 자신이 읽은 시튼 동물기 책을 가져와 아이들에게 보여준다. 추천된 친구는 자연스럽게 그 책을 빌려가서 읽게 된다. 그리고 그다음 주에 오자마자 물어본다.

"너, 이 책 재미있었지? 내가 잘 추천했지?"

"그냥 그래."

"뭐라고? 야!"

즐겁고 귀여운 악동들의 작은 소동이 인다. 책 이야기로 시끌벅적한 풍경이 귀하기만 하다. 친구들 중에는 명작 시리즈가 출판사별로 다양하게 갖춘 집이 있다. 그러면 아이들은 그 집을 'OO네 도서관'이라고 칭하면서 책 대출증을 만들고 바코드를 찍는 흉내를 내면서 빌리는 시늉을 한다. 자발적으로 만들어내는 놀이가 깜찍하다. 이렇게 서로 책을 권하다 보니 관심이 없던 아이들도 책 읽는 분위기에 젖어 들게 된다. 어른들이 책 좀 읽으라고 백번 강조하기보다는 책 친구들의 영향력이 훨씬 강력하다.

넷째, 확장지식으로 연결되어 역사, 과학 등의 배경지식을 쌓는다

쥘 베른의 책을 좋아하는 지율이는 <해저 2만리>를 읽고는 궁금한 것이 많다고 한다. 그런 지율이와 아이들에게 질문해본다.

"이 책이 먼저일까, 잠수함이 먼저일까?"

각자 알아보라는 한마디를 남겼다. 그리고 그 다음 주에 만나자마자,

"이 책이 잠수함보다 먼저 나왔어요!" 아이들도 궁금했는지 알아보았단다.

"그렇지? 책 한 권이 세계사에 엄청난 영향을 주는구나!"

19세기 말, 아직 잠수함이 개발되기도 전에 작가는 상상을 더해 과학 소설로 선보인 것이다. <80일간의 세계일주> 또한 국가 간 시차라는 것을 아직

모를 때 시간 차이를 알려주는 대단한 역할을 했다.

명작이 어느 정도 모이면 세계 지도 위에 자신이 읽은 작품을 노란 스티커로 붙여본다. 그러면 주로 영국이나 프랑스 등 서유럽 나라의 책이 많음을 알 수 있다. 특히 1800년대 이후의 작품들이 많은데, 서구의 산업혁명과 세계 식민지 건설을 위해 청소년들에게 꿈과 용기와 도전을 심어준 작품들이 인기였다는 시대상도 알 수 있다. 고학년이 되면 시대 배경을 공부하면서 세계사에 대한 관심이 명작동화를 통해 저절로 싹틀 수 있다.

다섯째, 아는 지식을 순발력 있게 확실하게 발표할 수 있다.

중학생이 된 지민이는 학교 국어 시간에 선생님이 윤동주의 <서시>에서 시의 종류가 무엇인지를 질문하자 얼른 "서정시"라고 발표했다고 한다. 옆 친구는 자신도 서정시를 알고는 있는데 순간 '서진시'인지 '서정시'인지 헷갈려서 우물쭈물 발표를 못 했다고 말했단다.

"우리가 늘 암송하고 녹음했던 시라서 서정시란 말도 툭 튀어나오고, 윤동주의 <서시>도 우리 반에서 제일 먼저 외워서 칭찬받았어요."

문제집을 풀면서 '서정시'란 말을 알게 되었다면 눈으로만 문제를 풀었지, 입 밖에 내지 않기 때문에 확실하게 기억하지 못한다. 말로 표현하지 않아서 머릿속에서만 맴도는 지식은 불분명하다. 서당이나 유대인들의 회당에서 낭독을 크게 하거나 옆 사람이 있으면 중얼중얼 작은 소리로 읊조린 공부 방식이 괜히 나온 것이 아니다.

여섯째, 구술 녹음으로 메타인지 확인

수연이는 2학년 때 시작하여 고급반을 거쳐 중학생까지 줄곧 6년여를 함께 공부해왔다. 코로나로 잠시 쉬었다가 4학년 어느 날 구술 녹음을 듣는데 부쩍 세련되어졌다는 느낌을 받았다. 갈수록 어휘가 고급지고 문장도 긴 호흡으로 녹음을 해오는 것이다. 이유를 물었더니 '노트에 미리 써보고 녹음을 한다'고 했다. 역사 공부한 것을 요약과 발제할 때도 미리 써 두고 녹음을 하면 자신이 아는 것과 모르는 것을 더 확실히 알 수 있다고 했다.

그렇다. 이것이 바로 메타인지의 지표이다. 녹음하며 점검하고 이것을 친구들에게 다시 발표하거나 설명을 해보면 더욱 메타인지 능력이 늘어난다. 책을 잘 읽었거나 공부를 많이 해도 제대로 설명하지 못하면 꽝인 것이다.

미국 행동과학연구소(NTL)의 '학습 피라미드'가 그것을 증명한다. 학습 방법에 따라서 24시간 후의 기억률을 7가지 수준으로 나타낸 것인데, 교사가 일방적으로 강의한 것은 하루가 지나면 5%만 기억한다. 그런데 자신이 설명했거나 가르쳐본 것은 하루가 지나도 90%나 기억하고 있다는 것이다. 그만큼 능동적 자발성이 학습효과가 가장 크기 때문에 가능한 한 책 친구들끼리 독후 발표를 하며 설명해 보는 수업을 지속해간다. 발표하는 책임감이 성취

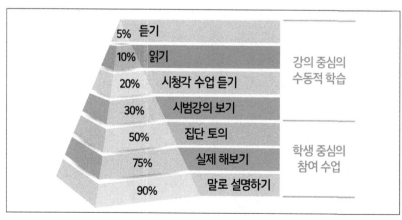

학습 효과 피라미드(Learning Pyramid)
출처 : 미국 국립행동과학연구소(NTL)

감을 가져오게 마련이다.

함께 해서 좋은 것은 구술 녹음뿐이 아니다. 역사 연대표나 조선의 27명 왕 암송하기, 고사성어 암송하기 등을 할 때도 자꾸 헷갈리고 틀릴지라도 친구들과 박장대소하며 퀴즈도 내고 설명하면서 하면 더욱 잘 기억할 수 있다.

05

버스비 6400원 적금,
경제 지문이 성큼!

중1 학생들과 고산 윤선도의 '오우가'를 낭송하고 있다.

"내 버디 몃치나 하니 수석과 송죽이라~~"

고산의 유배지였던 보길도를 지도에서 찾아보다가 바다의 특산물까지 살펴보게 되었다. 서해에서는 조기가 많이 잡혀 예부터 굴비가 임금님 진상품이었다는 것을 알려주었다. '굴비'라는 말이 나오니 문득 생활 경제와 직결되는 시사적인 것을 질문해 본다.

"너희들 굴비 적금이라고 들어봤니? 토스 뱅크에서 나왔어."

"아, 저도 토스 뱅크 하는데요?"

"그래?"

뜻밖이었다. 요즘 아이들은 인터넷 뱅크도 이용하나보다.

"얘들아, 이름이 왜 '굴비 적금'일까?"

"……"

모두 잠잠하다. 소위 사립 초등학교 출신과 좋은 학군 출신의 아이들이어서 한 명쯤은 설명할 줄 알았다.

"<자린고비 영감>이라는 전래 동화를 읽어봤니?"

"자린고비? 들어는 본 것 같은데…."

어릴 때부터 외국 번역물이나 창작 동화를 주로 읽어 온 요즘 아이들은 대체로 민족적 정서와 상징을 담고 있는 관용적 표현이 나오면 툭 막힌다. '자린고비'는 지독한 구두쇠를 상징하는 말로 전래 동화, 민담에서 구전되어 왔다. 적어도 초등학교까지는 전래 동화 읽기가 기본이다. '전래 동화는 왠지 촌스럽다'는 생각으로 등한시하면 현재 우리 삶 속에서 연결된 상징어나 관용적 표현에서의 스키마가 그만큼 부족해지는 것이다.

"그럼, 굴비 적금은 금리가 높을까? 낮을까?"

"…… 저, 적금이 뭔데요?"

'아차!'

곧 중2에 올라가는 학생들이다. 돈을 쓸 줄만 알았지 스스로 저금을 해본 적이 없다고 했다. 요즘은 주식을 산다는 아이도 있는데 아이들의 경제 개념도 엄청 양극화구나 싶다.

적금을 해보면 경제 용어들이 저절로

"적금은 '쌓을 적'이어서 돈을 일정하게 쌓는 저금의 형태인데 예금과 어떤 차이점이 있을까?"

예금과 적금, 금리가 무엇인지를 설명해주자 갑자기 주미가 새액 웃으며 말한다.

"선생님, 저도 '굴비적금'에 들어야겠어요. 버스비 아껴서 1주일에 6400원 모았거든요."

"그~ 래?"

아이들이 일제히 주미를 쳐다보며 진짜 모았는지 입을 모아 묻는다.

"좋아, 그럼. 1년 동안 적금을 들었을 때 마지막에 찾는 원금과 이자를 계산해보자."

1주 저축 = 6,400원
1달 적금 = 25,600원
1년 적금 = 307,200원 (원금)
1년 이자 = 15,360원 (연리 5%)
굴비 적금 (원금 + 이자) = 322,560 (세전 금액)

버스비를 아껴서 매달 25,600원을 굴비 적금에 넣으면 1년 뒤에는 30만원 정도를 모으게 된다는 것을 알게 된다.

"와~~ 진짜 큰돈이 되네!"

"그렇지?! 비 오는 날이나 추운 날에 버스를 타고 싶어도 목표가 있으면 꾹 참을 수 있거든. 친구들과 떡볶이를 한번 사 먹으면 사라지고 말 6,400원을 모을 때는 무척 힘들겠지만 떡볶이를 겨우 한두 번 먹으면 없어질 그런 돈이 모여서 30여만 원의 몫돈이 되는 것이 적금의 힘이지. 그래서 '티끌 모아 태산'이라는 속담을 은행에서는 좋아하겠지?"

나의 설명에 주미는 적금이라도 탄 것처럼 한가득 웃음을 짓는다. 꿈을 키워보는 것만으로도 행복해지는 것이다. 적금을 모아 이어폰을 사겠다고 야무지게 다짐한다.

"선생님, 고금리가 되면 우리는 좋은데 왜 금리가 높으면 걱정된다고 하죠?"

"와~~ 무척 좋은 질문이구나!"

"금리가 높아지면 저축하는 개인에게는 좋지만 돈을 빌려쓰는 기업측에는 불리해진단다. 기업은 은행에서 많은 돈을 대출해서 상품을 생산하는 입장이지. 은행은 빌려주는 댓가로 더 높은 이자를 책정해두었어. 즉 '대출이율>저축이율' 이런 구조지. 그래서 생산품에 그 대출이자가 붙어서 가격이 매겨지게 되므로 물건값이 야금야금 올라가는 소비자 고물가 시대가 되는 것이란다. 요즘 엄마들이 마트에 가면 값이 너무 비싸서 함부로 못 사겠다고 말씀하시는 걸 들은 적 있니? 아빠 월급은 똑같은데 물건값이 오르면 그만큼 물건을 살 수 없게 되므로 '인플레이션'이라고 한다. 기업에서도 어쩔 수 없이 가격은 그대로 두고 물건의 양을 줄이는 마케팅을 펼치기도 하잖아. 예컨대 신라면 덕용 제품에는 원래 5개가 들어있었었는데 언제부턴지 4개만 들어있더라고. 2024년 총선 때 정당마다 고물가를 잡고 민생을 안정시키겠다는 주장을 하며 당선 표를 구하려 하는 것도 같은 맥락이란다."

"총선이 뭐죠?"

아이들은 이어서 대선과 총선이라는 정치구조에 대한 상식적 개념들을 이해해야 했다. 수업이 이쯤 되면 경제와 정치가 불가분의 관계이며, 왜 수능 언어영역에서 '시장 경제, 소비자, 생산자, 수요, 공급, 긴축 재정, 통화 정책, 비용 절감, 원화 절상' 등과 같은 경제나 법, 정치 지문이 자주 출제되는지 이해하게 될 것이다.

▌어려운 비문학 지문을 대하기 전에 미리 읽어볼 책들

세계의 경제를 쥐락펴락하는 유대인들. 그들은 어릴 때부터 용돈을 쓰되 10%는 남을 위해 쓰고 남은 돈은 불리는 경제 개념을 체득한다. 특히 13살 성인식 때 받은 돈은 채권 같은 곳에 투자하여 청년 시기에 창업자금의 씨앗으로 쓸 수 있는 돈을 만든다. 경제에 대한 마인드가 일찍부터 싹텄기에 유대인들이 뉴욕의 금융가를 장악하고 있는 것이다.

미국의 정치가들은 이스라엘과 하마스의 전쟁에서 왜 이스라엘에 전폭적인 지지를 보내고 있는가? 팔순 고령의 대통령 바이든이 국방장관을 보내지 않고 직접 이스라엘 전장으로 날아간 것의 상징적 의미는? 답은 바로 경제력! 경제력이 세계 평화와 질서를 대변하는 듯한 세태에서 우리 아이들도 학습지와 문제집 풀이에서만이 아니라 실제로 경제를 경험해 볼 필요가 있다.

요즘은 아빠 구두를 닦아서 용돈을 벌었다는 말을 들어본 적이 없다. 아이들을 과보호하며 오직 책상에서 공부만 하게 하기보다는 집안일을 정해서 시키고 그에 대한 대가인 용돈을 모으도록 경제 개념을 심어줘 보자. 곧 설날이다. 세뱃돈을 은행 상품에 직접 넣어보는 경험을 해보는 건 어떨까? 세전, 세후 이자 소득세는 무엇인지, 화폐의 가치와 금리 등을 배우다 보면 경제 상식이 혹 성장할 것이다.

내친김에 경제 관련 책을 읽어도 좋다. 특히 여학생들이나 문과 성향이 강한 아이들은 경제, 자연 과학 관련 지문 읽기를 매우 부담스러워한다. 갈수록 어려워질 것으로 예상하는 수능 언어영역 비문학 지문을 어떻게 대비할지 고민들이다. 비문학 지문을 접하기 전에 초등 고학년이 읽어도 무난한 독서부터 시작해 개념을 파악해보자.

동화책을 술술 읽으면서 경제, 사회에 대한 개념을 깨치기에 좋은 책으로는 <열두 살에 부자가 된 키라>, <나무를 심은 사람> 등이 적당하다. 이어서 냉큼 청소년용으로 건너뛰어 <왜 세계의 절반은 굶주리는가?>라는 고전에 가까운 책을 접한다면 중2 여중생이라도 세상을 보는 시각이 다양해질 것이다. 또한 경제와 정치, 환경, 과학기술 등이 서로 유기적으로 연관됨을 인식할 수 있을 것이다.

* 경제 개념을 깨우쳐 줄 도서

책 제목	저자	추천 연령	책의 특징
열두 살에 부자가 된 키라	보도 섀퍼	초등 고학년	스토리를 술술 따라 읽다보면 경제 원리를 깨친다
우리 동네 경제 한바퀴	이고르 마르티나슈	초등 고학년	동네 벼룩시장 참여하기 등 주변에서 보이는 경제 원리 쉽게 이해
그림이 보이고 경제가 읽히는 순간	태지원	중등생	청소년을 위한 미술 속 경제학 책이다. 기회비용, 경제공황 등 그림 속에 역사와 경제 개념을 쉽게 깨우치게 된다

* 사회, 정치, 국제환경 등 관련 도서

왜 세계의 절반은 굶주리는가?	장 지글러	중등생	유엔 활동가로 세계 기아 문제를 아들과 대화 형식의 리포트
청소년을 위한 음식의 사회학	플라 에이어	중등생	음식과 관련된 통계자료까지 담아 '음식의 홍수시대'에 사는 우리에게 메시지를 던진다.
쓰레기 책- "왜 지구의 절반은 쓰레기로 뒤덮이는가?"	이동학	중등생	세계여행을 떠났다가 목격하게 된 쓰레기와 환경문제를 생생한 사진과 함께 풀어낸 책

* 생태계, 자연환경 등 관련 도서

고릴라는 핸드폰을 미워해	박경화	초등 고학년	환경부, 교육청 등 여러 단체에서 청소년우수도서로 추천, 당장 실천할 수 있는 실천거리도 제시한다.
희망의 이유	제인 구달	중등생, 성인	침팬지 연구를 통해 지구의 평화를 갈망하는 자서전적 형식의 책이다. 생각보다 덜 딱딱하다
침묵의 봄	레이첼 카슨	중등생, 성인	최초의 녹색선언! 생태학, 환경운동을 일상화시킨 세계를 뒤흔든 책이다

06

공부의 동기 부여,
"아픈 역사를 알려줘라"

5학년과 역사 수업을 할 때다. 6.25 분단 상황쯤 오면 질문해본다.

"지금 북한은 우리나라니?"

"……"

"국기 모양도 다르고 이름도 조선인민 어쩌구해서 우리나라가 아니죠."

선뜻 대답을 못 하다가 어떤 아이가 적극적으로 말하면 다른 아이들도 '우리나라가 아니다'로 판정한다. 고구려 광개토대왕도 우리나라 역사 인물이요, 백두산은 자랑스런 우리나라의 대표적인 산으로 알면서 북한만은 다른 나라다?

"우리나라가 아닌데 왜 교과서에는 통일문제를 다루니?"

"……"

우리 헌법 3조에는 '대한민국의 영토는 한반도와 그 부속 도서로 한다'가 명시되어 있다. 북한도 한반도에 속해서 우리나라인데 북한 정권이 영토를 강점하고 있는 것이다. '북한 국민'이라 말하지 않고 '북한 주민'이라고 말하는 것은 우리나라의 한 지역주민으로 해석하는 것이라고 볼 수 있다.

헌법을 모른다고 해도 누가 봐도 같은 나라임을 알만한 것들이 생활 속에 드러나 있다.

필자가 쓴 <멋지게 자랑해봐, 대한민국!>에서도 북한과 우리는 같은 나라임을 자세히 설명했듯이, 혈연이 같고, 언어가 같고, 문자가 같고, 분단 전까지 역사가 같고, 음식이 같기에 엄연히 같은 민족이라는 것이 명명백백한 사실이다. 말하자면 같은 부모를 둔 한 형제인데 둘이 싸워서 오가지 않는 단절 상태다. 교류가 없다고 형제가 아닌 게 아니듯이 갈라져 있지만 같은 나라인 것이다. 현재는 두 개의 정부로 나누어졌지만 언젠가는 한 나라가 될 수밖에 없는 민족공동체다.

우리가 한 겨레임은 스포츠에서 잘 드러난다. 올림픽 경기에서 북한이 다른 나라와 대전을 하면 우리는 자신도 모르게 북한을 응원하게 된다. 이러한 안타까움을 <꿈은 이루어진다>와 같은 영화에서 웃음으로 승화하기도 한다. 그런가 하면 '한일전' 축구가 있는 날에는 땅꼬마 남자애들까지 열기가 고조된다. "일본은 무조건 이겨야 한 대요"라며 그 어느 때보다 열심히 우리나라를 응원한다. 고통의 현대사가 아이들에게까지 면면히 흘러가고 있는 것이 엄연한 현실이다. 아픈 역사만큼 공부에 동기부여가 되는 과목이 어디 있는가! 실패한 쓰라린 경험만큼 인간을 성숙하게 하는 것이 어디 있는가!

▌6.25를 직접 겪은 할아버지 할머니께 듣는 생생한 역사 수업

2017년 6.25를 앞두고 나는 서울 성동초등학교에서 <역사 동행> 프로젝트를 실시하였다. 그것은 할아버지 할머니들이 몸소 겪은 6.25를 아이들에게 들려주는 역사 수업이었는데, EBS 방송 교육뉴스에 소개되기도 했다. 교사 출신이었던 할머니께서는 13살 때 서울 남산에서 겪은 일을 아이들에게 들려주었다.

"우리 집이 남산 쪽에 있었는데 인민군이 남산에 집결해 있었던 거지. 총알이 빗발쳐서 무거운 겨울 솜이불을 뒤집어 쓰고 무조건 뛰었어. 그때 솜이불이 총알을 막아주더군."

아이들이 손에 땀을 쥐며 들었다. 수업 후 아이들은 "좀 무서웠지만 재미있었고 집에 가서 우리 할아버지께도 이야기를 들어보고 싶다"고 했다. 아이들은 나라를 지켜주셔서 감사하다고 어른들께 깍듯이 인사했다. 봉사해주신 박사 어르신께서도 무척 보람된다며 "이런 기회를 나라에서 만들어야 할 것"이라고 덧붙였다. 일본에서는 지진 예방 교육을 위한 봉사자로 어른들이 나선다. 지진 피해를 겪은 어른들의 생생한 경험담은 영상이나 교사의 백 마디보다 효과적이라고 했다.

'뇌 공부' 열풍을 일으킨 박문호 박사는 말한다.

"공부를 왜 해야 하는지, 그 이유를 찾는데 시간의 90%를 써야 합니다. 지금은 공부의 의미를 심어주지 않고 공부만 하는데 90%를 쓰고 있습니다."

공부가 어렵다고 여기는 것은 공부의 이유를 찾는 90%가 충족되지 않아서이며, 나름의 이유를 찾으면 누구나 공부는 잘할 수 있다고 말한다. 우리 부모들은 자녀와 공부해야 하는 이유에 대해 90%가 아니라 10%도 대화해보지 않고 그냥 "공부해, 책 읽어, 숙제해, 문제 풀어"라고 하지 않았는지 돌아봐야 한다.

<공부하는 힘>의 저자 서울대 황농문 교수도 사이다처럼 시원하게 이야기한다.

"아픈 역사를 들려주어 철들게 교육하는 것이 공부의 동기부여가 된다."

불행한 역사를 아는 것이 어떻게 학습의 동기부여가 된단 말인가? '청어 이야기'에 빗대어 생각해보자. 영국인을 가리키는 속어로 '훈제 청어'라는 말을 할 정도로 그들은 청어를 좋아한단다. 영국 역사학자 아놀드 토인비가 강연에서 자주 인용하는 이야기가 있다.

영국 사람들이 좋아하는 청어는 영국 근해 쪽에서는 잘 잡히지 않고 북해나 배링해협 등에서 잡아와야 한다. 그런데 먼 북해에서 영국까지 도착하면 도중에 청어가 대부분 죽어버린다. 어부들은 제대로 값을 못 받고 하는 수 없이 냉동 생선으로 팔아 치운다.

어느 날 한 어부가 청어를 싱싱한 채로 운반할 묘안을 생각해냈다. 그것은 바로 청어의 천적인 메기를 함께 수조에 넣는 것이다. 청어가 메기에게 잡아 먹히지 않으려 발버둥 친 덕에 영국인들은 싱싱한 청어를 값싸게 먹을 수 있게 된 것이다.

토인비는 '가혹한 환경이 문명을 낳고, 인류를 발전시키는 원동력이 된다'를 강조한다. 유대인 또한 처절한 고통의 역사를 그대로 가르친다. 초등학생이나 중고등학생 시절에 폴란드에 있는 아우슈비츠 강제수용소를 의무적으로 방문하는데, 그곳에 방문한 아이들은 조상들이 겪은 고통스런 장면 앞에서 대다수가 엉엉 운다고 한다. 고통과 불행의 역사 앞에서 어린아이들은 간접 경험을 하며 정신적으로 성숙해진다. 이스라엘 여행을 갔을 때 이집트와 이스라엘 국경선 초소에 여군들이 매우 날카로운 눈빛으로 무장하고 있었다. 이스라엘 여성들은 모두 18세에 입대해서 2년을 의무 복무한다. 1967년에 일어난 6일 전쟁 때는 외국 유학을 갔던 학생들조차 고국을 수호하려 모두

비행기를 탔다는 기사가 매우 유명하다. 그런 정신이야말로 사방이 아랍국으로 둘러싸인 악조건을 이겨낸 힘이리라.

중국 대련(다롄)에 있는 여순(뤼순)감옥은 안중근 의사가 수감 된 곳이었다. 2000년대 초 무척 추운 겨울에 상해 임시정부와 안중근 의사가 수감되었던 감옥에 갔었는데, 수많은 중국 학생들이 수학여행 온 것을 보았다. 썰렁한 높은 담장에 침침한 감옥이지만 말이다.

우리나라도 5천여 년 동안 크고 작은 시련 속에 단련된 오뚝이 같은 나라라는 역사적 자부심을 열심히 들려주어야 한다. 의식 있는 부모들이 사비를 들여서 서대문형무소를 견학하는 것에서 끝날 게 아니라 교과과정으로 일제강점기를 공부할 때면 마땅히 들리도록 해야 한다. 십 대 소녀에 불과한 유관순이 갇혀있었던 감방을 보면 얼마나 가슴이 아픈지! 위인전 <유관순>을 <안네의 일기> 못지않게 다시 읽게 될 것이다.

사춘기라고 공부 안 한다고 걱정할 것이 아니다. 일제시대 강제노역의 상징인 '군함도'와 같은 쓰라린 고통의 역사가 결코 부끄러운 흑역사가 아니다. 오히려 아픔과 시련을 딛고 오늘의 괄목상대한 경제부흥을 이룬 조상에 대한 감사함을 일깨워주는 것, 그것이 우리 아이들의 공부에 동기 부여를 해 줄 것이다.

| 청소년판 대하소설 <아리랑>과 <토지>를 읽고 나니

청소년판 대하소설 <아리랑> 12권을 읽은 중학생들은 한국이민사박물관을 견학하며 왜 인천에 이민 박물관이 있는지 깨달았다. 또한 왜 군산에 일본인 적산 가옥이 많아서 영화의 세트장들이 가설되는지도 알았다.

"저는 임진왜란을 알고 나서부터 일본에 대한 인상이 좋지 않았어요. 이번에 아리랑을 읽고 나니 일본 여행은 안 가고 싶어요."

일제 침탈에서 상상할 수 없을 정도로 끔찍하게 당한 조상들의 무고한 피 흘림을 간접적으로나마 알고 고통을 함께 느끼며 그런 생각까지 들었을 것이 다. 소설 내용 중에 할아버지에게 직접 들은 이야기를 누군가 꺼내면, 일제의 역사가 결코 자신과 멀지 않음을 체험하게 된다. 친구들과 함께 아픈 역사를 공유하며 정체성이 확립되니 공부해야 할 동기와 명분이 분명해지는지 아이 들은 수업마다 진지해진다. 자연스럽게 지도상에서 영화 <국제시장>의 배경 이 된 흥남부두, 간도, 연해주가 어디인지 찾아보고 서울과 개성이 얼마나 가 까운지를 찾아보며 개성공단의 시사 문제를 이해하게 된다.

"이 책 한 번 더 읽으면 어때요? 읽긴 좀 힘들어도 점점 재미있어져서요."

"저는 세계사 공부할 때 어떻게 세계를 다 알아갈까 싶어 막막했는데, 볼세 비키 혁명 등을 소설에서 알게 되니 요즘 러시아 문제가 더 궁금해져요."

대하소설 <아리랑>을 다시 읽자고 하니 대견하다. '벌거벗은 세계사' 프로 그램을 가족과 함께 시청 한다는 학생도 덧붙인다. 내친김에 대하소설 <토 지>까지 읽고 또다시 도전장을 내민다. 그 두 대하소설과 동일한 시대 배경 을 담고 있는 펄 벅의 <살아있는 갈대>였다. 노벨상에 빛나는 작가 펄 벅은 미국인으로서 우리나라 역사에 깊은 관심을 가진 사람으로 보인다. <살아있 는 갈대>는 이렇게 시작한다.

단기 4214년, 서기로는 1881년이었다.
수도 한양의 어느 봄날, 이제 막 태어날 아기를 위해서는 더없이 좋은 계절이요. 화창한 날씨였다.

아이들은 감탄했다. "우리나라 작가라도 이렇게 '단기'를 첫 단어로 시작한 책은 보지 못했다"고 말이다. 서양인들과 대화해보면 코로나 뉴스같은 이야기에는 그저 그렇다가도 역사나 고전을 이야기하면 눈이 반짝일 정도로 역사에 대한 인식이 대체로 높다. 그래서 이민진 작가의 <파친코>처럼 역사적 배경이 있는 작품에 더 작품성을 부여하는 것 같다.

우리의 역사 교육은 어떠한가? 학교에서 역사를 배워도, 한국사능력시험을 치고도, 북한이 우리나라인지 아닌지 헷갈리게 하는 정체성 교육의 부재, 역사 교육의 부재! 분단국가라는 엄청난 국민정신 교육의 과제가 있음에도 직면하기를 피하지 않았는지.

오늘날 서구에서는 한국을 한마디로 어떤 나라로 소개할까?

방탄소년단(BTS), 삼성 휴대폰, 김치의 나라? 아니다! '아시아의 분단국가'로 소개한다. <지리의 힘>을 쓴 팀 마샬도 책에서 우리나라를 그렇게 소개했다. 우리는 분쟁이 일어날 지정적 위치이기에 현재도 분단, 휴전 국가라는 정체성을 갖고 있다. 지금의 초등 교과서를 보면 1학년의 '우리나라'라는 교과에서는 태극기와 한복 등 문화 요소가 나온다. 3학년 이상의 책에서는 제일 첫 장에 딱 한 번 태극기가 나온다. 국기게양법도 딱 한쪽 사진으로 등장하고 만다. 세계화를 부르짖으면서도 세계 속의 한국이라는 한반도 위치, 지형, 애국가 등과 같은 우리의 정체성을 키울 내용이 잘 보이질 않을뿐더러 어쩌다 있어도 사진 외에 보충 설명이 거의 없다.

그래서인지 임진왜란 발발 당시 조선의 지도를 그리라고 하면 아이들은 휴전선부터 먼저 긋는다. 조선 시대 지도 그리기에서도 무조건 남북한을 쫙 가르는 줄부터 그려놓고 시작한다. 분단만 강조했지 왜 분단이 되었는지 앞으로 어떻게 해야 할 것인지에 대해 숙고하는 교육은 일부러 뒤져서 찾아보아야 할 정도다.

무궁화 무궁화 우리나라 꽃 삼천리 강산에 우리나라꽃
피었네 피었네 우리나라 꽃 삼천리 강산에 우리나라꽃

- '우리나라 꽃' 함이영 작곡, 박종오 작사 -

나는 이 동요를 첫 시간부터 아이들과 꼭 부른다. 우리나라 지도를 그릴 때 남한만 그리는 것이 아니라 한반도 전체 지도를 그려서 자주 보게 한다. 일기 예보를 보면서도 서울만이 아니라 신의주는 어디에 있으며 기온은 몇 도인지 보라고 이른다. 아이들의 생각이 점차 깊어져 간다.

처음에 올 때는 5학년인데 애국가 1절도 못 써서 손으로 가리며 부끄러워 하던 학생들이 이제는 역사의식도 제법 생기고, 사춘기의 방황이 특권인 양 행동하는 산만함도 차분하게 잡혀간다. 역사적 정체성을 깨닫게 된 독후 구 술문은 그대로 학교 독서기록장에도 쓰여지고 수행평가에도 활용될 것이다. 청소년 권장 소설을 일부러 읽지 않아도 나라와 세계를 인식하는 수준 높은 안목이 글 속에 배여 나올 것이다.

수업이 끝났다.

"차렷!"

"맞잡을 공, 손 수, 공수 자세."

"선생님께 경례!"

시작할 때 '예를 갖추자'며 인사를 하고 끝날 때도 예를 갖춘다. 희한하게 도 이제껏 이런 인사에 대한 불평은 없다. 어느 날 수업 설문을 해봤더니 '우 리 선생님은 애국자시다'는 느낌이 들어 따르게 된다는 의외의 답이 왔다. 아 이들은 순수하다. 어른들이 옳은 가치를 잘 보여주면 반드시 마음으로 따르 게 된다.

한국이민사박물관

한국이민사박물관 방문

서울 서대문형무소

제**7**장

쓰게 하기,
볼수록 뿌듯한 나만의 문집

 Tip 전국어린이독후감대회 수상 작품

성공을 부른 글씨체 하나

민지는 3학년이다. 그 아이 노트를 보는 사람마다 감탄사다.

"어쩜, 자로 잰 것같이 썼네!"

"언제부터 이렇게 썼니?"

민지는 그저 생글거리고만 있다. 민지에 대한 첫인상은 이때부터 달라진다. 어른은 물론이고 아이들도 '민지는 글씨를 잘 쓰는 아이'라 왠지 성실하고 믿을만한 모범생이라고 생각했다. 아이들은 민지와 친하게 지내려 한다. 남자애들도 민지의 말에는 저항하지 않는 묘한 기운이 형성된다. 민지는 자신의 노트를 보는 선생님마다 칭찬을 쏟아내니 그럴수록 숙제도 독후 노트도 더 꼼꼼하게 착실히 챙겨온다.

그러던 민지가 5학년이 되고 어느 날, 서울시 글쓰기 대회에 나가 큰 상을 받았다. 6학년 때도 글쓰기 대회에 나가 수상을 하고 글쓰기 영재반까지 추천받아 활동하게 되었다. 중학교에 진학해서도 전교 1등을 놓치지 않았다. 민지 어머니는 딸의 공부 비결을 묻는 사람들에게 자신은 하는 게 없고 아이가 그냥 열심히 한다고만 겸손하게 말한다.

"다 덕분이죠. 좋은 책을 꾸준히 읽었으니까요. 중학교에 가보니 선생님께 들었던 이야기들이 많이 도움 된다고 하더라고요."

"그런데 민지 글씨체는 어떻게 잡아준 거죠?"

"아, 그건요. 숙제장에 글씨를 개발새발 썼길래 확 찢어버렸어요."

"그렇게나!"

"근데 웃기는 건 민지 동생은 남자아이라 그런지 누나처럼 노트를 찢어버렸는데도 글씨체가 안 고쳐지더라고요. 호호"

의외로 글씨체에 대한 반응이 뜨겁다. 디지털 시대에 손글씨가 뭐 중요하냐고 여길수록 아날로그의 가치는 더욱 빛나게 된다. 사실 민지가 다른 아이들보다 머리가 뛰어나거나 더 뚜렷한 장점이 있어 보였던 아이는 아니었다. 처음에는 조용히 한구석에 있는 아이였는데, 그런 아이의 자존감을 마구 올려준 것은 글씨체 하나였다고 본다. '글씨체'라는 기초에 충실하다 보니 교과 성적까지 높은 성취감을 이루게 된 것이다. 칭찬은 고래도 춤추게 한다는 말처럼 자라나는 아이들에게는 작은 것 하나라도 어른들의 덕담과 긍정적 메시지가 공부할 맛이 나게 한다.

▌ 반듯한 글씨로 칭찬 세례에 성취감까지

사자소학에는 이런 말이 있다.

'시습문자 자획해정(始習文字 字劃楷正)' 즉 처음 글자를 익힐 때는 글씨체부터 반듯하게 쓰라는 뜻이다. 한자는 획순이 바르지 않으면 글자가 이상해지니 더욱 글씨체를 강조했을 것이다. 한글도 마찬가지다. 예전에는 1학년 때부터 깍두기 공책에 글자가 마름모꼴로 반듯하게 될 때까지 여러 번 따라 썼다. 요즘도 교과서 뒤편 부록에는 '바른 글씨체 따라쓰기'가 붙임으로 있지만,

디지털 세대니 글씨체에 대한 관심과 노력은 예전 같지 않은 것이 현실이다.

하지만 기계화될수록 의식 있는 사람들은 필기의 중요성을 새삼 강조한다. 코로나 시기를 거치며 온라인 수업이나 영상으로 공부한 아이들에게 나타나는 공통적인 문제는 글씨체나 노트 필기 기초가 잡혀있지 않은 경우가 많다는 것이다.

4학년 창빈이는 커서 작가가 꿈이라고 내세울 만큼 독서도 좋아하고 동시도 잘 암송한다. 하지만 글 쓸 때 연필을 이상하게 잡는 것이 습관이 되어 있었다. 몇 번을 제대로 잡을 수 있도록 일러주고 천천히 써보길 연습시켰지만 곧 습관대로 써버리곤 했다.

"젓가락으로 땅콩을 집어볼래?"

"야, 틀렸잖아."

창빈이의 젓가락질을 보던 친구 소현이가 소리를 친다. 그제서야 자신의 젓가락질이 틀렸다는 것을 아는지 당황한다. 물론 소현이가 땅콩도 더 잘 집어 먹었다. 글씨 획순이 올바르지 않는 아이들의 대부분이 젓가락질도 올바르지 못한 경우가 많았다. 유아기 때 다른 아이들보다 먼저 한글을 깨친 아이들일수록 그런 경향이 있는 것 같다. 한글을 깨쳤다는 것을 칭찬하기 바빠서 손가락 힘이 아직 온전하지 못한 아이들이 쓴 삐뚤빼뚤한 글씨체를 수정하거나 연필 잡는 법을 정작 제대로 알려주지 못했을 수 있다.

학자들의 보고에 의하면, 글을 읽을 때는 좌뇌만 쓰는데 글씨를 쓸 때는 눈과 머리, 소근육의 협응이 동시에 일어나 좌뇌 우뇌가 함께 작동된다고 한다. 집중력이 약한 아이들의 치료에도 글씨를 또박또박 쓰는 것을 권한다. 따라서 공부를 할 때도 늘 글씨를 적으면서 하는 것이 공부 지능을 높인다고 할 수 있다.

붓글씨에서 캘리그래퍼로!

아이들의 글씨체가 점점 심각할 정도로 제각각이다.

아이들조차 알아보기가 힘든지 똑 부러진 여자애들은 남자애들에게 심심 찮게 핀잔도 준다.

"야, 이게 무슨 글자야? 똑바로 써."

틀린 글자도 깨끗하게 지우지도 않고 덧칠하여 써버리는 아이도 적지 않 다. 시험을 볼 때 아이들과 선생님 사이에 글씨로 인한 실랑이가 벌어질 때도 있다. 문해력을 높이는 독서 지도에 앞서 저학년이면 올바른 연필 잡기와 한 글 획순부터 지도해야 할 책임감이 엄습하기도 한다. 한글은 영어와 비교했 을 때 받침이 있는 글자체라 손에 힘이 더 필요하다. 손아귀에 연필 잡는 힘을 주기 위해 연필을 쓰는 것이 샤프나 색연필보다 낫다. 노트는 줄 칸이 큰 것 부터 골라 크게 쓰도록 해야 글씨체가 얼른 잡힌다.

나는 아이들에게 글씨체의 중요성을 먼저 알려주기 위해 반드시 한석봉의 일화를 들거나 책을 읽힌다. 좀 큰 녀석들은 간혹 이렇게 질문한다.

"명필가가 뭐가 대단해서 위인전에 나와요?"

"맞아요. 허균처럼 홍길동을 지은 것도 아닌데"

디지털 세대 아이들은 글씨체에 별 감흥이 없기에 당연한 물음이다. 우리나 라 국보 1호는 숭례문이다. 태조 때부터 건축된 숭례문의 현판 글씨를 쓴 사 람은 세종의 맏형인 양녕대군이라고 한다. 혹은 세종의 아들로 당대 명필가 였던 안평대군 글씨체라고도 한다. 이렇듯 현판 글씨체 하나를 두고 600여 년을 내려오면서 누가 썼냐를 알고 싶어 할 정도로 글씨체가 명작품이 되어 수많은 사람들에게 보여주는 보물이 됨을 입증하고 있다. 한석봉이나 추사 김정희처럼 명필가로 인정이 되면 문화재에 자신의 글씨체를 남김으로써 자신뿐 아니라 대대손손 영광이 되는 것이다. 명필가도 문장가 허균에 못지않은 문화유산을 남긴 위인이 되는 것이다.

애기가 한차례 끝날 때면 민지가 남긴 전설의 노트 필기를 슬쩍 보여준다.

"우와~~~!"

감탄을 자아내며 같은 영훈초 선배라는 말에 더 끌리는지 글씨를 반듯하게 따라 쓰려고 했다. 내친김에 요즘 시대에도 손글씨로 성공한 사례를 들려주었다. 어느 TV 방송에서 젊은 아가씨가 서예 실력을 바탕으로 창업한 것이 방영되었다. 붓글씨가 캘리그래피로 각광받게 되면서 아날로그도 좋은 문화사업이라는 것을 보여준 사례였다. 젊은 세대들이 LP판 음악에 매료된다고 하듯이 손글씨를 찾는 사람도 늘어나는 추세인데 종사하는 사람이 적어 전망이 좋다는 것이다.

이처럼 글씨체 하나가 학업적 성공으로 이어지는 경우도 있고, 직업으로 이어지는 사례도 있다. 평생 버릇으로 달고 가는 것이 글씨체인 만큼 반듯한 글씨가 주는 뜻밖의 이로움에 남몰래 미소가 번지게 된다.

엄마, 왜 매일 써야 해?

"아이가 도통 글을 안 쓰려고 하는데 어쩌죠?"

"글은 원래 감옥에 있거나 억울할 때 쓰고 싶은 거죠."

"아, 정말 그렇긴 하네요. 호호."

어른들은 초등학교 1, 2학년 땅꼬마에게 글쓰기, 일기 쓰기를 왜 이렇게 강조할까? 심지어 '매일 글쓰기', '매일 일기 쓰기' 등의 제목으로 어릴 때부터 좋은 습관을 길러야 한다고 한다. 교육적인 말이나 자유롭고 싶은 인간의 본능적 욕구에 '매일'이란 단어는 금단의 열매 같다. 정말 좋은 습관이 된다면 그지 없이 훌륭하겠지만 세상 모든 것이 호기심이라 이리저리 부딪히고 싶은 아이들에게는 몇 줄 쓰는 시간에 나가서 축구를 하거나 친구들과 뛰어 놀고 싶을 것이다.

필자의 아들이 초등학교 2학년 때 담임 선생님이 매일 일기쓰기를 숙제로 내주셨다. 문제는 아이보다 팔쥐 엄마 근성이 다분한 내가 저녁마다 '일기 썼냐?'며 체크 하거나 일기 쓰기를 옆에서 봐주는 것이 솔직히 괴로웠다. '글을 잘 썼냐'는 뒷전이고 아들 태도부터 거슬린다.

"똑바로 앉아서 써야지."

"연필을 왜 그렇게 잡니?"

"글자가 이게 뭐니? 도대체 뭐라고 쓴 거야?"

"이게 지운 거니? 깨끗이 다시 지워."

"'재미있었다' 대신에 다른 말로 써봐."

"엄마 땜에 하기 싫단말야."

"니 숙젠데 왜 엄마 탓을 하냐?"

일기 쓰기가 단순히 몇 줄의 글쓰기 숙제로 끝나는 것이 아니라 부모는 아이를 혼내고, 아이는 아이대로 씩씩대며, 부모 자녀간의 분쟁의 시간으로 자꾸만 내달리게 됐다. 문득 회의가 일었다.

'일기를 매일 쓰는 습관이 평생을 갈까?'

'글은 쓰고 싶을 때 써야 잘 써지는 것이 아닐까?'

왜냐하면 일단 나 자신이 평생 '매일' 하는 것에 성공해 본 적이 별로 없었다. 어떤 이가 60일을 매일 하면 평생 습관이 된다고 하여, 새벽기도 100일을 시도해본 적이 있었다. 하지만 백일 습관은 그리 오래 가지 못했다. 이런 나의 실패경험을 인문학 수업 시간에 솔직히 고백하면 반응들이 재미있다. 만약에 댁의 남편이 이렇게 말한다고 가정해보자.

"당신은 왜 맨날 설거지를 미뤄?"

"그때그때 조금씩 해버리면 되잖아. 왜 늘 쌓아두지?"

그랬더니 어떤 어머니가 얼른 답했다.

"냅둬요. 식기세척기 살 거야."

그렇다. 아이들 심리를 도무지 이해하기 어려우면 부부관계나 우리가 어릴 때를 돌아보면 금방 실소하게 된다. 저학년 때는 글쓰기보다 우선 해야 할 것이 '읽기'이다. 책 읽기에 대한 맛도 들이지 못하고 있는데 성급하게 글쓰기까지 요구하는 것은 아닐까? 특히 초등 1, 2학년 때는 바른 자세로 읽기, 제대로 소리 내어 읽기, 내용 이해하기 등을 어른들과 즐겁게 이야기하며 책 읽기의 습관과 재미를 들이는 과정이 더욱 중요하다.

교육부 교과 과정에서도 말하기, 듣기, 읽기 그 다음이 쓰기이다. 글쓰기는 인지발달 과정의 마지막 단계로 종합적 사고력의 과정이기 때문에 어려울 수밖에 없다. 책 읽기가 잡히지 않으면 글쓰기는 언감생심이다. 남의 글을 열심히 읽은 경험이 누적되지 않으면 도대체 글 한 자 쓰기가 그렇게 엄두가 안 날 수가 없는 것이다. 그럼에도 엄마들은 아이에게 버릇처럼 말한다.

"너 오늘 뭐 했니? 한 것 쓰면 되잖아."

말이 쉽지 어머니들도 글쓰기를 해보라면 끙끙대며 그때서야 아이들 심정이 이해된다고 이구동성으로 말한다. 게다가 재미있는 게임이 있고 유튜브에 볼거리가 엄청난데 갈수록 쓰기를 싫어하는 것은 아이들의 문제라기보다는 시대가 변한 것임을 인정해야 한다.

글쓰기는 아이나 어른이나 놀고 싶고, 자고 싶은 마음을 조절해서 생산하는 시간이다. 초등 1학년에게도 어렵고, 작가는 작가대로 녹록치 않다. 제대로 쓰려면 일단 책상에 앉아 생각하는 시간을 거쳐야 하는데, 이런 과정은 누구에게나 쉽지 않다.

앞에서 '감옥에 들어가야 글을 쓴다'고 툭 내지른 것은 그만큼 쉽지 않음을 말하고 싶었다. 조선 실학의 거두 다산 정약용은 18년을 유배 생활로 보낸다. 그 세월 동안 한 사람이 500여 권의 책을 남겼다는 업적은 선비로서 현실의 어려움을 극복하고 자존감을 지키는 유일한 대안으로 '죽자사자' 한 일이 아니었을까 싶다.

글쓰기라는 것은 절박한 상황이나 누구에게 말할 수도 없을 만큼 참담한

심정이 될 때 진실을 토하듯 우러나오는 것이다. 그래서 위대한 작품들은 대개 저자가 고난을 겪을 때 탄생한다. 단테의 <신곡>, 김시습의 <금오신화>, 김만중의 <구운몽> 등 그러고보니 글쓰기를 걱정하는 엄마들에게 농담 비슷하게 던진 말이지만 정말 그런 것 같다. 일기 부문에서 유명한 <안네의 일기>와 <난중일기>도 전쟁 중에 쓴 것이니 말이다.

필자가 어릴 때만 해도 대체로 가난한데 형제자매는 많았기 때문에 오빠는 소풍갈 때 칠성 사이다를 사줬으면서 자신은 딸이라 푸대접을 받는다거나, 학교 선생님의 권위가 워낙 높아 반장이라고 억울하게 벌섰다거나, 운동장에서 고무줄 끊어먹는 남자애들을 욕하고 싶다거나 할때 마침 일기 쓰기를 숙제로 내주면 그런 억울함을 노트에 토하고 정화하는 시간이 되기도 했다.

이사를 하다가 발견한 필자의 국민학교 일기장을 보면 가관이 아니었다. 그야말로 억울할 때 쓴 것이 많았는지 군데군데 눈물에 얼룩진 자국도 있었다. 같은 연령이라도 어려움이 있던 시대의 아이들이 더 성숙하기 마련이고 그런 삶이 곧 풍성한 글쓰기로 승화되는 것이다.

한국 단편 소설을 읽다 보면 그 시대 작가들의 번뜩이는 해학과 남다른 상상력에 혀를 내두르게 된다. 일제강점기 때, 주린 배를 움켜잡고 폐결핵에 걸려 피를 토하면서도 우리에게 명작품을 남긴 그 시대 작가정신을 보더라도 인간은 풍요롭다고 글을 쓰는 것이 아니라 오히려 고통 속에서 차디찬 예지가 번득인다는 것을 짐작할 수 있다.

요즘처럼 재미난 것이 넘쳐 글쓰기 동기부여가 어려운 세대에 아이들에게 '매일' 글 습관을 들이자는 발상은 어쩌면 이것이야말로 시대착오적인 구시대 교과 과정이 아닐지! 따라서 저학년 때는 글쓰기를 먼저 강조하기보다는 책 재미를 들이는 것에 온 힘을 쏟아야 한다.

책 맛이 들면 책을 휙 건성으로 읽지 않고 궁금해하며 읽게 된다. 그러면 독해력이 쌓이고, 배경지식을 연결하면서 읽은 것에 대해 의견을 나누다 보면 메모나 기록하고 싶은 단계로 자연스럽게 넘어간다. 그릇이 가득 차면 넘치듯이 넘쳐흐르는 것이 글쓰기로 표현되는 것이다. 문제는 그릇에 든 게 별로 없는데 자꾸 쓰기부터 강조해서 글쓰기라면 치를 떨고 도망가게 만들어서는 안 된다는 것이다.

독서력이 잘 쌓여있으면 초등 고학년부터 쓰기를 해도 늦지 않다. 그때쯤 글쓰기 예시를 몇가지 보여주기만 해도 일기면 일기, 수필이면 수필을 써내게 된다. 만약 체계적인 독서력이 쌓여있지 않으면 고학년부터는 의도적인 글쓰기 훈련을 할 필요는 있다. 중학교부터 모든 수행평가가 쓰기로 마무리된다고 해도 과언이 아니기 때문이다. 가령 견학을 갔다 오면 견학 리포트로, 체육시간에 재기차기로 실기시험을 치면 '체육 운동과 재기차기의 연관성'에 대한 글쓰기로 수행평가를 할 수 있기 때문이다. 글쓰기에 대한 요지와 활동을 정리해본다면 다음과 같다.

- 저학년 때는 글쓰기를 억지로 강요하지 말자.
- 매일 쓰기에 앞서 책 재미 들이기에 먼저 관심을 기울이자.
- 독서 할 때 나오는 낱말로 끝말잇기 연습을 해보자.
- 두, 세 단어를 섞어서 입말로 글쓰기 놀이를 해보자
- 독서 메모 노트를 만들어 책 제목, 주인공, 3줄 소감 쓰기를 해보자.
- 비문학 책이면 초입 단계의 첫 문단 베껴 쓰기를 해보자.
- 한자어, 순우리말 단어를 넣어 짧은 글짓기를 해보자.

맨날 똑같은데 뭘 써요?

일기를 쓰라고 하면 제일 먼저 '뭘 쓰지?'가 고민이라고 한목소리로 이야기한다.

"매일 똑같은 생활인데 뭘 쓰냐구요?"

"아니, 날씨가 매일 같냐? 날씨부터 쓰면 되잖아."

"어제도 날씨 썼는데, 오늘보니 날씨가 똑같던데……"

일기가 글쓰기의 첫 단계인 것은 바로 '뭘 쓸까?'를 연습하는 과정이기 때문이다. 어른들도 글을 써보라고 하면 '뭘 쓰지?'에서부터 막혀 다들 어려워한다. 일기에서 글감 잡기 훈련이 되지 않으면 어쩌면 평생 글쓰기가 막막해질지도 모른다. 일기 쓰기는 글감(쓸거리)을 정해서 자신의 생각(중심생각, 주제)을 표현하는 논리를 연습하는 기초 체계이다. 일기 한 편에 '잘 쓴 작품성'을 기대하기보다는 자신의 주장과 생각을 담는 훈련이기 때문에 중요한 것이다.

그런데 아이들에게 일기를 쓰라고 하면 하루에 있었던 모든 일을 다 글감으로 여겨서 시간 순서대로 기록하는 경향이 짙다.

오늘은 날씨가 좋아서 일찍 일어났다. 기분 좋게 세수를 하고 밥을 먹으려니 내가 싫어하는 반찬을 주셨다. 기분이 별로였다. 학교에 가다가 친구를 만났다. 그 친구는 나를 보자 줄넘기 몇 개를 하냐고 물었다. 줄넘기는 잘하지만 100개는 아직 못한다. 체육시간에 그 친구는 나보다 줄넘기를 조금 더했다. 자신이 더 잘한다고 자랑한다. 점심을 맛있게 먹고는 축구를 하러 나갔다. 역시 축구는 우리 반에서 내가 짱이다. 수업이 끝나고 학원을 갔다. 수학 문제를 푸는데 연필이 부러졌다. 샤프가 없어서 불편하다. 친구에게 연필을 겨우 빌렸다. 집에서 아빠랑 티비를 같이 봤다. 재미있었다. 또 보고싶다.

위의 아이는 제법 성실하게 썼지만 하루의 일을 다 쓰려고 하니 매일 쓰기가 부담스러워진다. 그러다 귀찮아지면 아침, 학교, 오후의 일과로 잘라서 간단히 기록하고 '재미있었다'로 끝낸다. 그럼 일기 쓰기의 3원칙이 무엇인지 살펴보고 적용해보자.

일기 쓰기의 3원칙과 글감 잡기

1원칙: 하나의 글감만 골라서 쓴다.

일기는 하루에 일어나는 모든 일과를 다 쓰는 것이 아니다. 그날 있었던 일 중에서 기억에 남는 하나만 골라서 쓰는 것이 좋다. 이 원칙을 지켜야만 자신이 고른 글감에서 중심 생각(주제)이 드러나게 쓸 수 있는 것이다. 하루에 있었던 일을 순서대로 나열하면 주제가 드러나지 않을뿐더러 마치 보고서처럼 되어버린다. 무엇을 말하려는지 파악되지 않기 때문에 읽는 사람을 답답하게 한다.

2원칙 : 글감과 중심생각을 구별한다.

글감을 하나 선택했다면 그 글감에 대한 자신의 중심 생각(주된 느낌)을 쓴다. 예컨대 '자전거를 탄 일'을 글감으로 잡았으면 자전거를 타보니 '내 다리는 왜 이렇게 짧지?' 라든가, '균형잡기는 정말 힘들다'라든가, '미끄러지게 달리니 통쾌하다', '자꾸 넘어져 포기하고 싶다' 등등 자신이 경험하고 나서 드는 생각과 느낌이 중심 생각이 되는 것이다.

3원칙 : 제목은 중심 생각을 떡! 허니 올리면 멋있어진다.

자전거 탄 경험이 글감이면, 아이들은 '자전거 타기'라고 글감을 제목으로 쓰고 시작하는 편이다. 글감이 바로 제목으로 올라가면 뻔한 글처럼 밋밋해진다. 다른 사람들이 읽고 싶게 글을 쓰려면 제목이 가장 중요하다. 유명한 작가들도 마지막까지 제목으로 고민에 고민을 거듭한다. 짧은 제목 안에 그 글 전체를 내포하는 상징성이 있기 때문이다. 예컨대 글감이 '자전거 타기'라면 2원칙에서 중심 생각을 드러내는 제목으로는 '1cm만 길어도……', '제발, 균형을 잡아라!' '드디어 나도 달린다' 등등의 제목을 달아보면 어떨까?

이렇게 일기 쓰기의 3원칙을 이해하고 제목을 잡는 데까지는 여러 번 글쓰기를 통한 깨달아 가는 시간이 필요하다. 이때 되도록 글쓰기의 예문을 많이 보여주는 것이 좋다. 예문으로는 글짓기 책의 예문도 좋지만, 바로 옆에서 같이 쓰고 있는 친구들의 글감과 제목을 보여줄 때 더 자극이 되고 이해도 빠르다.

따라서 글을 쓰고 나면 반드시 글짓기 문집을 돌려 보면서 친구들의 글을 구경해야 한다. 참 희한하게 자신의 글은 잘 못 써도 남의 글을 평가할 때는 옥에 티가 잘 보이는지 수준있게(?) 분석한다. 그런 친구들의 피드백을 통해 고쳐 쓰다보면 금방 글쓰기의 실력이 자리잡혀간다. 혼자 집에서 글을 쓸때보다 친구들과 함께 쓸때의 장점이 훨씬 많다.

일기를 통해 글감 잡기 연습이 되면 독후감을 쓸 때도, 소개서를 쓸 때도, 제품 설명서를 쓸 때도 적절한 글감을 잡아 주제를 드러내는 글을 쓸 수 있다. 일기 한 편은 글감과 중심 생각과 제목의 삼박자가 흐르는 모든 글의 기초가 되는 것이다.

그러기 위해서는 '뭘 쓸까?'에 대한 첫 번째 관문을 아이들에게 쉽고 재미있게 인지시켜야 한다. 일선 학교에서는 요일별로 글감에 대한 카테고리를 예시로 정해주기도 한다. 가령 월요일은 독후일기, 화요일은 관찰일기, 수요일은 친구일기 등으로 제시한다.

하지만 매번 주제를 바꿔가며 제안하는 것도 한계가 있을 것이다. 따라서 아이들 스스로가 '이 세상 모든 것이 글의 재료인 글감이어서 쓸거리가 무궁무진하다'는 느낌을 갖도록 해보자. 글감을 크게 네 가지 범주로 '경험한 일, 생각한 일, 들은 일, 본 일' 등으로 나누어 각자 떠오르는 생각을 마음껏 적어보게 한다. 칠판이나 커다란 종이에 예시를 들어보자. 아이들에게도 원고지 뒷면이나 노트에 동그라미를 크게 그려서 4등분을 나누고 각 영역에 생각나는 것을 적도록 하자. 저학년이면 선생님이 먼저 글감의 예시를 몇 가지 들어주면 아이들이 저마다 쓸거리를 발표한다. 선생님이 칠판에 적어주면 아이들은 그것을 보며 계속 생각을 떠올리게 된다. 저학년이면 '경험한 일'을 많이 적을 것이다. 고학년으로 갈수록 '생각한 일'에 대한 비중을 더 두라고 코치한다. 글감 노트를 친구들과 돌려가며 구경해보면 아이들은 저마다 신기한 듯 한마디씩 한다.

"아, 이것도 글감이 되네요."

"얘는, 너랑 똑같네."

서로 비교해보면서 별로 생각지 않았던 사소한 것까지 글의 재료가 된다는 것을 깨닫게 된다. 친구들의 생활이나 생각을 엿보게 되어 관심 분야가 같으면 더 친해지는 기회도 된다. 그리고 친구들의 글감을 보며 자신도 글감이 떠오른다고 자꾸만 더 채우려 한다. 이렇게 쓸거리를 떠올려보는 체험은 '오늘은 또 뭘 쓰지?'라는 고민에서 벗어나게 되므로 글쓰기에서는 매우 중요한 1차적 과정이다.

	글 감
경험한 일	친구들과 놀았던 일, 가족 여행 간 일, 학교에서 활동한 일 등
들었던 일	학교에서 친구들한테 들은 소문, 부모님께 들은 이야기 등
보았던 일	영화나 TV에서 본 것, 집 주변에서 본 일, 학교에서 본 일 등
생각한 일	나와 가족, 친구에 대한 생각, 미래에 대한 상상, 지난 일, 궁금한 것 등

조금 번거롭기는 해도 이런 수업을 글쓰기 첫 시간에 해두면, '뭘 쓰지, 쓸 게 없어요'라는 소리는 쑥 들어간다. '쓰기가 귀찮을 뿐이지 쓸 게 없는 건 아니야'에 대한 암묵적 합의가 일어났기 때문이다. 그 와중에 어떤 아이가 생각하기 귀찮은지 "뭘 쓰지"라고 했다가는 범생이 여자아이들에게 "생각한 일 쓰면 되잖아"라고 반박을 당하기도 한다.

이제 집에서나 학교에서나 뭐든 쓰려면 경험한 일뿐 아니라 온갖 나의 상상과 생각한 것들 또한 글감이 된다. 세상 모든 것이 글감이라는 무한한 자유를 느끼며 쓸 게 없어서 끙끙거리는 버릇이나 글쓰기에 대한 타박은 싹 달아난다. 그렇게 되면 글쓰기가 막연히 싫고 무서운 것이 아니라 '까짓것 쓰고 말지 뭐.' 이렇게 다가갈 수 있게 된다.

일기 첫 줄 쓰기는 이렇게

"처음 시작을 어떻게 쓸까?"

글감은 정했는데 이제 첫줄 쓰기가 또 하나의 고비다. 대부분 첫 시작에서 막히게 되므로 글쓰기가 역시 만만치 않다고 여기게 된다. 이런 고민은 초등학교 아이들뿐 아니라 전문 작가라도 마찬가지다. 잘 쓰는 사람은 잘 쓰는 대로 어렵다. 작가 김훈은 첫 문장을 수십 번씩 고친다고 한다. 전문가라도 고치고 고치면서 첫 문장을 고민하는 것이다.

그러니 아이들은 오죽하랴! 이 첫 문장 쓰기에 대한 지도를 잘해 두지 않으면, 안 그래도 생각하기 싫어하는 요즘 아이들은 쓸 때마다 첫 줄에 막혀서 글쓰기에서 도망가고 싶어진다. 따라서 첫 문장에 대한 모델을 제시할 필요가 있다.

그렇다면 첫 줄 쓰기의 모델은 뭘까? 글을 쓰는 입장에서는 '글쓰기가 어렵지 않네. 쓸 만해!'라는 생각이 들고, 읽는 입장에서도 '재미있게 썼군'이라는 느낌을 주는 그런 모델은 바로 '대화체'로 시작해보는 것이다.

'대화체가 뭐지?'를 해결하기 위해 동화책의 큰 따옴표로 쓰인 문장과 설명체 문장의 느낌 차이를 서로 발표해본다. 아이들은 대화체가 들어간 부분을 더 재미있다고 발표하며, 글 속에서 장면이나 인물들이 상상될 정도로 생생한 표현이라고 한다. 그렇지! 바로 그 느낌처럼 일기 쓰기도 대화체로 시작해 보자고 제안하면 '그게 좋겠다'고 명랑하게 답한다.

이처럼 글을 쓰기 전에 아이들과 이런저런 대화를 하며 글에 대한 부담을 줄이는 시간이 꼭 필요하다. '글쓰기에 대한 인상은 어떤지? 이전에 안 좋은 경험은 없는지?' 등을 수다스럽게 나누는 것이 오히려 글쓰기 효과를 높일 수 있다.

┃ 대화체로 시작하는 첫줄, "쓰기도 쉽고 읽기도 재미있네"

대화체 모델로 글을 쓰기 위해 경험하기를 연출해 본다. '내 발 그리기'를 제시하여 겪은 일을 글감으로 쓰도록 해준다. 원고지 뒷면에 친구끼리 서로 발을 대고 연필로 그려준다. 아이들은 자기 발이 200자 원고지에 들어간다는 것이 신기하다는듯 어리둥절하다. 6학년이라도 대각선으로 발이 들어갈 정도의 크기가 된다.

그때 아이들은 '발이 간지럽다고 빨리 끝내라든가', '왜 이렇게 못 그리냐'든가 '발이 못생겼다'든가 온갖 말을 주고받으며 낄낄 즐거워한다. 그런 대화를 기억했다가 발이 그려진 모습 안에 적어둔다. 그것을 원고지 제일 첫 줄에 쓰면 된다.

"야, 내 발이 이렇냐? 좀 잘 그려."

"빨리 그려, 넘 간지러워, 하하 호호."

"에잇, 너도 좀 살살해."

이렇게 대화체를 시작으로 쓰는 모델을 제시하면 쓰는 사람은 쓰기 쉽고,

읽는 사람도 술술 흘러간다. 대화체는 평소 쓰는 말을 그대로 옮기기 때문에 '어떤 낱말로 쓰지?'라는 부담도 없어 첫 줄 쓰기가 그만큼 쉬워진다. 시작하기도 쉽거니와 감정을 솔직하게 드러내어 글이 실감난다. 대화 내용을 두세 줄 쓰고, 그 대화에 대한 사연을 쓰면 벌써 네댓 줄을 쓸 수 있다. 200자 원고지를 곧 다음 장으로 넘기면서 느낌을 더 자세히 쓰고 날짜와 날씨로 마감을 한다. 저학년은 200자 원고지 2장 그러니까 400자 정도의 글쓰기 분량이 적당하다. 물론 더 짧아도 길어도 괜찮다.

원고지를 쓰다 보면 노트에 쓸 때보다 훨씬 시간과 힘이 많이 든다. 원고지법에 맞추어 써야 하는 부담과 띄어쓰기, 맞춤법이 만만치 않기 때문이다. 글쓰기를 하는 초기에는 원고지법에 신경 쓰기보다는 쓰고자 하는 내용이 문맥을 따라 잘 흘러가는지를 살피면서 쓰는 것이 더 중요하다. 말하자면 자신이 정한 글감으로 중심 생각이 드러나는지가 중요한 체크 사항이다. 마지막으로 중심 생각에서 제목을 건져 올리면 일기 쓰기의 3원칙에 딱 맞는 균형잡힌 글이 된다.

저학년일수록 글감을 곧 제목으로 쓰는 경향이 있다. 멋진 제목을 고르기 위해 자신이 쓴 글 중에 느낌 부분을 살펴보자. 느낌 부분에서 '내 발은 왜 이렇게 커, 울 아빠 닮았나봐' 이렇게 표현된 것이 있다면 그것이 제목으로 올라가면 어떤지 물어본다. 그럼 아이들은 '아, 이렇게 제목을 표현하는 것이 멋지구나'를 깨닫게 된다. 고학년이면 아이들에게 자신의 중심 생각이 뭔지를 물어보고 그것에서 제목이 도출되도록 지도하면 좋은 글쓰기가 될 수 있다.

글감 : 발 그리기
제목 : 내 발은 공룡?
주제 : 아빠 닮아 친구들보다 발이 크구나.

이처럼 3원칙이 일치하면 짧은 일기지만 원인과 결과가 내포된 논리정연한 글이 되는 것이다. 원고지 400자를 글로 채우고 보면 '와, 내가 참 생생하게 썼구나. 멋져!'라는 느낌과 함께 다들 엄마에게 칭찬을 받았다고 좋아한다. 일기 쓰기를 하면서 자신의 개성이나 관심사도 발견하게 된다.

첨삭 지도에서는 아이가 똑같은 단어를 자주 쓰면 다른 어휘로 표현해보기 정도만 봐주면 된다. '참 재미있었다'를 반복적으로 사용하면 그 단어가 들어간 긴 문장 만들기 연습이나 다른 감정의 단어를 쓰도록 예시를 제시해본다. 가령 '수업 시간이 참 재미있었다-> 수업 시간에 노래를 불러서 재미있었다-> 수업 시간에 내가 직접 가사를 지어 불러서 신기하고 재미있었다' 혹은 '재미있었다' 대신에 '뿌듯했다, 신났다, 시간 가는 줄 몰랐다, 기대되었다, 이상야릇했다' 등으로 다양한 감정 표현을 연습해보자.

저학년은 전래 동화 속에 나오는 생생한 순 토박이 낱말을 짧은 글짓기로 연습해두었다가 그런 단어를 적절한 곳에 표현할 줄 알면 남다른 글이 될 것이다. 고학년이면 속담이나 사자성어 같은 어휘가 적절하게 문장 속에 표현되면 글이 확 살아난다.

일기 마지막에 쓰는 날씨도 '맑음, 흐림'과 같이 명사형으로 짧게 쓸 것이 아니라, 사람에 빗대어 의인법으로 표현해보면 살아있는 글쓰기로 마무리할 수 있다. 우리나라는 사계절이 있어 날씨에 대한 아이들만의 기발한 표현에 놀라게 된다.

원고지 뒷면에 '발 그리기'를 하고 대화체로 시작한 글쓰기

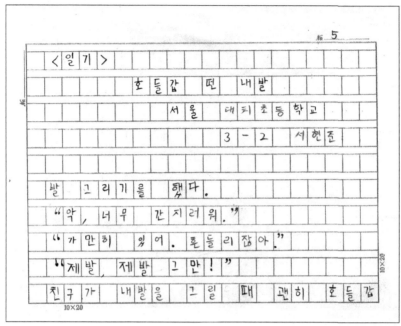

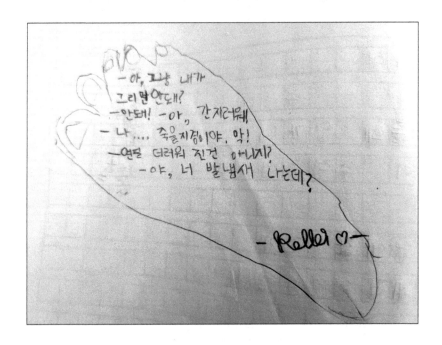

귀찮은 독후감,
구술녹음으로 뚝딱!

서연이는 최근 독후구술 녹음이 부쩍 매끄러워져서 감상이 술술 나온다.

"선생님, 저, 얼마 전부터 독후감을 써놓고 녹음해요."

"그래? 내가 쓰라고 하지 않았는데도?"

"쓰지 않고 녹음하니까 했던 말 또 하고 갑자기 버벅거리기도 해서 ……"

3학년 때부터 세계 명작 동화를 읽고 자신의 입말로 독후 감상을 녹음해온 서연이는 5학년이 되니 저절로 독후감을 쓰기 시작했다. 그 아이의 말대로 감상문을 따로 적지 않고 책을 들어 읽은 쪽을 펼치면서 생각난 것을 녹음해보니까 말도 정리가 안되고, 시간은 시간대로 더 걸리더라는 것이다. 서연이는 그 시간 안에 어떤 말을 하고 싶은지 생각을 메모하다 보니 저절로 독후감을 쓰게 되었다고 했다.

심 봤다!

일찍이 예상한 대로 독후구술을 하다보면 저절로 독후감을 쓸 것이라는 기대가 적중되었다. 한 번도 독후감을 제대로 가르치지 않았지만 수연이와 똑같이 서연이도 이미 독후감 형식을 갖추고 한 편의 독후감을 쓰고 있는 것이다. 아이들은 손이 아니라 자기 목소리로 했을 뿐인데 독후감에 대한 부담을 덜 느끼고, 스스로 창작의 고통을 즐기며 익혀가는 것이다.

| 독후 구술 녹음으로 저절로 쓰게 되는 독후감

고학년이 되면 독후감을 써야 하는 시기에 귀찮아서 책조차 읽기 싫다고 말하는 애들이 적지 않다. 그럼, 책만 재미있게 읽으면 되었지 꼭 독후감이 필요한가? 저학년까지는 줄거리를 이해하며 독서를 즐기면 된다. 하지만 고학년이 될수록 줄거리 요약과 느낌으로 간단히 끝나는 것이 아니다. 등장인물이나 사건을 분석 및 비판하며 자신의 생각을 서술하는 사고력이 독후감을 써보면서 늘어나는 것이다.

일기나 생활문보다 독후감을 잘 쓰기 위해서는 책을 읽고 생각하는 시간이 더 많이 요구된다. 고학년으로 갈수록 자신의 생각 부분을 늘려야 한다. 중학생 이상의 독후감에서는 '만약 나라면 어떻게 할 것인가?' 혹은 '내가 이런 생각을 하게 된 근거는?' 등과 같은 주장을 밝히는데 그것이 곧 논설문의 기초가 되는 것이다. 이렇게 중요한 독후감이지만 갈수록 쓰기를 싫어하는 세태이니 그 대안으로 고안해본 것이 독후구술 녹음이다.

'독후구술 녹음'이란 책을 읽은 후 독후감을 쓰는 대신 입말로 느낌과 생각을 녹음해보는 것이다. 독후구술 녹음을 하면 책을 읽기만 하고 쓰지 않아도 되니 홀가분하게 접근할 수 있다. 녹음하며 자신의 음성을 듣는 즐거움도 있다. 대개 3분 정도에 맞추어 내용과 느낌을 녹음하면 된다. 처음에는 '그리고, 그래서' 등의 접속사로 줄거리 요약을 하려 끙끙대다가 자신도 모르게 8분을 넘기기도 한다. 그러면서도 시간 가는 줄 모르고 곧잘 녹음을 하다 보면 점점

3분에 맞추어진다. 사실 3분이면 200자 원고지 6, 7매 분량의 글쓰기 정도라 초등학생에겐 결코 적지 않은 분량이다. 이 정도를 글로 쓰면 무척 힘들지만 녹음을 하면 무슨 말을 하든 그만큼 풀어낼 수 있다.

독후구술 녹음에서 실수없이 정연하게 표현하고 싶어지면 차츰 스스로 메모하고 정리하여 녹음하게 된다. 친구들과 함께 녹음 숙제를 듣다 보면 자신의 장단점을 느끼게 되어 자신의 말투나 발음 등도 개선할 수 있다. 나아가 독서토론을 할 때도 미리 입말로 설명해 본 것이라 표현력도 향상됨을 알 수 있다.

이제 중학생이 된 서연이는 싱글벙글이다.

"선생님, 그동안 독후구술 녹음한 파일이 수행평가에 엄청 도움될 것 같아요."

국어 시간에 하는 독서기록장이나 수행평가 숙제를 할 때 자신은 그동안 독후구술 녹음 파일과 독후감 써 둔 것이 많아서 걱정이 없다는 것이다. 맘에 드는 작품을 골라서 다시 들어보고 그간 생각이 달라지거나 시대 배경 같은 것을 더 보충하면 될 것 같다고 한다. 새삼 본인이 그동안 독서로 많이 성장했음을 느껴 뿌듯해졌나 보다.

▌독후감을 잘 쓰려면 메모하라

독후감을 잘 쓰려면 메모나 노트 필기가 중요해진다. 역사나 지리, 문화 풍속 등과 같은 배경지식이 한편의 작품을 이해하기 위해서 필요해지기 때문이다. 이런 배경지식을 메모해가며 작품을 깊게 이해하지 않고, 스토리만 기억하면 독서 후에도 별로 남는 게 없다.

메모하면서 읽으면 외국의 인명, 지명이 많이 나오는 세계 명작이나 세계사에서 요긴하다. <토지>나 <아리랑>과 같은 대하소설을 읽을 때도 많은 등장인물의 관계 파악을 메모하면 이해하기 쉽다. 중학교 국어책에 등장하는 한국 단편 소설을 읽으려면 일제강점기라는 역사적 배경을 필히 이해해야 한다. 윌슨의 민족자결주의와 3.1운동, 친일파 문학가, 사회주의 등 그 시대를 반영하는 어휘를 이해하면 어려운 단편 소설도 술술 읽어나갈 수 있다.

따라서 배경지식을 그때그때 알아보고 노트 필기를 꼼꼼히 해둘수록 유리하다. 선생님의 농담까지도 노트 한구석에 적어두었다가 시험 볼 때 기억이 났다는 경험들이 있듯이 알차게 메모해두는 것이 경쟁력이 된다. 예비 중학생이면 관련된 영화를 보고 영화 감상문을 쓰거나 녹음을 하는것이 배경지식으로 아주 좋다.

그런 점에서 6학년 지수의 메모와 노트 필기는 중학교 가서도 성적을 쭉 올려준 사례가 된다. 지수는 <수난이대>나 <최척전>을 읽을 때도 지도에서 찾은 공간적 배경을 노트에 살짝 그려둔다. 작가에 대한 조사나 좋은 문장도 빼곡히 메모해둔다. 가끔 다른 팀의 아이들에게 지수의 노트를 일부러 보여주기도 한다. 그럼 아이들은 감탄사를 연발하며 자신들도 노트 필기에 정성을 들이려고 한다.

조선 시대 다산 정약용은 두 아들과 제자들에게 초록을 매우 강조했다. 책을 읽을 때 중요한 내용들을 간추려 메모하라는 것이다. 오랜 유배 생활 동안 무슨 참고할 책이 있었겠냐마는 한 권의 책이라도 초록하며 숙고한 끝에 창의적인 작품들을 탄생시켰을 것이다.

작가 조정래 선생이 아들과 며느리에게 대하소설 <태백산맥>을 필사하라고 한 유명한 일화가 있다. 그는 열 번 읽기보다 한 번 베껴 쓰는 것이 작가의 핵심 메시지를 이해하는데 도움이 된다고 했다. 실제로 필사를 한 독자들의 노트가 문학박물관에 전시되어 있기도 하다.

따라서 고학년 이상이면 독후감 이전에 노트 필기와 더불어 책 필사를 권하고 싶다. 필사하기에는 지식 위주의 신문 칼럼이나 <논어> 같은 고전이 좋다. 한자어가 많아 뜻풀이를 생각해보며 천천히 따라 쓰기에 적절하기 때문이다. <어린 왕자>, <꽃들에게 희망을> 같은 작품은 몇 번을 읽어도 좋은 문장이 많으니 아예 필사 노트를 만들어 작품처럼 남겨도 좋다.

* 독후 쓰기 활동

저학년	고학년
문장 받아쓰기 짧은 글짓기 독서 일기쓰기 독서 편지쓰기	필사하기 요약하기(초록) 독후감 쓰기 서술문 쓰기

* 필사하기 좋은 작품

저학년	고학년
동요 동시 애국가 어머니 은혜 <사자소학> 효행편	시조 남도 아리랑 소설 <아리랑> 중 진혼곡 <논어> <잠언>

* 고학년 <논어>, <맹자>를 메모하다

위령공편28

공자께서 말씀하셨다. "많은 사람들이 어떤 이를 미워해도 반드시 잘 살펴보아야 하고, 많은 사람들이 그를 좋아해도 반드시 잘 살펴보아야 한다.

↳ 우리반에서 모두가 싫어하는 친구가 있어서 나도 그 아이를 피한다. 그리고 인기 많은 애마는 친해지고 싶어하는데 그 인기 많은 애도 친구들을 흉 보는 등 단점도 많았다. 그럼 내가 피한 그 친구에게 난 편견을 가졌던 것 같다. 결국 그 친구가 좋은지 안 좋은지의 판단은 내가 직접 해 볼 필요가 있다.

공손추 하~02

"내가 듣기로, 관리가 그 책임을 다하지 못하면 자리에서 물러난다고 했다. 간언의 책임이 있는 사람도 간언이 받아들여지지 않으면 떠난다고 했다. 나는 관직도 없고 임금에게 간언할 책임도 없는 사람이다. 내가 나아가고 물러나는데 어찌 느긋하고 여유롭지 않겠는가?"

05

↳ 맹자는 남들의 말에 자신의 입장을 해명 중인데, 자신은 직책이나 간언할 입장도 아니다, 그러므로 느긋하고 여유롭다. 하지만 간언에 실패한 자는 직책을 수행할 능력이 없으니 물러나는 것이다.

06

나만의 문집
"와, 내가 이렇게 썼구나"

삼 십여 년을 변함없이 해온 일이 하나 있다.

아이들에게 자신만의 문집을 만들게 한 것이다. 세상에 하나뿐인 자신의 창작품을 문집에 담으면 색다른 추억이 된다.

"와, 이게 문집이라고요?"

"선생님 딸이 꾸민 거라고요?"

"이게 종이인가요? 이런 건 어디서 사요?"

우리 딸이 만든 새까만 흑표지의 문집이 아직 서가에 있다. 가끔 아이들에게 보여주면 박물관 물건 보듯 신기해한다. 이런 문집을 만들어보자고 하면 대환영이다. 뜻밖에도 아이들이 옛 감성이 묻어있는 아날로그를 좋아하는 것 같다. 어쩌면 모든 이에게 아날로그는 마음의 고향인 듯. 전자책이 등장할 때 종이책이 없어지나 걱정을 했지만 그렇지 않았다. 사람들은 책장을 직접 넘기고 줄을 그으며 무언가를 끄적이고 싶어한다. 그렇듯이 문집을 만들어보는 것도 소박하고 따뜻한 감성을 심어주는 일인 것 같다.

옛날 사람들은 책이나 노트를 직접 만들어 사용했음을 알려주면서 문집 만들기에 필요한 재료를 소개한다. 초등 저학년이면 200자 원고지를 준비한다.

6학년이면 400자 원고지를 준비하여 중학교 수행평가 글쓰기에 대비한다. 아이들은 구시대 유물 같은 흑표지와 철끈, 송곳의 등장에 신기한 듯 눈을 반짝인다. 그리고 내가 송곳으로 원고지를 뚫을 때는 철인의 무술인양 숨죽이며 본다. 시범을 보여준 다음에는 직접 해보라고 권한다.

"아, 찔리면 어떡해요?"

"펀치로 하면 쉽지 않나요?"

"엄마랑 같이 해서 다음 시간에 가져오면 안 되나요?"

대부분 망설이다가도 호기심에 가득 찬 녀석부터 송곳으로 종이를 뚫어본다. 금방 요령껏 원고지를 뚫고 철끈으로 묶어 문집을 뚝딱 잘 만들어 내는 아이도 있다. 희한하게도 수십여 년을 이 작업을 하면서 날카로운 송곳에 찔려 피가 난 아이는 단 한 명도 없었다. 아이들도 자신의 몸을 사릴 줄 안다. 그 중에는 뾰족한 송곳이 무섭다고 아무것도 하지 않은 채 친구들에게 부탁하는 아이도 더러 있긴 하다.

펀치로 뚫으면 쉽고 간단하다. 원고지가 프린터 된 노트도 시중에 있다. 그냥 노트에 써도 된다. 편리하고 세련된 것은 많지만 송곳의 쓰임도 알고, 흑표지도 알고, 노끈으로 매듭도 지어보고, 조심조심하며 협동하는 과정을 통해 탄생한 문집이 특별하게 느껴질 수 있을 것이다. 그 속에 채워갈 글쓰기에 대한 기대가 피어날 것이다. 요즘은 200자 원고지를 덮을 흑표지가 구하기 어려워 합성수지를 쓰기도 하지만 그마저 시중 문구점에서는 구하기 어렵다.

문집에 제목을 붙이고 겉표지를 꾸며보면서 완성된 것을 보면 자신만의 문집에 애착을 갖게 된다. 노트에 글을 쓸 때보다 자기 문집의 원고지에 한 글자 한 글자씩 수놓듯 채워가는 시간이 분명 의미가 있을 것이다.

"어른이 되어서 보면 참 좋은 추억이 될 것 같아요."

"이건 버리지 않고 이사 갈 때도 꼭 챙길래요."

어느새 문집을 끌어안고는 어른같이 한마디씩 한다. 이쯤 되면 "글쓰기 싫어요"라고 마구 거부하는 아이는 찾아볼 수 없다. 자신만의 소장품인 문집을 꾸미려 정성을 들이다보니 그만 애정이 생겨버렸다고나 할까.

이제 문집에 글쓰기를 시작할 때다. 첫 네댓 페이지에는 서문과 목차를 쓰도록 남겨두고 글쓰기를 시작한다. 초급인 처음에는 200자 원고지 2장을 쓰면 충분하다. 글은 짧아도 제목과 중심 생각이 잘 표현되는 연습이 중요하다. 고학년이면 초급이라도 3장을 쓰고 나아가 1200자 정도 쓰는 수준까지 연습해야 한다. 원고지에 글쓰기를 하면 원고지법 규칙이 있어 그냥 노트에 쓰기보다 시간이 배가 걸린다. 저학년이면 맞춤법이나 띄어쓰기를 어려워하지만 일일이 지적하기보다는 글 속에 드러나는 생각의 흐름을 중시해야 한다.

글을 쓰면 왜 좋은지 개인적인 경험담을 나누면서 쓰기의 필요성을 은근히 강조한다. 필자의 출판된 책들을 보여주기도 한다. 아이들은 '정말 이걸 선생님이 쓴 것이냐'며 두 눈이 휘둥그레진다. 그만큼 아이들에겐 글쓰기가 높은 산처럼 힘들어 보이는 것이다. '천 리 길도 한 걸음부터' 라는 속담을 인용해서 단 몇 줄이라도 자신의 마음을 써두면 그것이 모여 은구슬 금구슬 같은 작품이 된다고 하니 아이들은 몇 줄만 써도 되는 동시부터 쓰려고 한다.

그룹에 따라 글쓰기를 좋아하는 아이가 있으면 자극이 되어 글쓰기가 수월하게 진행된다. 반면 글쓰기보다는 읽기에 더 치중해야 하는 그룹이 있다. 좋은 글쓰기는 많은 것을 읽고 저장한 것에서 자연스레 뿜어져 나오기 마련이기에 그렇다.

"목차를 보자. 몇 편 썼니?"

"제가 19편이나 썼네요. 호호!"

"난 22편 썼거든."

아이들은 곧바로 문집 앞면의 목차에 담긴 글 편수를 헤아린다. 서로 비교하면서 더 분발하려고도 하고 그 정도 한 것만으로 스스로를 칭찬하려는 아이들도 있다. 글쓰기를 싫어해도 글 작품이 모이면 뿌듯해한다. 분명한 것은 문집에 담긴 자신만의 창작품을 매우 소중하게 여기게 된다는 것이다. 차곡차곡 글이 쌓여가는 성취의 기쁨을 느끼기 때문이다. 이처럼 문집 만들기를 해서 글을 쓰면 마냥 글쓰기를 어렵다거나 귀찮은 것으로만 여기지 않게 되는 효과가 가장 크다.

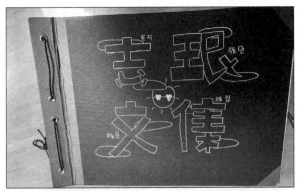

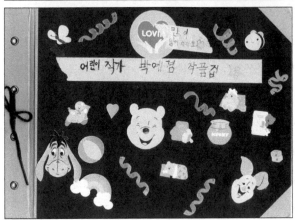

아이들이 꾸민 문집 표지

좋은 친구가 되는 비결

- <오만과 편견>을 읽고 -

서울 신용산초등학교 5학년 김수연

우리 집 책꽂이에는 세계명작시리즈가 늘 저를 반기고 있습니다. 3학년 때부터 꾸준히 읽어 60여권을 넘기고 있습니다.'그 중 제가 가장 좋아하는 작품은?'이라고 물으면 잠시도 망설이지 않고 영국 작가 제인오스틴의 <오만과 편견>이라고 말하고 싶어요. 짧은 책을 몇 번 읽다가 지난 2월엔 어머니께 부탁하여 완역본을 사보게 되었습니다.

저도 신학기 때 어떤 친구의 인상만 보고 별로 친하고 싶지 않았는데, 나중에 보니 좋은 친구였던 경험이 있어서 제목에 더 끌렸습니다. 무엇보다 이 책에는 제가 커서 겪게 될 인간관계의 어떤 비결이나 규칙을 미리 알 수 있을 것 같은 예감이 왠지 들었습니다.

이 책의 주인공 엘리자베스는 영국 롱 본에 있는 베넷가의 둘째 딸입니다. 엘리자베스는 부모님과 언니 동생들과 좋은 환경에서 어려움 없이 밝게 자랍니다. 롱본에서 얼마 떨어지지 않은 곳에 예의바른 신사인 빙리와 다시가 이사를 오게 됩니다. 엘리자베스는 다시를 처음 보고는 참 거만하고 무례한 사람'이라는 첫 인상을 갖게 됩니다. 이후 그 둘 사이에는 온갖 오해와 실수로 꼬이다가 결국 사랑을 이룬다는 이야기입니다.

이 책에서 가장 기억에 남는 말이 있습니다.

"나는 지금까지 사람을 제대로 보는 눈이 있다고 자부했는데 이제야 그게 얼마나 큰 착각이었는지 깨달았어. 내 마음에 드는 사람의 말만 듣고, 그것 때문에 편견에 사로잡혀서 진실을 가려내지 못하다니, 정말 어리석었던 거야."

라고 엘리자베스가 후회를 하면서, '편견은 내가 다른 사람을 사랑하지 못하게 하고, 오만은 다른 사람이 나를 사랑하지 못하게 한다.'라는 말을 남깁니다.

이 멋진 문장을 곰곰이 떠올리며 제 주변에서 오만과 편견을 찾아보았습니다. 제가 3학년 때 일입니다. 영리라는 친구는 미국에서 전학을 왔습니다. 그 친구는 진짜 영어를 술술 잘도 해서 신기했습니다. 게다가 집도 꽤나 으리으리하게 산다고 해서 그 친구 집에 초대받는 것이 소원이었습니다. 드디어 그 친구 집에 가게 되었는데, 진짜 멋진 장난감과 신기한 물건들이 많았습니다.

그런데 영리는 자기 것이라고 아무것도 못 만지게 하며 눈으로만 보라고 명령하듯이 말했습니다. 우리는 슬슬 기분이 나빠졌습니다. 그 친구 집에 놀러갔던 애들은 조금씩 영리에게 멀어져서 걔랑 별로 놀지 않았습니다. 애들은 영리만 보면 '왕 싸가지' 하면서 욕을 했습니다. 어느 날 영리가 저쪽에서 혼자 점심을 먹고 있길래, 제가 가서 옆에 앉아주었더니 영리가 얼마나 좋아하던지요! 그래서 우리 둘이는 다른 친구들 몰래 급친해졌습니다. 영리는 자기가 영어사람처럼 잘 한다고 뽐낸 것은 사실이지만 그렇다고 그렇게 나쁜 친구는 아니었습니다. 한번 나쁜 인상이 들면 참 힘들다는 것을 이 책을 보며 그 친구가 떠오릅니다.

왜냐하면 그 친구는 우리들에게 아이스크림도 사주고 학용품 좋은 것도 '그냥 써'하며 선물도 주었는데, 아이들은 받기만 하고 뒤에서는 '또 잘난 척한다며' 흉을 보기도 했기 때문이지요. 그러니까 한번 꼬이고 편견을 갖게 되면 이 책의 주인공 엘리자베스와 다시처럼 좋은 관계를 만드는 데는 더 많은 노력이 필요한가 봅니다.

내 친구 영리처럼 남보다 뛰어난 능력이나 좋은 환경에서 살면 아무래도 오만해지기 쉽지 싶습니다. 저도 반장으로서 아이들 앞에서 잘난 척하고 싶을 때가 있습니다. 아니 저도 모르게 그런 적도 있었을 겁니다. 오만하거나 편견을 안 가질 수는 없지만 이런 이야기를 통해 그것이 두루두루 좋은 친구를 사귀는 데는 많은 걸림돌이 된다는 것을 확실히 깨닫게 되었습니다. 우리 어머니께서 늘 말씀하시듯, '네가 먼저 잘해야 좋은 사람을 만나지'가 잔소리가 아닌 것도 알았습니다. 제가 먼저 잘난 척하지 않고, 편견을 버리는 것! 그것이 제가 먼저 좋은 친구가 되는 비결이었습니다.

사실, 요즘은 친구 때문에 고민하는 아이들이 적지 않습니다. 그 친구들에게 제가 가장 좋아하는 이 작품을 추천하면서, 저도 친구들의 고민을 들어주는 멋진 친구가 되었으면 좋겠습니다. 또한 제가 만약 나중에 남자 친구를 사귈 때 이런 편견을 갖거나 제가 잘난 척하여 좋은 사람을 놓칠까도 겁이 났습니다. 좋은 남자 친구를 고생하신 우리 엄마께 선물하고 싶기 때문입니다.

전통적 독서법에서 문해력의 답을 구하다

"사시사철이란 말은 '넉 사'라는 말인가요?"

갓 여섯 살 난 녀석이 한자말을 제법 추측해보고 있습니다. 평소 전래 동화를 자주 읽다 보면 한자말까지 가늠해 볼 수 있게 됩니다. 칭찬꽃을 피웠더니 녀석은 의기양양해져 끝말잇기 게임까지 해보자고 합니다. '약과'란 말로 시작하니까 아이는 대뜸 "과거시험"이라고 말합니다. 그렇게 한바탕 놀고는 체스 게임을 할 때는 '독 안에 든 쥐다', '자승자박' 등 속담에 사자성어까지 제법 다양하게 표현합니다. 엄지척을 해주었더니 녀석은 자랑스럽게 말했습니다.

"제가 유치원에서 독서왕으로 소문이 자자해요."

"엥, '소문이 자자하다'는 말은 또 어떻게 알았어?"

"엄마가 책 읽어줄 때 들었는데요."

딸이 이 녀석을 가졌을 때였습니다. 저는 태교의 중요성을 거듭 강조하면서 딸 내외와 함께 '태교인문학'이라는 독서모임을 가졌습니다. 책에 진심인 나는 서울에 있는 서점의 태교책 코너를 샅샅이 뒤지고, 그동안 읽은 수많은 책 중에서 세상에서 가장 아름다운 명작 고전이며 시집 등을 추려서 첫 손주에게 읽어주고 싶은 책 리스트를 만들었습니다. 딸은 툴툴거리면서도 엄마랑 만나 카페에서의 책수다 시간이 즐거웠던지 지금도 추억처럼 떠올립니다. 그때의 책 리스트를 본 주변 사람들이 혼자 보기에 아깝다고 이야기 하는 바람에 <하루 10분, 아가랑 소곤소곤>이라는 태교책도 펴내게 되었습니다. 그래서인지 딸은 가끔 아이의 어휘가 기특하면 "그때 읽은 인문독서 덕분인가?"하며 미소 짓습니다.

19세기 루소가 <에밀>에서 주장한 교육이나 21세기 지금이나 인간을 길러내는 교육의 본질에는 변함이 없다고 봅니다. 전 세계의 경제를 쥐락펴락하는 유대인들은 첨단과학시대에도 여전히 탈무드와 성경을 소리내어 암송하며, 그 속에서 창의성을 구하려는 전통적인 교육법을 신뢰합니다.

저도 인문고전 독서를 줄곧 강조해왔고, 책읽기의 방식 또한 소리내어 읽는 낭독을 권장해왔습니다. 세상은 자꾸 새것을 추구하지만 교육만큼은 유행에 민감하기보다는 변하지 않는 가치를 지니고 있는 전통적인 교육법에 근거해야 함을 지난 세월 동안 경험해 왔습니다.

2028년부터 수능입시에서도 서술·논술형 평가가 강화된다고 발표가 났습니다. 국어 언어영역과 글쓰기가 강조된 것입니다. 갈수록 디지털화 되어가는 세상에서 문해력을 높이기 위해서는 아이러니하게도 가장 '아날로그적인 독서'에서 답을 구할 수밖에 없는 평범한 진리를 새삼 통찰하게 됩니다.

이러한 서·논술형에 대응한 문해력을 높이는 방법은 문제집 풀이보다 '독서와 산 경험'이라는 전통적 공부법에 답이 있다고 봅니다. 적어도 초등학교 때까지는 우리 문화와 정서를 담고 있는 문학 즉 신화, 설화, 옛날이야기 등의 스토리북에서 문해력의 기초를 키우고, 동시에 예절과 염치를 아는 인성교육과 나라에 대한 정체성이 함양되면, 비문학을 통해 비판과 추론 능력까지 확장되어 수능에서도 크게 학습성취를 기대할 수 있을 것입니다.

"시간이 언제 갔는지 모르겠어요."
"이 수업은 아파도 빠지기 싫어요."
"2시간 동안 물, 화장실 생각이 안 났어요."

아이들이 제 수업을 두고 말한 그대로 옮겨봤습니다. 이러한 반응 덕분에 어쩌면 30여 년을 즐거이 이어 온 힘이 아닌가 싶습니다. 그것은 동요 부르기와 낭독하기와 옛것을 체험해보는 등 자신들이 능동적으로 참여하다 보니 지루할 틈이 없는 수업 방식이어서 그럴 것입니다. 주제 토론 같은 것을 굳이 하지 않고 책만 낭랑하게 읽는데도 참 희한하게 지금의 아이들이나 예전의 아이들이나 똑같이 좋아하는 수업 모형입니다.

책도 그렇습니다. 어른들 눈에는 칼데콧 상이니 무슨 상을 받은 외국 창작 동화가 그럴듯해 보일 수 있지만, 정작 아이들은 옛날이야기나 명작동화에 더 구미가 당깁니다. 아이는 아이대로 재밌는 스토리를 읽기만 하는데, 아이들의 뇌는 감정이입이 일어나 기억력을 높이고 배경지식을 쌓게 하여 공부재미를 들이고 문해력을 자라게 합니다.

저는 가능한 아이들에게 책과 관련된 좋은 추억을 심어주고 싶었습니다. 책 속에 나온 어휘 하나를 알기 위해 집에 박물관처럼 모아둔 볏짚도 꺼내보고 표주박도 꺼내보고 짚신도 맨발로 신어 까칠한 느낌을 겪어 보아야 버선이 필요했던 옛사람들의 생활을 이해하게 되는 그런 생생한 수업을 안겨주고자 했습니다. 누룽지를 모르는 세대에게는 가끔은 누룽지의 구수한 냄새를 직접 맡게 하면서 열심히 글을 읽고 썼다는 그런 추억을 남기고 싶었습니다. 이런 살아있는 수업을 통해 진짜 문해력을 키울 수 있다고 확신하기 때문입니다.

챗GPT가 출현하면서 지식을 알려주는 선생은 이제 임계점에 와 있습니다. 아이들 세대는 지식이 경쟁력이 아니라 인성이 경쟁력이 될 것입니다. 따라서 교육도 지식이 아닌 몸으로, 체험으로 입체화된 수업을 해야 인공지능이 따라올 수 없는 감정이입과 공감도를 높여서 훌륭한 성품의 인재를 키워낼 수 있을 것입니다. 아이들도 선생과 눈을 맞추고, 손을 맞잡고, 표정을 서로 읽으며, 함께 웃고,

찡그리고, 감탄하면서 "이걸 다 했구나, 이렇게나 많아?, 힘들지 않았니?, 벌써 이런 것까지 이해했구나!" 등 교감하고 격려해주는 수업에서 문해력 브레인 또한 폭넓게 형성해갈 것이라 봅니다.

엊그제 이 책 서문에서 밝힌 5학년 때 만난 다혜가 온라인 청첩장을 보내왔습니다. 감회가 정말 새로웠습니다. 이게 선생 된 보람이요, 사는 기쁨입니다. 저는 지금도 제2의 다혜들과 여전히 낭독읽기를 하고 있습니다.

수많은 수업사례를 흔쾌히 책 내용으로 제공한 부모님들, 이제껏 변변한 홍보 채널 하나 없는데도 오직 신뢰로 지지해준 학부모들께 이 책으로 그 고마움을 대신합니다.

부록

저학년 어휘력 높이는 독서논술 테스트
- 이솝 우화, 전래 동화 중심 -

성명 _____ 평가 _____

* 다음 보기에서 알맞은 낱말을 골라 (   )에 쓰시오

> **보기)** 인기척, 자자, 곡할, 영락없는, 씀씀이, 달여, 몫
> 호시탐탐, 꿈이야생시야, 버젓이, 중천, 허풍, 채비, 매는

1. 해가 (   )에 떠야 겨우 일어나 밥을 먹고 빈둥거렸습니다.

2. 아버지는 걸어가고 젊은 녀석이 (   ) 당나귀 등에 타고 있네.

3. 이게 (   ) 황금알을 낳는 거위가 우리 집에 들어오다니!

4. 고양이는 (   ) 생쥐들을 잡으려고 눈에 불을 켜고 있었어요.

5. 나그네들이 길 떠날 (   )를 하느라 북적였지요

6. 기다란 귀 뭉툭한 꼬리가 (   ) 토끼였지요.

7. 토 선생은 다 좋은 데 (   )이 좀 심하시군요.

8. 게으름뱅이는 낯선 (   )에 눈을 떴어요.

9. 형은 자기 (   )의 볏단을 메고는 아우네로 향했어요.

10. 고추밭에서 김을 (   ) 아주머니에게 물어보았지요.

11. 아니, 이게 무슨 귀신이 (   )노릇입니까?

12. 자네의 마음 (   )가 내게는 더 큰 선물이니 이 송아지를 받게.

13. 어서, 이 약을 가져가 어머니께 정성껏 (   ) 드리게.

14. 욕심이 없고 아랫사람을 사랑해 주변에서 칭찬이 (   )했습니다

* 다음의 표현 중 다른 하나를 골라 동그라미 하시오.

15. 줄행랑, 봇짐, 쏜살같이, 헐레벌떡

16. 기가 막혀, 혀를 차며, 어리둥절, 씻은듯이

17. 털썩 주저앉아, 힘이 쭉 빠져, 오순도순, 후들후들

18. 전을 부치고, 떡을 빚고, 김치를 담그며, 밭을 일구어

19. 비단 두 필, 쌀 한 되, 고기 오백그램, 동전 두냥

20. 곳간, 부뚜막, 가마솥, 부엌, 사기그릇

* 다음은 <이솝 우화>에 나오는 이야기다. 네모 칸 속에 들어갈 말을 써 보세요.

번호	제목	주인공	중요 사건	중심 생각(주제)
21	해와 바람	바람		잘난 척하다 창피 당하기 쉽다
22	토끼와 거북이		달리기 시합	타고난 능력이 부족해도 꾸준히 노력하면 결국 승리 한다

* 다음 보기 중 ( ) 안에 들어갈 말을 골라 쓰시오.

보기1) 이상하네, 보물이 나올 (   )가 전혀 보이질 않아.

보기2) 생쥐들은 고양이를 피해 달아나느라 늘 (   )을 빼야 했습니다.

보기3) 농부는 아들들을 혼내보고 (   ) 보았지만 아무 소용이 없었어요.

보기4) 아버지와 아들은 (   )을 썼지만 결국 당나귀를 놓쳤습니다.

23. 보기1)에 가장 적당한 말은?

　　1) 기세　　2) 눈치　　3) 기미　　4) 분위기

24. 보기2)에 가장 적당한 낱말은 어떤 것인가?

　　1) 정신　　2) 아우성　　3) 도망　　4) 진땀

25. 보기3)에 들어갈 가장 알맞은 말을 고르시오.

　　1) 다독여도　　2) 칭찬도　　3) 손찌검도　　4) 윽박지르기도

26. 보기4)에 들어갈 가장 알맞은 말을 고르시오.

　　1) 온 정신　　2) 안간힘　　3) 온 마음　　4) 온갖 기운

＊ 다음을 읽고 밑줄 친 낱말과 반대가 되는 말을 문장 속에서 골라 쓰시오.

"많이 놀랐지? 보통 때도 늘 이 정도 음식은 있어."
서울 쥐가 27. **의기양양**하게 말했어요.
'역시 대단하구나. 내가 준비했던 28. **소박한** 시골 음식은 여기에 비하면 보잘 것 없구나'
시골 쥐는 화려한 음식들 앞에서 주눅이 들고 말았습니다.

27. (　　　　　　　)

28. (　　　　　　　)

* 다음 서로 어울리는 표현끼리 연결하시오.

29. 자린고비   생각을 달리하면 오래 산다

30. 붕우유신   지나친 구두쇠를 일컬음

31. 삼년고개   친구를 사귈 때

32. '가까스로, 영문을 모르는' 낱말 중 하나를 골라 짧은 글짓기를 하시오.

33. 우리나라의 애국가를 4절까지 쓰시오.

고학년 문해력 높이는 독서논술 테스트
– 명심보감, 삼국유사, 역사동화 중심 –

성명 _____ 평가 _____

*다음 보기에 알맞은 말을 골라 (   )에 쓰시오.

보기) 묵은, 살얼음, 즐비, 고아, 역정, 산송장, 안성맞춤, 감감한

1. 스님은 그만 (   )이 언 곳으로 떨어지고 말았습니다.

2. (   )이나 다름없는 병든 어머니의 숟가락 위에 생선을 발라서 얹었습니다.

3. 길가에는 탐스러운 꽃들이 (   )하였습니다.

4. 돌들이 반드르르하게 닳아서, 글씨를 쓰기에는 (   )이었습니다.

5. 소식이 (   )걸 보면 헛소문일 것이라는 말에 원님은 (   )이 났습니다.

6. 백년 (   )산삼으로 달여드리거나 잉어를 푹 (   )드리면 금방 나을 겁니다.

* 서로 관계있는 말끼리 이어보세요.

7. 칠흑같다   큰 부자

8. 소귀에 경 읽기   처음부터 끝까지

9. 까막눈   무식하다

10. 자초지종   막무가내 말을 듣지 않음

11. 고래등 같은 집   깜깜하다

* 다음 네모 칸 속에 들어갈 말을 적절히 써넣으세요

호	제목	주인공	사건	주제
12	시골쥐와 서울쥐		서울쥐네 방문	마음 편하게 자신의 분수대로 살자
13	흥부놀부전	흥부	제비의 다리 치료	

* 다음 글을 읽고 물음에 답하시오.

가) 흐릿한 등잔불 밑에서 한 선비가 글을 읽고 있었습니다. 남루한 옷차림에 못 먹어서 그런지 비쩍 마른 모습이었습니다. (중략)아침이 되자 도둑은 선비네 집 가까이서 동정을 살폈습니다. 밥 짓는 연기가 날 것을 기대하면서요. 그러나 연기는 나지 않고 대문에 무어라고 써 붙어 있었지만 까막눈인 도둑은 무슨 뜻인지 알 수가 없었습니다. 그래서 안으로 들어가 선비에게 물어보았습니다. 도둑의 물음에 선비는 ㉠**자초지종**을 들려주었습니다.

"하늘이 주신 돈이니 아무 염려말고 그 돈을 가지십시오."

"어허, 내 물건이 아닌데 어찌 가진단 말이오!"

"선비님..,,"

도둑은 감동하지 않을 수 없었습니다. 끼니를 끓이지 못하는 형편인데도 남의 물건을 탐하지 않다니...

선비의 ⓛ**청렴결백**한 인품에 도둑은 다시 한번 감동했습니다.

"앞으로 선비님을 옆에서 모시며 살고 싶습니다. 소인의 청을 허락해주십시오, 부디."

그리고 도둑은 그 돈을 선비가 갖기를 진심으로 간청했습니다.

"네가 개과천선하여 착한 사람이 되는 것은 좋으나, 이 돈은 받을 수 없다."

선비는 끝내 받지 않았습니다. 얼마 후 과거에 ⓒ**장원급제**를 한 선비는 벼슬길에 올랐고 임금님의

장인이 되어 @**부귀영화**를 누렸습니다.

가) 만주지방을 차지한 거란족은 요나라를 세웠습니다. 그런 뒤 십만 대군을 휘몰아 고려에 쳐들어왔습니다. 조정이 발칵 뒤집어졌습니다. 임금은 걱정이 태산 같았습니다.(중략)

서희 장군과 소손녕은 설전을 벌였습니다.

"어쨌든 그 땅만 돌려준다면 즉시 군사를 돌리겠소."

소손녕이 발끈하며 억지를 썼지만 서희 장군은 침착하고 당당하게 맞섰습니다.

"고려가 옛 (A)의 땅임은 역사가 증명하는 사실이오. 소장수께서도 알 것이오. 우리 조상들이

드넓은 만주벌에 (B)를 세우고 ⓜ**태평성대**를 누렸던 사실을 말이요."

소손녕은 말문이 막히자 윽박지르기 시작했어요.

"고려가 앞으로 요나라에 조공을 바치면 더 이상 따지지 않겠소."

기가 막힌 서희 장군은 껄껄 웃으며 힘주어 말했습니다.

"우리 고려는 평화를 사랑하오. 이제부터라도 두 나라 사이의 화친을 원한다면 즉시 군사를 돌리시오!"

하는 수 없이 요나라 장수 소손녕은 할 말을 잃고 군사를 돌렸습니다. 훌륭한 말솜씨를 발휘한 서희 장군은 **C 세 치의 혀로** 거란의 십만 대군을 물리치게 되어 마침내 위대한 승리를 하였습니다.

14 위의 글에 대한 설명이다. 바르지 못한 것은?

1) 가) 글의 도둑은 오히려 선비에게 돈을 받으라고 간청한다.

2) 나) 글에 나오는 만주지방은 오늘날의 중국 땅이다.

3) 가) 글에서 선비의 인품을 잘 말한 한자어로는 '개과천선'이다.

4) 나) 글에서 소손녕은 요나라가 고려보다 강대국이라고 '조공'을 바치라고 한다.

5) 나) 글에서 서희 장군의 외교술은 역사를 올바르게 아는 데서 비롯된 것이다.

15. ㉠~㉤의 한자어를 해석해본 것이다. 적절하지 않은 것은?

1) ㉠은 옛날 물건으로 한지로 만든 종 모양의 악기를 두고 하는 말이야.

2) ㉡의 말은 가난하나 정직하게 살아가는 선비들을 두고 하는 말이겠지.

3) ㉢은 과거시험에 합격한 것으로 입신양명이란 말과 어울리지.

4) ㉣은 세상 사람들이 부자가 되거나 성공하여 잘 살 때 이런 말로 표현해.

5) ㉤은 태평성대를 이루려면 먼저 '가화만사성'부터 실천되어야 하는 것 같아.

16. 나)글 C에서 '세 치의 혀'처럼 옛날 사람들이 쓰던 단위를 말한 것 중에 옳은 것은?

1) 나이를 헤아릴 때는 서른, 마흔, 오십, 육십, 칠십이라고 말한다

2) 거리를 말할 때는 '미터' 혹은 '길' 등으로 다양하게 말한다.

3) 고기를 헤아릴 때는 한 '묶음'이나 '그램'으로 말한다.

4) 쌀을 헤아릴 때는 한 '되' 혹은 한 '섬'이라고 말한다.

5) 비단을 셀 때는 한 '근' 혹은 두 '근'이라고 말한다.

17. A와 B에 들어갈 나라 이름을 공통으로 쓰시오. (　　　　　　　　)

* 다음 제시된 자료를 읽고 물음에 답하시오

가) 새야 새야 파랑새야
　　녹두 밭에 앉지마라
　　녹두 꽃이 떨어지면
　　청포 장수 울고 간다

나) 엄마야 누나야 강변 살자
　　뜰에는 반짝이는 금 모래빛
　　뒷문 밖에는 갈잎의 노래
　　엄마야 누나야 강변 살자

다) 백두산 뻗어내려 반도 삼천리, 무궁화 이 강산에 역사 반만년
　　대대로 이에 사는 우리 삼천만, 굳세도다 그 이름 대한이로세

라) 지증왕 십삼년 섬나라 우산국, 세종실록지리지 오십쪽에 셋째줄
　　하와이는 미국땅 대마도는 몰라도, 독도는 우리 땅

18. 위의 시에 대한 전반적인 해석이다. 옳은 것은?

1) 녹두꽃이 떨어지면 청포도를 파는 사람은 걱정이 많다는 뜻이다
2) '엄마야 누나야'는 온 가족이 강변 아파트에 살자는 시다
3) '백두산 뻗어내려'란 말에서 우리나라에서 가장 높은 산은 백두산이다.
4) 반도 삼천리는 삼천리 자전거로 우리나라를 여행한다는 뜻이다.
5) 섬나라 우산국은 지금으로 말하면 제주도를 뜻한다

19. 위의 시에 대한 각자의 감상이다. 평가가 <u>잘못된</u> 학생은?

1) 동훈: 가)시는 동학 농민 운동을 일으킨 녹두장군 전봉준을 말한대.
2) 미윤: 나)시의 시인은 김소월이며 그의 대표시로는 '진달래꽃'이 있어.
3) 채민: 다)시는 '대한의 노래'인데 일제시대 때 독립투사들이 주로 불렀대.
4) 승현: 다)시에서는 우리나라가 5천여 년의 오랜 역사를 지녔음을 알 수 있어.
5) 지우: 라)시의 독도는 우리나라 서해에 위치하고 있는 섬이지.

* 다음 글은 문학과 역사에 대한 배경지식이다. 그 설명이 옳고 그름
  에 대해 O, X 하시오.

20. 삼국유사는 고려 때 승려 일연이 쓴 책으로 단군신화가 포함되어 있다 ( )

21. 심청전, 흥부전 등 고전소설의 주제는 대개 권선징악이 많다   ( )

22. 신라의 삼국통일에 화랑의 세속오계 정신이 컸다. 그중 하나가 '임전무퇴'이다 ( )

23. 고려 말, 몽골의 침략으로 수도가 부산으로 옮겨 갔다   ( )

24. 우리나라의 IT 산업발달이 세계에서 크게 앞선 것도 한글의 덕이 크다   ( )

25. 서울에 있는 경복궁은 제1궁궐로 유네스코 세계문화유산에 등재되어 있다 ( )

26. <홍길동전>에서는 조선 시대 '서자'에 대한 신분 차별을 알 수 있다   ( )

27. 조선시대 김만덕은 흉년이 들자 자신의 재산을 털어 제주도민을 구해냈다 ( )

28. 맹자의 어머니가 세 번 이사하면서 교육한 것을 '맹모삼천'이라고 한다 ( )

29. 시조는 시에 비해서 형식이 엄격하지 않아 옛 사람들이 많이 지었다   ( )

* 다음을 읽고 적당한 답을 쓰시오.

30. '말의 중요성'을 강조하는 속담이나 사자성어를 둘 이상 쓰시오.

31. '그림의 떡, 황소고집, 족집게, 흥청망청' 중 낱말을 하나 골라 짧은
    글짓기를 하시오.

32. 자신이 알고 있는 시 혹은 시조를 한 편 쓰시오

33. 우리나라 지도 위에 네모 속 위치를 찾아 A~J로 표시하시오

A 서울

B 부산

C 평양

D 백두산

E 한라산

F 지리산

G 한강

H 압록강

I 경상도

J 전라도

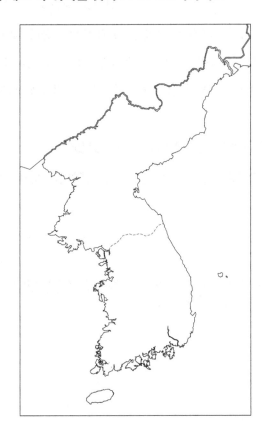

예비 중학생이 알아야 할 우리 문화 배경 어휘 테스트 200개

성명 _____ 평가 _____

* 우리나라는 100여 년 전만 해도 온 국민이 벼농사를 짓고 사는 농업국가요 신분 사회였다. 그 당시와 관련된 어휘를 예비 중학생이 알고 있으면 배경지식이 풍성해져 중학교 이후 수능 때까지 문해력에 크게 도움 될 것이다.

알고 있는 어휘라면 "○표, 들어본 것 같은데 설명할 수 없으면 △, 모르면 ×"로 표시해보시오

1. 벼농사 배경 어휘

호	낱말	O, △, X	호	낱말	O, △, X
1	백미		2	품앗이	
3	곳간		4	뒤주	
5	풍년		6	흉년	
7	지주		8	소작농	
9	논 한 마지기		10	보릿고개	
11	섬(석)		12	한 되	
13	밭이랑		14	모내기(모심기)	
15	쟁기		16	호미질	
17	소달구지		18	원두막	
19	뒷간		20	멍석	
21	볏단		22	농한기	
23	새끼 꼬기		24	지푸라기(짚)	
25	가마솥		26	누룽지	
27	숭늉		28	시루	
29	햇곡식		30	추수	
31	오곡밥		32	백설기	

호	낱말		호	낱말	
33	국밥		34	식혜	
35	약과		36	유과	
37	미숫가루		38	강정	
39	메주		40	복조리	

2. 신분제도 배경 어휘

호	낱말	O, △, X	호	낱말	O, △, X
1	양반		2	선비	
3	사대부		4	유생	
5	군자		6	벼슬	
7	가문		8	훈장	
9	머슴		10	소인(쇤네)	
11	노비		12	천민	
13	원님		14	관청(관아)	
15	사또		16	이방	
17	대감 마님		18	영의정	
19	역관		20	사신	
21	보부상		22	파발꾼	
23	인력거꾼		24	기생	
25	주모		26	백정	

3. 가족 친족 배경 어휘

호	낱말	O, △, X	호	낱말	O, △, X
1	양친		2	내외	
3	친가		4	외가	
5	자매		6	남매	
7	계모		8	처가	
9	증조부모		10	외조부모	
11	숙부		12	외숙부	
13	조카		14	사촌	

호	낱말		호	낱말	
15	이모		16	고모	
17	친족(친척)		18	족보	
19	촌수		20	돌림자	
21	홀아비		22	홀어미(과부)	
23	첩		24	서자	
25	새색시		26	노총각	

4. 의식주 생활 배경 어휘

호	낱말	O, △, X	호	낱말	O, △, X
1	사시사철		2	백두대간	
3	금수강산		4	한반도	
5	음력		6	24절기	
7	동지		8	삼복	
9	장마(철)		10	가뭄	
11	초가삼간		12	지게	
13	온돌		14	아랫목	
15	처마		16	화로	
17	대청마루		18	툇마루	
19	댓돌		20	주춧돌	
21	대들보		22	서까래	
23	창호지		24	세숫대야	
25	절구		26	약탕기	
27	아궁이		28	부뚜막	
29	똬리		30	장독대	
31	표주박		32	맷돌	
33	두레박		34	우물	
35	호롱불		36	요강	
37	물레방아		38	놋그릇	
39	외양간		40	대장간	
41	다듬이 방망이		42	옷고름	
43	삼베		44	무명옷	

호	낱말		호	낱말	
45	버선코		46	행주치마	
47	참빗		48	경대	
49	삼경		50	자정	
51	서당		52	고개마루	
53	사랑채		54	안채	
55	행랑채		56	대문간	

5. 예술문화 배경 어휘

호	낱말	O, △, X	호	낱말	O, △, X
1	사물놀이		2	탈춤놀이	
3	판소리		4	꽹과리	
5	거문고		6	가야금	
7	길쌈놀이		8	대동여지도	
9	강강술래		10	쥐불놀이	
11	고려청자		12	팔만대장경	
13	벼루		14	먹	
15	서예		16	화선지	
17	수묵화		18	산수화	
19	풍속화		20	궁술 대회	
21	석탑		22	가마 타기	
23	장승		24	신문고	
25	정월 대보름		26	부럼 까기	

6. 삶과 죽음 배경 어휘

호	낱말	O, △, X	호	낱말	O, △, X
1	제사(제례)		2	차례	
3	사당		4	돌잡이	
5	종묘		6	성묘	
7	초상		8	상여	
9	부조금		10	조문객	
11	삼년상		12	탈상	

13	시주		14	공양미	
15	저승		16	이승	
17	넋		18	곡소리	
19	무당		20	굿	
21	기우제		22	유교	
23	불교		24	윤회	
25	도술		26	향로	

부록 1. 저학년 어휘력 높이는 독서논술 테스트

1. 중천
2. 버젓이
3. 꿈이야 생시야
4. 호시탐탐
5. 채비
6. 영락없는
7. 허풍
8. 인기척
9. 뭇
10. 매는
11. 곡할
12. 씀씀이
13. 달여
14. 자자
15. 봇짐
16. 씻은 듯이
17. 오순도순
18. 밭을 일구어
19. 고기 오백그램
20. 곳간
21. 옷벗기기 시합
22. 거북이
23. 3
24. 4
25. 1
26. 2
27. 주눅(이)

28. 화려한
29. 자린고비 =지나친 구두쇠를 일컬음
30. 붕우유신 = 친구는 믿음으로 사귀어라
31. 삼년고개 =생각을 달리하면 오래 산다
32. 예)
   - 아침에 늦게 일어나 <u>가까스로</u> 기차 시간에 맞출 수 있었다.
   - 그 아이는 아빠의 화난 소리에 <u>영문을 모르고</u> 눈만 깜박거렸다
33. 동해물과 백두산이 마르고 닳도록
   하느님이 보우하사 우리나라 만세
   무궁화 삼천리 화려강산
   대한 사람 대한으로 길이 보전하세

   남산 위에 저 소나무 철갑을 두른 듯
   바람 서리 불변함은 우리 기상일세
   무궁화 삼천리 화려강산
   대한 사람 대한으로 길이 보전하세

   가을 하늘 공활한데 높고 구름 없이
   밝은 달은 우리 가슴 일편단심일세
   무궁화 삼천리 화려강산
   대한 사람 대한으로 길이 보전하세

   이 기상과 이 맘으로 충성을 다하여
   괴로우나 즐거우나 나라 사랑하세
   무궁화 삼천리 화려강산
   대한 사람 대한으로 길이 보전하세

1. 살얼음

2. 산송장

3. 즐비

4. 안성맞춤

5. 감감, 역정

6. 묵은, 고아

7. 칠흙같다=깜깜하다

8. 소귀에 경 읽기= 막무가내 말을 듣지 않음

9. 까막눈= 무식하다

10. 자초지종 =처음부터 끝까지

11. 고래등 같은 집 = 큰 부자

12. 시골쥐

13. 착하게 살면 복을 받는다.

14. 3

15. 1

16. 4.

17. 고구려

18. 3

19. 5

20. O

21. O

22. O

23. X

24. O

25. X

26. O

27. O

28. O

29. X

30. 말 한마디로 천냥 빚을 갚는다.

　　발 없는 말이 천 리 간다.

　　촌철살인, 언중유골...

31. 예)

　　• 해외여행을 가는 것은 우리 집 형편에
　　　그림의 떡이다

　　• 그 아버지는 아들의 황소고집을 꺽으려
　　　어릴 때부터 엄격하게 훈육했다

　　• 우리 엄마는 내가 먹고싶은 것을
　　　족집게처럼 딱 알아맞힌다.

　　• 아들은 아버지가 평생 아껴서 쌓아온
　　　재산을 흥청망청 써버려 곧 거지가 될
　　　판이다.

32. 동시 예) 송알송알 싸리잎에 은구슬~

　　시조 예) 한산섬 달 밝은 밤에 수루에 홀로
　　　앉아~

33.

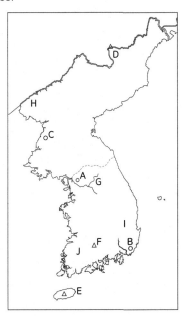